大人の遠足

JN023491

ウォ

関東周辺

1

目次

大人の遠足BOOK

日帰りウォーキング

関東周辺 1

Course Number

Course Number	コース	所在地	ページ
1	善福寺川を歩く	東京都杉並区・中野区	8
2	山手線内側エリアで坂道散歩	東京都荒川区・文京区	12
3	八王子城跡からの山歩き	東京都八王子市	16
4	万願寺駅から高幡不動尊	東京都日野市	19
5	旧白洲邸武相荘と多摩丘陵	東京都町田市	22
6	武蔵野・野川公園から深大寺へ	東京都小金井市・三鷹市・調布市	26
7	お鷹の道と武蔵国分寺跡	東京都国分寺市	30
8	寺家ふるさと村散策	神奈川県横浜市	33
9	横浜港と山手西洋館めぐり	神奈川県横浜市	36
10	金沢八景歴史探勝	神奈川県横浜市	40
11	徳冨蘆花の愛した逗子を歩く	神奈川県逗子市	44
12	猿島と横須賀中央散策	神奈川県横須賀市	47
13	衣笠山ハイキング	神奈川県横須賀市	50
14	走水と観音崎の海辺歩き	神奈川県横須賀市	53
15	浦賀湾を渡って久里浜へ	神奈川県横須賀市	56
16	三浦半島南端シーサイドウォーク	神奈川県三浦市	60
17	城ヶ島と歴史ある港町・三崎	神奈川県三浦市	64
18	信仰の名山・大山へ	神奈川県伊勢原市	67
19	七沢森林公園から白山	神奈川県厚木市	71
20	日向薬師から七沢温泉	神奈川県伊勢原市・厚木市	74
21	真鶴の森から潮騒の磯へ	神奈川県真鶴町	77
22	湯坂路から小涌谷へ	神奈川県箱根町	80
23	箱根旧街道を歩く	神奈川県箱根町	84
24	箱根仙石原自然探勝歩道	神奈川県箱根町	88
25	水の都・三島めぐり	静岡県三島市・清水町	92

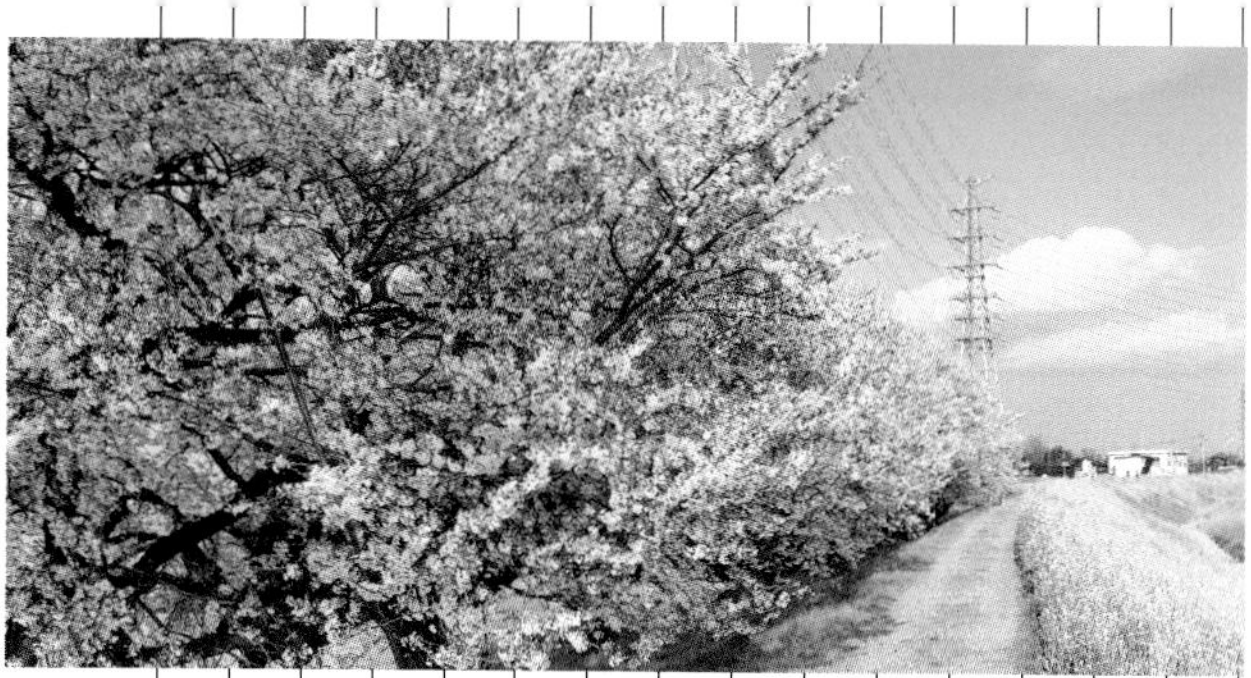

26 城ヶ崎シーサイドウォーク［静岡県伊東市］96
27 里見公園から堀之内貝塚へ［千葉県市川市］99
28 房総のむら歴史散歩［千葉県栄町・成田市］102
29 手賀沼遊歩道［千葉県我孫子市・柏市］106
30 幕張新都心から稲毛海浜公園へ［千葉県千葉市］109
31 〝江戸優り〟佐原の歴史散歩［千葉県香取市］112
32 地球が丸く見える町、銚子・外川［千葉県銚子市］116
33 佐倉で歴史散歩［千葉県佐倉市］120
34 緑の絨毯と展望の富津岬［千葉県富津市］124
35 秘境の趣を残す養老渓谷を歩く［千葉県市原市・大多喜町］127
36 房総半島最南端の野島崎へ［千葉県南房総市］130
37 漁港と朝市の町・勝浦散策［千葉県勝浦市］134
38 釣師海岸から「月の沙漠」の御宿へ［千葉県いすみ市・御宿町］138
39 狭山茶の名産地・金子台を歩く［埼玉県入間市］141
40 渋沢栄一ゆかりの「論語の里」［埼玉県深谷市］144
41 鹿嶋の古社と古墳をめぐる［茨城県鹿嶋市］148
42 〝常陸の小京都〟たつごの里［茨城県高萩市］152
43 土浦城址と城下町めぐり［茨城県土浦市］155
44 やきものと芸術の町・笠間［茨城県笠間市］158
45 菅生沼とミュージアムパーク茨城県自然博物館［茨城県坂東市・常総市］162
46 結城紬の里めぐり［茨城県結城市］165
47 やきものの町・益子めぐり［栃木県益子町］168
48 渡良瀬遊水地を歩く［栃木県栃木市ほか］172
49 太平山と蔵の街・栃木［栃木県栃木市］176
50 芭蕉の里・黒羽散策［栃木県大田原市］180

索引図……4　お祭りカレンダー……184　索引……189
本書の使い方……6　花カレンダー……185　遠足ノート……190

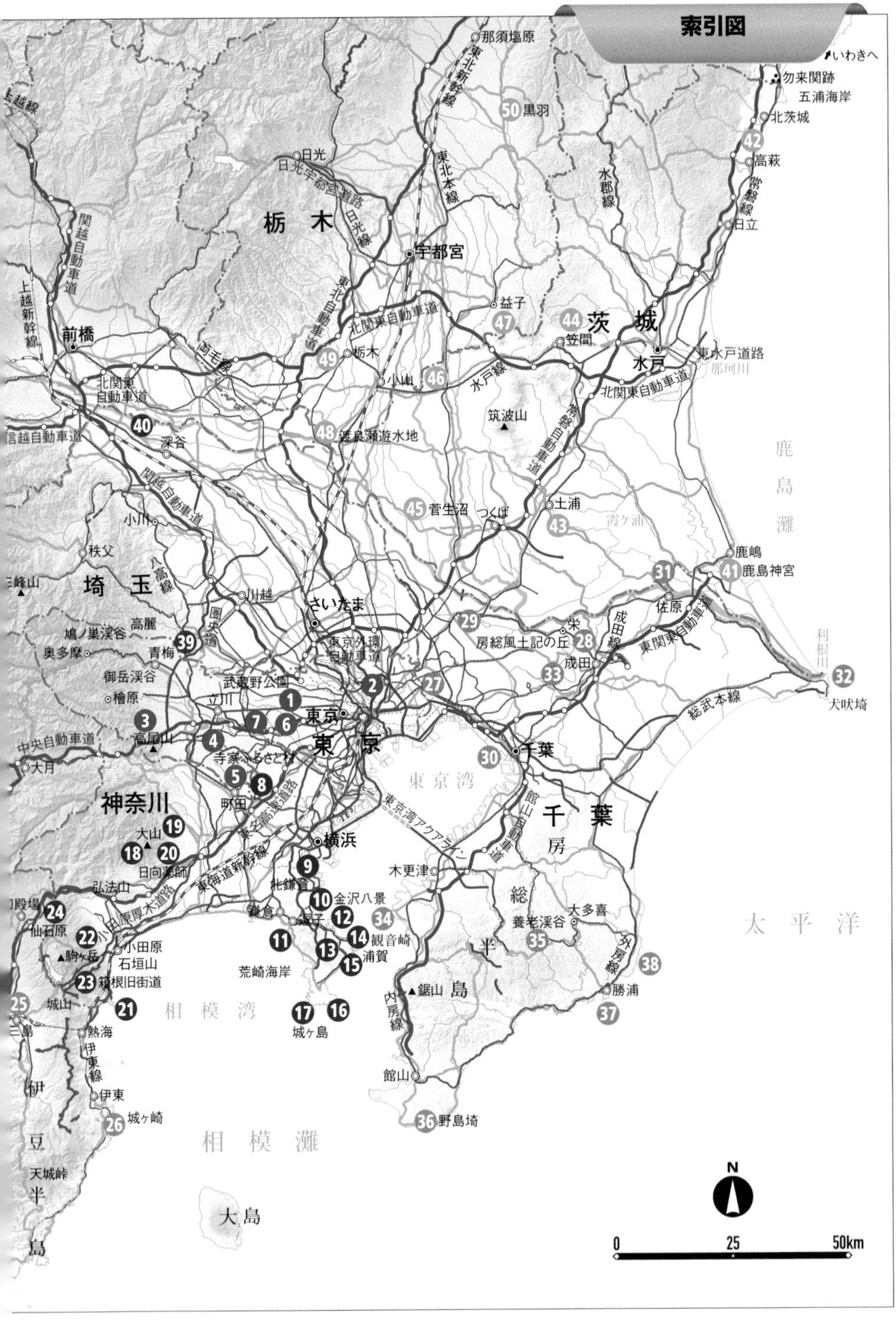
那須塩原
東北新幹線
いわきへ
勿来関跡
五浦海岸
上越線
50 黒羽
北茨城
42 高萩
日光
日光宇都宮道路
東北本線
水郡線
常磐線
関越自動車道
栃木
日光線
日立
宇都宮
上越新幹線
東北自動車道
益子
前橋
北関東自動車道
47
44 茨城
笠間
両毛線
49 栃木
水戸
東水戸道路
那珂川
北関東自動車道
小山
46
水戸線
北関東自動車道
40
筑波山
信越自動車道
48 渡良瀬遊水地
常磐自動車道
深谷
鹿島灘
関越自動車道
土浦
小川
45 菅生沼
つくば
43 霞ケ浦
秩父
八高線
鹿嶋
三峰山
31
41 鹿島神宮
埼玉
川越
成田線
さいたま
佐原
圏央道
東関東自動車道
高麗
29
栄
鳩ノ巣渓谷
39
房総風土記の丘
28
利根川
奥多摩
青梅
東京外環自動車道
成田
32
御岳渓谷
33
武蔵野公園
2
27
犬吠埼
檜原
1
立川
総武本線
3
7
6
東京
中央自動車道
高尾山
4
東京
寺家ふるさと村
30 千葉
大月
5
8
東京湾
町田
東名高速道路
東京湾アクアライン
神奈川
館山自動車道
千葉
大山
19
横浜
房
18
20
9
東海道新幹線
日向薬師
木更津
北鎌倉
総
弘法山
10 金沢八景
大多喜
御殿場
24
小田原厚木道路
鎌倉
12
逗子
34
養老渓谷
太平洋
仙石原
22
小田原
14 観音崎
35
駒ヶ岳
半
石垣山
11
13
15 浦賀
外房線
38
23 箱根旧街道
荒崎海岸
鋸山
島
25
勝浦
城山
21
相模湾
17
16
37
三島
熱海
城ヶ島
内房線
伊東線
伊
伊東
館山
26 城ヶ崎
36 野島埼
豆
相模灘
天城峠
N
半
大島
島
0
25
50km

番号	コース名	ページ
1	善福寺川を歩く	8
2	山手線内側エリアで坂道散歩	12
3	八王子城跡からの山歩き	16
4	万願寺駅から高幡不動尊	19
5	旧白洲邸武相荘と多摩丘陵	22
6	武蔵野・野川公園から深大寺へ	26
7	お鷹の道と武蔵国分寺跡	30
8	寺家ふるさと村散策	33
9	横浜港と山手西洋館めぐり	36
10	金沢八景歴史探勝	40
11	徳冨蘆花の愛した逗子を歩く	44
12	猿島と横須賀中央散策	47
13	衣笠山ハイキング	50
14	走水と観音崎の海辺歩き	53
15	浦賀湾を渡って久里浜へ	56
16	三浦半島南端シーサイドウォーク	60
17	城ヶ島と歴史ある港町・三崎	64
18	信仰の名山・大山へ	67
19	七沢森林公園から白山	71
20	日向薬師から七沢温泉	74
21	真鶴の森から潮騒の磯へ	77
22	湯坂路から小涌谷へ	80
23	箱根旧街道を歩く	84
24	箱根仙石原自然探勝歩道	88
25	水の都・三島めぐり	92
26	城ヶ崎シーサイドウォーク	96
27	里見公園から堀之内貝塚へ	99
28	房総のむら歴史散歩	102
29	手賀沼遊歩道	106
30	幕張新都心から稲毛海浜公園へ	109
31	“江戸優り”佐原の歴史散歩	112
32	地球が丸く見える町、銚子・外川	116
33	佐倉で歴史散歩	120
34	緑の絨毯と展望の富津岬	124
35	秘境の趣を残す養老渓谷を歩く	127
36	房総半島最南端の野島崎へ	130
37	漁港と朝市の町・勝浦散策	134
38	釣師海岸から「月の沙漠」の御宿へ	138
39	狭山茶の名産地・金子台を歩く	141
40	渋沢栄一ゆかりの「論語の里」	144
41	鹿嶋の古社と古墳をめぐる	148
42	“常陸の小京都”たつごの里	152
43	土浦城址と城下町めぐり	155
44	やきものと芸術の町・笠間	158
45	菅生沼とミュージアムパーク茨城県自然博物館	162
46	結城紬の里めぐり	165
47	やきものの町・益子めぐり	168
48	渡良瀬遊水池を歩く	172
49	太平山と蔵の街・栃木	176
50	芭蕉の里・黒羽散策	180

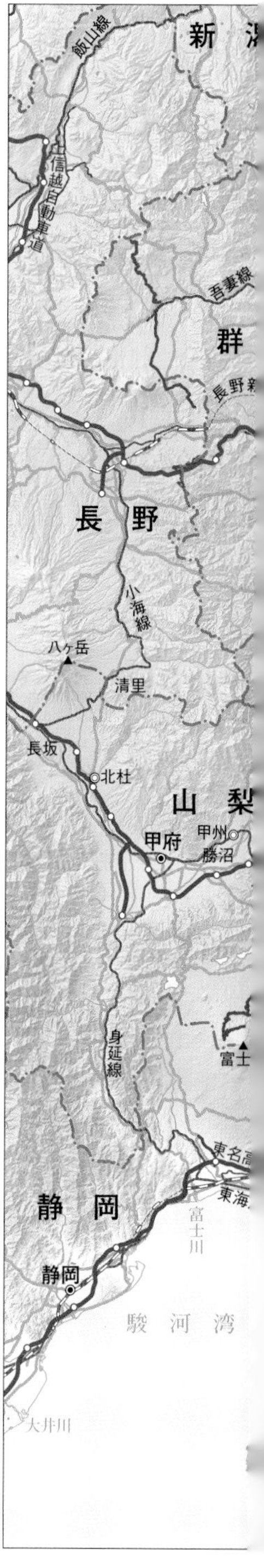

本書の使い方

本書は、こだわりの「歩き」を楽しむための案内書です。50 のコースを紹介しており、ハイキングや里山めぐり、海岸ウォーク、古社寺探訪など、歩くとともに自然や歴史を感じることができるコースを取り上げています。
また、コース途中で老舗のグルメや手みやげを買い求める楽しみもあります。どこでも好きなコースから歩き始めてください。

Course Number 7

湧水の流れに沿った小径をたどり、いにしえの史跡を巡る

お鷹の道と武蔵国分寺跡

［東京都国分寺市］

【武蔵国分寺跡】2019 年に僧寺伽藍中枢地域の整備を終え、歴史公園として無料開放している

奈良時代の遺跡が多数点在する、かつての武蔵《むさしの》国《くに》の中心を訪ね、せせらぎを聞きながら緑濃い道を歩く。

①西国分寺駅《にしこくぶんじえき》を降りて南口に出たら、そのまま史跡通りを南下。街路樹が美しい歩道を進んでいくと②伝鎌倉街道《でんかまくらかいどう》につながる。14 世紀に新田義貞《にったよしさだ》が鎌倉へ攻め上った道で、今も木々が茂る切り通しとなっている。

街道を抜けると③黒鐘公園《くろがねこうえん》。大きく開けた国分尼寺跡を横切り、武蔵野線をくぐって住宅街の小道をたどると④武蔵国分寺跡《むさしこくぶんじあと》に出る。奈良時代に全国に造られた国分寺の中で最大級のものとされ、広々とした空間に基壇が復元され

問合せ先　国分寺市観光協会（市政戦略室内）☎ 042-325-0111　殿ヶ谷戸庭園サービスセンター ☎ 042-324-7991

アクセス　往路／新宿駅から JR 中央線快速で約 30 分、西国分寺駅下車。復路／国分寺駅から JR 中央線快速で新宿駅まで約 30 分。

歩行時間　約 1 時間 15 分　約 4km　約 8000 歩

難易度　★★

Start ①西国分寺駅 → 徒歩 17 分 → ②伝鎌倉街道 → 徒歩 3 分 → ③黒鐘公園 → 徒歩 15 分 → ④武蔵国分寺跡 → 徒歩 5 分 → ⑤国分寺 → 徒歩 3 分 → ⑥お鷹の道 → 徒歩 30 分 → ⑦殿ヶ谷戸庭園 → 徒歩 2 分 → ⑧国分寺駅 Goal

30

エリアガイド

ミニマップでおおよその位置がわかるようにしています。

アクセス

スタート地点の駅、バス停までの交通手段です。エリア内の交通情報などは地図下の memo 欄に入れています。

歩行距離／歩行時間／歩数

コースの歩行距離や歩行時間です。ただし、施設や公園内での歩行距離や歩行時間は含みません。歩数は男女差、個人差があるので、あくまでも目安としてお使いください。特にハイキングコースの山道では高低差が反映されていませんので、距離よりも歩行時間を参考にしてください。本書では、平地の場合 1km で約 2000 歩を基準としています。

コース難易度

コースの難易度です。それほど難コースはありませんが、★が多いほど時間がかかったり、高低差があるコースになります。

チャート

コースの通過ポイントとコースタイムを掲載しています。通過ポイントは本文や地図、写真と対応した数字で表しています。コースタイムは標準的な移動時間です。計画の際には、休憩や施設の見学、バス等の待ち時間、散策に費やす時間をプラスしてください。コースタイムは矢印の向きに対応しています。コースを逆にとる場合は時間が変わることがあります。ルートからわずかに外れるけれど、魅力的な立ち寄りポイントを「みちくさ」として紹介しています。

問合せ先

コースのある区市町村の観光問合せ先です。ウォーキングの際に事前にご確認ください。

コラム

コースを歩くときに、知っていると、よりそのコースの魅力が増すミニ情報を掲載しています。

●本書のデータは2020年3月現在のものです。料金、営業時間などは、季節により変更になる場合が多くあります。お出かけの際には、あらかじめご確認ください。
●定休日については、年末年始・盆休み・ゴールデンウイークなどを省略しています。

コメント
観光物件に関することやコース上の注意点、ポイントなどの付加情報です。

START/GOAL
紹介しているコースのスタート、ゴール地点です。

みちくさ情報
コース途中、または周辺にある食事処、みやげ物店、観光施設、日帰り入浴施設などを紹介しています。

Course Number 7

東京都国分寺市

【殿ヶ谷戸庭園】次郎弁天池を見下ろす紅葉亭からの眺めがすばらしい

【伝鎌倉街道】鎌倉から町田、府中を経てここを通り、上野国、信濃国に向かった古い道

【武蔵台遺跡公園】黒鐘公園の手前にある、縄文時代中期の柄鏡形敷石住居跡を保存した小公園

【お鷹の道】清流にはアブラハヤなど小魚の姿も見える

【国分寺】武蔵国分寺が鎌倉時代末期の分倍河原の戦いで焼失した後、新田義貞の寄進によって再建。写真は薬師堂

た金堂や講堂などが残る。その先にあるのが現在の⑤国分寺。万葉植物園となっている境内や、国重文の木造薬師如来坐像が安置される薬師堂など、みどころは多い。

ここから路地に入ると⑥お鷹の道だ。江戸時代、徳川家の御鷹場になっていたところで、細い流れに沿って遊歩道が整備されている。途中の真姿の池湧水群には、国分寺崖線のきれいな水がこんこんとあふれ、お鷹の道とともに環境省の名水百選に選定されている。

お鷹の道が終わり、不動橋を渡って国分寺街道に出たら北へ。急な坂を上っていくと⑦殿ヶ谷戸庭園だ。ここも崖線から湧き出す水が豊富で、谷を利用した回遊式林泉庭園になっている。武蔵野に自生する植物が数多く見られ、さまざまな樹木も美しい。公園を出たら⑧国分寺駅はすぐ目の前だ。

歴史公園になった武蔵国分尼寺跡

武蔵国分寺跡の西には武蔵国分尼寺跡もある。天平13年（741）の聖武天皇の詔により、国分寺とともに国ごとに建立された尼寺の一つだ。すでに発掘調査は終わり、中門、金堂、尼坊跡が判明。それらの礎石もきれいに復元・整備され、国分寺市立歴史公園として開放されている。その広さからも尼寺がかなりの規模だったことがわかる。金堂跡前に復元された4本の柱は旗を掛ける幢竿だ。

買う
城ヶ島漁協直販所
サザエ、ホラ貝、アワビといった城ヶ島名産の貝類のほか、地ダコや伊勢エビ、ウニ、イカ、ヒラメなど、島の漁師が水揚げしたばかりの魚介類が店内の水槽に満載。値段は時価で、刺身や焼き魚などに調理して提供する食事処も兼ねている。城ヶ島ならではの天然ワカメやヒジキ、テングサ、アカモクなど磯の風味豊かな海藻類も豊富に揃う。
☎046-882-2160
9～16時、不定休

みちくさ情報

食べる
三崎「魚市場食堂」
三崎水産物地方卸売市場の2階にあるセルフサービスの食堂。みさきマグロをはじめ地魚や貝類など、その日に魚市場から仕入れた新鮮な魚介を定食やどんぶりで堪能できる。昼食なら市場の日替り刺身と焼き魚の定食1500円（税別）、三崎市場の特選海鮮丼1700円（税別）などがおすすめ。
☎046-876-6022
朝食6～10時（日曜は5時～）、昼食11～15時（土曜・祝日は～16時）、水曜休

城ヶ島と歴史ある港町・三崎

Memo 城ヶ島と三崎を5分で結ぶ城ヶ島渡船「白秋」は10時30分～16時に随時運航。運賃は片道500円（小学生100円）、荒天時運休。

66

青・オレンジの点線
寄り道やサブ、乗り物のコースです。

赤い点線
紹介しているメインルートです。

通過ポイント
コースの目安となる通過ポイントです。チャートや本文と対応しています。

memo
追加の交通情報やみどころ情報などを入れています。

[**善福寺公園**] 上の池には2つの島があり、大きな島には弁財天が祀られている

Course Number 1

住宅地を蛇行して流れる、神田上水の補助水源をたどる

善福寺川を歩く

[東京都杉並区・中野区]

善福寺川は善福寺池を水源とする一級河川。善福寺池は三宝寺《さんぽうじ》池、井《い》の頭《かしら》池と並ぶ武蔵野三大湧水池の一つだ。江戸時代は豊富な湧出量を誇り、神田上水の補助水源にも使われた。本コースでは水源から神田川の合流点まで歩く。

①善福寺公園《ぜんぷくじこうえん》バス停《てい》から善福寺公園へ。バス通りを挟んで2つの池があり、北側は上《かみ》の池、南側は下《しも》の池とよばれている。上の池をぐるりと歩き源頼朝《みなもとのよりとも》ゆかりの**②遅《おそ》の井《い》の滝《たき》**を見て下の池へ。美濃山《みのやま》橋から善福寺川が始まる。荻窪中学校近くの原寺分《はらてらぶ》橋に出たら西岸に注目。舗装された川底の丸い穴を中心に地下水が湧き出ている。

問合せ先
善福寺公園サービスセンター ☎03-3396-0825
善福寺川緑地サービスセンター ☎03-3313-4247

アクセス
往路／JR中央線荻窪駅から南善福寺行きバスで約15分、善福寺公園下車すぐ。復路／中野富士見町駅から東京メトロ丸ノ内線で新宿駅まで8分。

歩行時間
約3時間
約12.4km
約2万4800歩
難易度
★★

Start
① 善福寺公園バス停
徒歩10分
② 遅の井の滝（善福寺公園）
徒歩80分
③ 善福寺川緑地
徒歩35分
④ 和田堀公園
徒歩5分
⑤ 大宮八幡宮
徒歩50分
⑥ 神田川合流点
徒歩5分
⑦ 中野富士見町駅
Goal

[**善福寺川緑地**] 春には善福寺川沿いの桜並木が美しく、花見散歩が楽しめる

[**原寺分橋の湧水**] 湧水が善福寺川に注ぐ。湧水の仕組みを解説した案内板もある

[**和田堀公園**] 池にはエサとなる魚が多く、カワセミもやってくる

[**善福寺川**] 善福寺公園下の池そばの美濃山橋下から善福寺川が始まる

[**大宮八幡宮**] 安産・子育ての八幡さまと信仰される。社叢は都の天然記念物

住宅街を大きく蛇行してJR中央線の高架をくぐる。環八通りを陸橋で渡り、25分ほど歩くと神通《じんつう》橋に着き、**③善福寺川緑地**《ぜんぷくじがわりょくち》が始まる。隣接する**④和田堀公園**《わだぼりこうえん》と合わせると全長約4・2㎞。本コースのメインスポットだ。川沿いの桜並木をはじめエンジュ、ケヤキ、トチノキ、ユリノキなどの樹木が植えられ、ちょっとした森林浴が楽しめる。野鳥も多く、和田堀ではカワセミも姿を見せる。

平安後期の武将、源頼義《みなもとのよりよし》・義家《よしいえ》父子が奥州の乱（前九年《ぜんくねん》の役《えき》）を平定後に勧請《かんじょう》した**⑤大宮八幡宮**《おおみやはちまんぐう》を詣でたら、先に進む。済美《せいび》橋からは水流を間近に感じられる親水施設がしばらく続く。

その先の環七通り手前には善福寺川取水施設がある。台風などの集中豪雨で川が増水した際、環七通りの地下に掘られた巨大なトン

遅の井の滝

語り伝えによると、源頼朝が文治《ぶんじ》5年（1189）に奥州藤原氏との戦いに向かう際、この地に立ち寄った。飲料水を求めて地面を掘ったが、なかなか水が出ない。そこで、頼朝自ら弓の先端で7カ所を掘るとようやく水が出た。水の出を「今や遅し」と待ったことから「遅の井」と命名されたという。現在、水は枯れてしまい、新たな井戸からポンプでくみ上げて遅の井の滝として復元している。

［**神田川合流点**］井の頭池を源流とする神田川（左）に善福寺川が合流する

［**親水施設**］済美橋の下流にあり、9時から17時ごろまで利用できる

［**善福寺川取水施設**］神田川、妙正寺川にもある取水施設を操作する基地でもある

ネルに川の水を貯水して氾濫を防ぐものだ。対岸から見ると、コンクリート壁に取水口が設けてあるのがよくわかる。

環七通りを渡り、下水局の和田ポンプ施設を過ぎると⑥**神田川合**《かんだがわごう》**流点**《りゅうてん》。ここから神田川は、高田馬場、飯田橋などを経て約14km先の隅田川に合流する。5分ほど歩くとゴールの⑦**中野富士見町駅**《なかのふじみちょうえき》に到着だ。

和田堀公園野球場

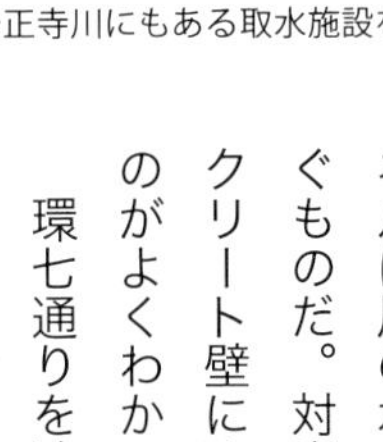

善福寺川に架かる宮下橋近くの和田堀公園野球場をよく見ると、車道よりも一段低いのが分かる。これは善福寺川の調整池を兼ねているため。4万8000㎥の貯留量がある。

Memo 善福寺川では2020年3月現在、神通橋〜二枚橋間の各所で護岸整備工事が行われており、川沿いを歩けないエリアがある。

買う

Zermatt ツェルマット

長時間発酵で毎日 60 種類以上のパンを焼く天然酵母のパン店。古材のテーブルでゆったりくつろげるカフェも併設している。人気のクロワッサン 160 円～は小麦の風味とバターのバランスが絶妙。どのパンも天然酵母ならではの重量感と深い味わいが楽しめる。惣菜パンも充実しているので、近くの公園でパンランチを楽しむ人も多い。

☎ 03-3392-0667
10 ～ 18 時（土曜は～ 19 時)、無休

みちくさ情報　食べる

たまねヒュッテ.

看板工場を改装したギャラリー＆カフェ。靴を脱いで上がる店内は、三方向の窓から児童公園の緑が望め、ホッとくつろげる。ワンプレートにメイン、副菜、サラダを盛ったランチ 880 円（写真)、おやつ 385 円は日替わりで、すべて手作りだ。音楽、ヨガ、英会話などのワークショップも定期的に開催している。

☎ 03-6875-5149
11 ～ 16 時（15 時 30 分 LO)、土・日曜、祝日休

善福寺川を歩く
スタート
①善福寺公園バス停
②遅の井の滝（善福寺公園)
③善福寺川緑地
④和田堀公園
⑤大宮八幡宮
10分
80分
35分
50分
5分
井荻小～原寺分橋間は川沿いを歩けない。迂回しよう
中央線の高架をくぐる
川の北岸にある陸橋で環八通りを渡る
橋のたもとに日時計がある
買う Zermatt
食べる たまねヒュッテ
善福寺池
善福寺公園
美濃山橋
東京女子大
井荻小
荻窪中
原寺分橋
湧水地
桃井二小
シャレール荻窪
松渓橋公園
松渓橋
松渓中
神通橋
杉並児童交通公園
善福寺川
松ノ木遺跡復原住居
済美橋
済美公園
杉並区立郷土博物館
親水施設
和田堀公園野球
杉並区役所
東伏見駅へ
武蔵関駅
上石神井駅
上井草駅
井荻駅
下井草駅
鷺ノ宮駅
都立家政駅
西武新宿線
練馬区
武蔵野市
杉並区
三鷹駅へ
吉祥寺駅
西荻窪駅
荻窪駅
阿佐ケ谷駅
高円寺駅
JR中央線
井の頭公園
井の頭公園駅
南阿佐ケ谷駅
新高円寺駅
青梅街道
環八通り
五日市街道
三鷹台駅
久我山駅
富士見ケ丘駅
高井戸駅
浜田山駅
西永福駅
永福町駅
明大前駅へ
三鷹市
東八道路
神田川
京王井の頭線
高井戸IC
首都高速4号線
中央自動車道
世田谷区
甲州街道
20
芦花公園駅
京王線
八幡山駅
N
0 500 1km

Memo
本コースは歩行距離が 12.4km と長い。善福寺川緑地から徒歩 10 分ほどで京王井の頭線浜田山駅または西永福駅へ出られるので、2 回に分けて歩いてもよい。

Course Number 2

山手線内側エリアで坂道散歩

谷中から小石川へ。武蔵野台地の高低差を実感

［東京都荒川区・文京区］

［**夕やけだんだん**］美しい夕日が眺められることから命名された階段坂

東京都心部をぐるりと一周する山手線。その内側は、青梅を頂点とする武蔵野台地の東端にあたり、河川の浸食でできた台地と低地が複雑に入り組む地形になっている。その中でも荒川区から文京区にかけては適度な上り下りが続き、坂道歩きが楽しめる。

①日暮里駅西口《にっぽりえきにしぐち》を出たら、左に進む。丸いガラス瓶を並べた煎餅屋を過ぎると**②夕**《ゆう》**やけだんだん**とよばれる階段坂に出る。眺望が開け、台地の上に立っていることが実感できる。階段の下には商店街「谷中ぎんざ」があり、平日でも観光客で大賑わいだ。階段を下り、「後藤の飴」がある十字路を左に

アクセス　往路／東京駅から JR 山手線・京浜東北線で 12 分、日暮里駅下車。復路／飯田橋駅から JR 総武線で新宿駅まで 11 分。

問合せ先　荒川区観光振興課 ☎ 03-3802-3111
文京区観光協会 ☎ 03-3811-3321

Start ①日暮里駅西口 → 徒歩5分 → ②夕やけだんだん → 徒歩10分 → ③団子坂 → 徒歩35分 → ④御殿坂 → 徒歩5分 → ⑤播磨坂 → 徒歩20分 → ⑥巻石通り → 徒歩30分 → ⑦飯田橋駅 Goal

歩行時間
約 1 時間 45 分
約 7 km
約 1 万 4000 歩

難易度
★

[**千駄木ふれあいの杜**] 室町時代の武将・太田道灌の子孫が江戸時代に暮らした屋敷跡が保存されている

[**岡倉天心記念公園**] 岡倉天心が初代院長を務めた日本美術院が最初に建てられた場所

[**御殿坂**] 小石川植物園沿いに下る坂。江戸時代初めまで館林藩下屋敷があったことから御殿坂の名前がついた

[**団子坂**] 名探偵・明智小五郎が初登場した江戸川乱歩著『D坂の殺人事件』の舞台とされる

曲がる。

六角堂が目印の岡倉天心記念公園《おかくらてんしんきねんこうえん》を経て、三崎坂《さんさきざか》に出たら右折して下る。団子坂下交差点を渡り、**③団子坂**《だんござか》を上る。坂を上りきった左側にはかつて明治の文豪・森鷗外《もりおうがい》の住居「観潮楼《かんちょうろう》」があった。現在は文京区立森鷗外記念館が立つ。

記念館の手前を左に曲がると鷗外の散歩道だった藪下通《やぶしたどお》りだ。千駄木《せんだぎ》ふれあいの杜《もり》、夏目漱石旧居跡《なつめそうせききゅうきょあと》（猫の家）に寄り道したら、住宅街を北上する。駒込大観音《こまごめおおがんのん》がある十字路を左へ。このあたりは寺町で、今も多くの寺が集まっている。ほうろく地蔵で有名な大圓寺《だいえんじ》の先で浄心寺坂《じょうしんじざか》を下り、白山下交差点を渡ったら蓮華寺坂《れんげじざか》を上る。小石川植物園の東側の**④御殿坂**《ごてんざか》を下ると、その先に**⑤播磨坂**《はりまざか》が待つ。春の桜並木が美しい。

春日《かすが》通りを渡り、藤坂《ふじざか》を下って

八百屋お七の墓

江戸時代に八百屋の娘・お七が恋仲になった寺の小姓に会いたい一心で放火して死罪となった悲話は、井原西鶴《いはらさいかく》『好色五人女《こうしょくごにんおんな》』をはじめ文楽や歌舞伎の題材になった。浄心寺坂下の圓乗寺《えんじょうじ》に墓がある。

[**ほうろく地蔵**] 大圓寺境内にある、八百屋お七ゆかりの地蔵。首から上の病に御利益があるという

HAKUSAN PIZZA ハクサン ピザ

一晩寝かせたモチモチの手ごね生地を使い、高温ピザ窯で一気に焼き上げる。おすすめは自家製トマトソースとイタリア産モッツァレラの相性が抜群のマルゲリータ890円。大人1人で1枚食べきれるサイズもちょうどいい。

☎ 03-6320-7189

11時30分～14時LO、17時30分～21時LO（土・日曜、祝日は11時30分～21時LO）、月曜休（祝日の場合は翌日）

みちくさ情報

あめ細工吉原

やわらかくしたさらし飴を丸めて棒につけ、ハサミと手で形を作り食用色素で色づけする、日本の伝統技・飴細工の店。十二支、鳥、動物など約50種類から選んで注文すると目の前で実演販売してくれる。写真は猫1180円。

☎ 03-6323-3319

13～18時（土・日曜は10時～。実演は～17時）、火曜休（祝日の場合は営業）

［播磨坂］ ソメイヨシノや鬱金桜など約120本の桜が植えられている

［荒木坂］ 江戸時代の武将・荒木志摩守の屋敷が坂の上にあったことからこの名がある

［蛙坂］ 坂の両側の池に棲む蛙が合戦したという昔話が伝わる。復坂とも書く

東京メトロ丸ノ内線の高架をくぐる。すぐ左に曲がり、蛙坂《かえるざか》を上って切支丹屋敷跡《きりしたんやしきあと》を過ぎ、荒木坂《あらきざか》を下ると⑥**巻石通り**《まきいしどお》に出る。江戸川橋から小石川後楽園《こいしかわこうらくえん》方面へ延びるこの道は神田上水《かんだじょうすい》の跡で、水道《すいどう》通りの呼び名もある。牛天神下《うしてんじんした》の信号を渡り、しばらく道なりに歩くと小石川後楽園が見えてくる。ゴールの⑦**飯田橋駅**《いいだばしえき》へはここから徒歩10分ほどで到着する。

［巻石通り］ 神田上水は関口大洗堰からここを流れて、水戸藩上屋敷へ向かった。川筋のままに蛇行している

徳川慶喜公屋敷跡

現在、国際仏教学大学院大学のキャンパスがある場所には、かつて徳川幕府最後の将軍・慶《よし》喜《のぶ》の屋敷があった。明治維新後、慶喜は駿府《すんぷ》（静岡市）に隠棲したのち巣鴨《すがも》を経てこの地に移り、大正2年（1913）に他界した。大学敷地内には屋敷時代からある大イチョウが元気に枝を茂らせている。

［切支丹屋敷跡］ 江戸時代に宗教を調査する役人宅があり、改宗したキリシタンを収容した

山手線内側エリアで坂道散歩

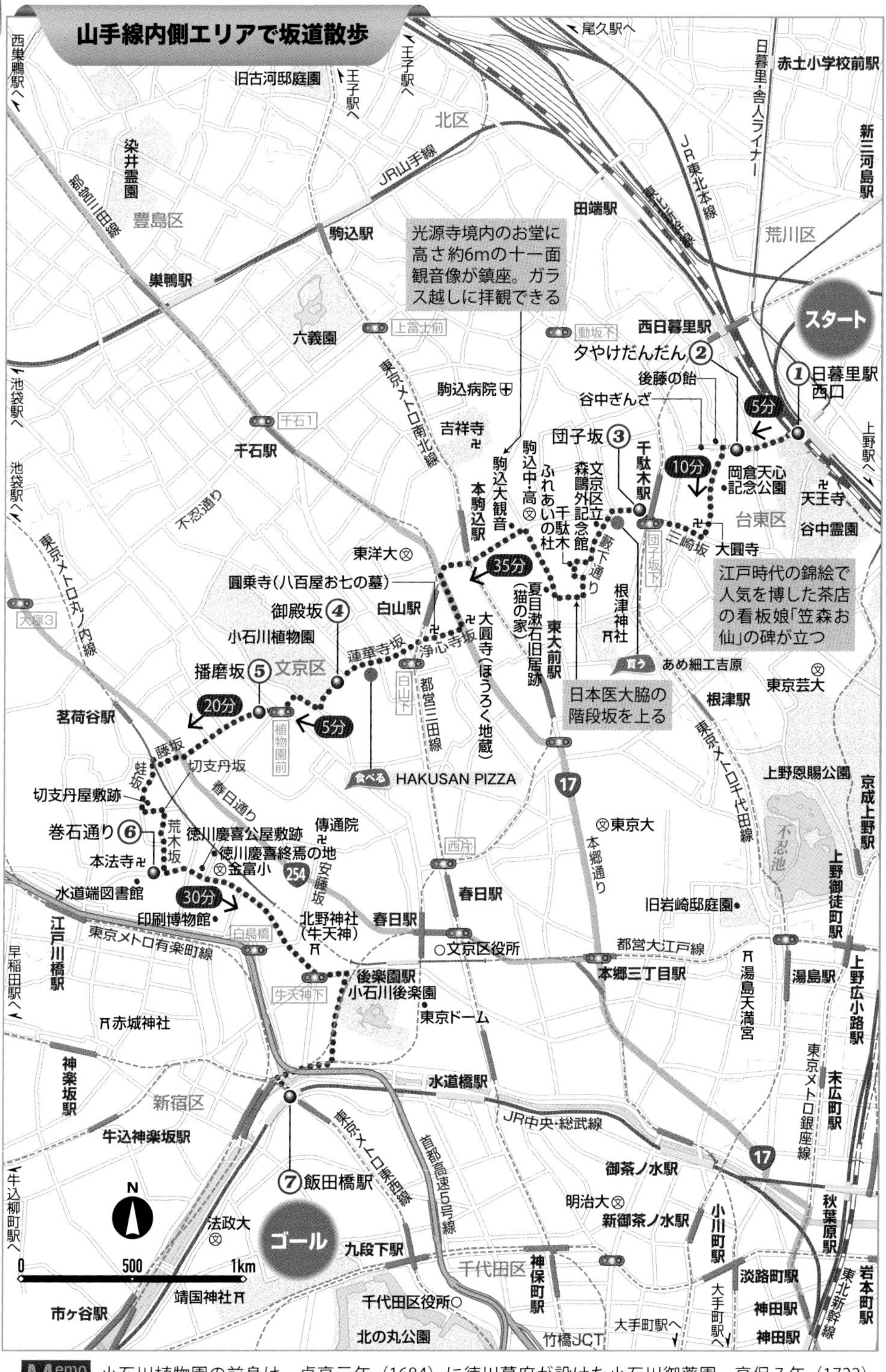
スタート
①日暮里駅西口
5分
②夕やけだんだん
後藤の飴
谷中ぎんざ
10分
③団子坂
光源寺境内のお堂に高さ約6mの十一面観音像が鎮座。ガラス越しに拝観できる
駒込大観音
森鷗外記念館
文京区立森鷗外記念館
千駄木ふれあいの杜
夏目漱石旧居跡（猫の家）
日本医大脇の階段坂を上る
江戸時代の錦絵で人気を博した茶店の看板娘「笠森お仙」の碑が立つ
大圓寺
三崎坂
あめ細工吉原
35分
圓乗寺（八百屋お七の墓）
④御殿坂
大圓寺（ほうろく地蔵）
浄心寺坂
蓮華寺坂
小石川植物園
⑤播磨坂
5分
20分
HAKUSAN PIZZA
藤坂
蛙坂
切支丹坂
切支丹屋敷跡
⑥巻石通り
荒木坂
本法寺
徳川慶喜公屋敷跡
徳川慶喜終焉の地
傳通院
30分
北野神社（牛天神）
⑦飯田橋駅
ゴール
日暮里駅
西日暮里駅
千駄木駅
根津駅
東大前駅
本駒込駅
白山駅
千石駅
巣鴨駅
駒込駅
田端駅
茗荷谷駅
後楽園駅
春日駅
本郷三丁目駅
水道橋駅
江戸川橋駅
神楽坂駅
牛込神楽坂駅
九段下駅
市ヶ谷駅
御茶ノ水駅
新御茶ノ水駅
神保町駅
小川町駅
淡路町駅
神田駅
秋葉原駅
岩本町駅
末広町駅
上野広小路駅
上野御徒町駅
湯島駅
京成上野駅
赤土小学校前駅
新三河島駅
旧古河邸庭園
染井霊園
六義園
駒込病院
吉祥寺
東洋大
東京大
東京芸大
上野恩賜公園
不忍池
旧岩崎邸庭園
湯島天満宮
小石川後楽園
東京ドーム
文京区役所
水道端図書館
印刷博物館
金富小
赤城神社
法政大
明治大
靖国神社
千代田区役所
北の丸公園
谷中霊園
天王寺
岡倉天心記念公園
根津神社
北区
豊島区
荒川区
台東区
文京区
新宿区
千代田区
JR山手線
JR東北本線
JR中央・総武線
日暮里・舎人ライナー
東京メトロ南北線
東京メトロ丸ノ内線
東京メトロ千代田線
東京メトロ有楽町線
東京メトロ東西線
東京メトロ銀座線
都営三田線
都営大江戸線
都電荒川線
首都高速5号線
東北新幹線
不忍通り
春日通り
本郷通り
安藤坂
藪下通り
尾久駅へ
王子駅へ
西巣鴨駅へ
池袋駅へ
上野駅へ
早稲田駅へ
牛込柳町駅へ
大手町駅へ
竹橋JCT
N
0
500
1km

Memo 小石川植物園の前身は、貞享元年（1684）に徳川幕府が設けた小石川御薬園。享保 7 年（1722）には園内に貧民救済のための小石川養生所が設立された。

[御主殿跡] 八王子城跡の御主殿跡へは曳橋とよばれる木橋で渡る

Course Number
3

戦国時代の山城跡から尾根伝いに歩き、甲州街道の関所跡へ下る

八王子城跡からの山歩き

[東京都八王子市]

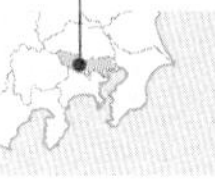

八王子《はちおうじ》城《じょう》は、天正10年（1582）前後から本格的な築城が始められたが、天正18年に未完成のうちに落城したといわれる。急峻な山地を生かした天然の要害で、戦国時代末期の山城である。発掘調査された御主殿跡では数多くの遺物が出土し、調査をもとに整備されている。歴史に興味のある人は、管理棟に常駐するボランティアガイドに解説と案内をお願いするといい。

スタートは①**霊園前《れいえんまえ》・八王子城《はちおうじじょう》跡入口《せきいりぐち》バス停《てい》**。すぐ先の八王子城跡入口交差点で左折、あとは城跡入口に立つ②**八王子城跡管理棟《はちおうじじょうせきかんりとう》**まで一本道だ。まずは、城跡の雰囲気を最もよく伝える③**御主殿跡《ごしゅでんあと》**を

アクセス
往路／新宿駅から JR 中央線中央特快で 45 分、高尾駅下車。北口からバス 6 分、霊園前・八王子城跡入口バス停下車。復路／駒木野バス停から JR 高尾駅北口までバス 10 分。

問合せ先
八王子市教育委員会文化財課 ☎ 042-620-7265

Start
① 霊園前・八王子城跡入口バス停
徒歩25分
② 八王子城跡管理棟
徒歩10分
③ 御主殿跡
徒歩10分
② 八王子城跡管理棟
徒歩40分
④ 八王子城跡本丸跡
徒歩25分
⑤ 詰城
徒歩30分
⑥ 富士見台
徒歩55分
⑦ 地蔵の頭
徒歩25分
⑧ 駒木野バス停
Goal

歩行時間
約3時間40分
約7km
約1万4000歩

難易度
★★★

［**松木曲輪**］城の東南を守備していたといわれている。八王子市街を一望できる

［**御主殿跡**］城主・北条氏照の居館があった場所。礎石、石敷きの通路、庭園跡などが再現されている

［**八王子城跡**］城跡の入口に管理棟があり、城跡のパンフレット等が入手できる

［**本丸跡**］八王子神社の裏手にある城の中心。小さな祠と石碑が立っている

［**富士見台**］西に富士山が望めるコース上随一の絶景ポイント

［**詰城**］尾根上の小ピーク。史実上は詳らかでないらしい

往復してから本丸跡をめざす。林間の急坂を約40分、左手に八王子市街の眺望が広がると、まもなく八王子神社。延喜16年（916）に八王子権現を祀り、八王子の名称の起源とされる古社だ。裏手をひと登りすると④**八王子城跡本丸跡**《はちおうじじょうせきほんまるあと》。松木曲輪《くるわ》跡の展望台で一息入れよう。

ここからは、林間の尾根伝いにアップダウンを繰り返しながら、⑤**詰城**《つめのしろ》を経て⑥**富士見台**《ふじみだい》へ。テーブルとベンチが設置され、西側に富士山が雄姿を見せる。富士見台から⑦**地蔵の頭**《じぞうのかしら》までもアップダウンの連続で、樹間越しに中央道を走る車の轟音が聞こえてくる。

地蔵の頭からは急下降で、中央道をくぐり、中央本線を跨ぐ。バス通りに出て右に折れるとすぐに小仏関跡（国指定史跡）と⑧**駒木野バス停**《こまきのてい》がある。

難攻不落といわれた八王子城

八王子城は北条氏康《ほうじょううじやす》の三男氏《うじ》照《てる》晩年の居城といわれ、北浅川と城山川に挟まれた深沢山が城の主要部分である。難攻不落の堅城とされていたが、天正18年（1590）6月23日に豊臣秀吉の関東制圧の一環として前田利家・上杉景勝らによって攻められて落城した。管理棟にはボランティアのガイドが詰めていて、無料で案内してくれる。写真は御主殿跡へ通じる虎口。

みちくさ情報

見る

八王子城跡ガイダンス施設

八王子城の歴史や城主・北条氏照について遺物やパネル、立体模型などで紹介。広大な城跡のみどころがわかるイラストマップ、八王子城縄張図も入手できる。御主殿跡で発掘された破片を調査後、当時の製法・材料にできるだけ忠実に復元した「ベネチア製レースガラス器」（展示はレプリカ）は、戦いばかりではない戦国大名の別の顔が見えるようで興味深い。

☎ 042-663-2800

9〜17時、年末年始のみ休（臨時休館あり）、入館無料

食べる

カフェ海の塔

四季を通じて花が咲くガーデンと、絵画を飾るギャラリーを開放したアートな雰囲気のカフェ。自家製ケーキとコーヒーまたは紅茶のセット650円、チャウダースープとオープンサンドガーデン風（写真）1150円がおすすめ。

☎ 090-8040-3960

金・土・日曜、祝日の11〜18時（11〜3月は〜17時）のみ営業（3名以上であれば平日も応相談、要予約）

八王子城跡からの山歩き

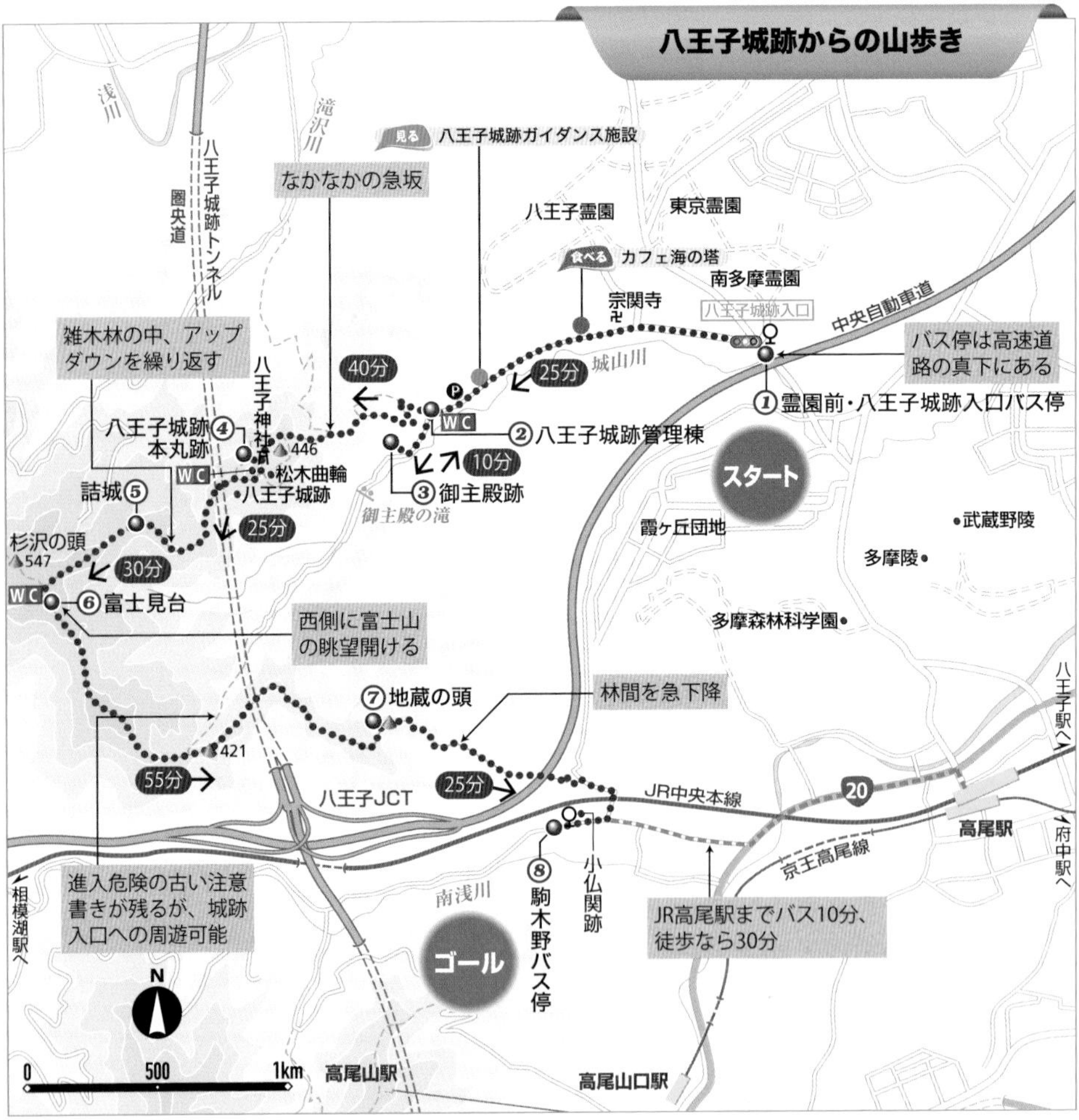

見る 八王子城跡ガイダンス施設
なかなかの急坂
八王子霊園
東京霊園
食べる カフェ海の塔
南多摩霊園
宗関寺
八王子城跡入口
中央自動車道
バス停は高速道路の真下にある
①霊園前・八王子城跡入口バス停
②八王子城跡管理棟
③御主殿跡
④八王子城跡本丸跡
⑤詰城
⑥富士見台
⑦地蔵の頭
⑧駒木野バス停
雑木林の中、アップダウンを繰り返す
八王子神社
446
松木曲輪
八王子城跡
御主殿の滝
城山川
40分
25分
10分
30分
55分
スタート
ゴール
杉沢の頭
547
421
西側に富士山の眺望開ける
林間を急下降
進入危険の古い注意書きが残るが、城跡入口への周遊可能
JR高尾駅までバス10分、徒歩なら30分
八王子城跡トンネル
圏央道
浅川
滝沢川
南浅川
霞ヶ丘団地
武蔵野陵
多摩陵
多摩森林科学園
八王子JCT
JR中央本線
京王高尾線
20
高尾駅
高尾山駅
高尾山口駅
小仏関跡
八王子駅へ
府中駅へ
相模湖駅へ
N
0
500
1km

［ふれあい橋］浅川の流れの彼方に眺める丹沢や奥多摩、富士山が美しい

Course Number 4

新選組副長・土方歳三の生誕地から、三多摩地域きっての名刹へ

万願寺駅から高幡不動尊

［東京都日野市］

日野《ひの》市石田地区は江戸時代、武州石田村とよばれた。ここで生を享《う》け、幕末動乱期に新選組副長として勇名を馳せたのが、映画やテレビドラマなどでもおなじみの土方歳三《ひじかたとしぞう》である。今でも新選組と土方歳三の熱心なファンが数多く訪れている。浅川の対岸に鎮座する三多摩きっての古刹・高幡不動尊《たかはたふどうそん》とを結ぶ、軽めの歴史散策コースだ。

スタートは、多摩モノレールの**①万願寺駅《まんがんじえき》**。最初に目指すのは、浅川水再生センターの施設の屋上に造成された**②北川原公園《きたがわらこうえん》**。ここに立つと多摩モノレールが走る線路の後方に富士山、左手には高幡不動尊の森が望める。

アクセス　往路／新宿から京王線特急で29分、高幡不動駅下車。多摩モノレールに乗り換え3分、万願寺駅下車。復路／高幡不動駅から往路を戻る。

問合せ先　日野市観光協会 ☎ 042-586-8808
日野市緑と清流課 ☎ 042-514-8307
高幡不動尊 ☎ 042-591-0032

歩行時間
約1時間30分
約6km
約3000歩
難易度
★

Start
①万願寺駅
徒歩10分
②北川原公園
徒歩5分
③石田寺
徒歩10分
④土方歳三資料館
徒歩10分
⑤安養寺
徒歩10分
⑥石明神社
徒歩20分
⑦ふれあい橋
徒歩15分
⑧高幡不動駅
徒歩5分
⑨高幡不動尊
徒歩5分
⑩高幡不動駅
Goal

［**土方歳三の墓**］石田寺の墓地にあり、花が絶えない

［**とうかん森**］江戸時代からあり、土方歳三も遊んだという

［**北川原公園**］市街地を走るモノレールや富士山が望める

［**高幡不動尊**］境内のアジサイの見頃は6月

［**高幡不動尊**］常に参詣客で賑わう名刹。重文の本尊は不動堂裏の奥殿に安置されている

［**安養寺**］関東八十八カ所霊場第68番札所。本尊の阿弥陀如来坐像は平安時代後期の作

すぐ近くの「とうかん森」は土方一族が江戸時代に稲荷大明神を祀った場所。歳三はこの森で遊んで育ったという。今はカヤの大木が2本残るのみ。この先、土方歳三の墓がある③**石田寺**《せきでんじ》から住宅街を抜け、多摩モノレールの下をくぐって④**土方歳三資料館**《ひじかたとしぞうしりょうかん》へ。

ここからは、いったん日野バイパスを渡って、江戸時代創建の⑤**安養寺**《あんようじ》に立ち寄ろう。再び日野バイパスを渡り、次は⑥**石明神社**《せきめいじんじゃ》の先で浅川の土手道に上がり、⑦**ふれあい橋**《ばし》まで快適な散策を楽しむ。ふれあい橋は浅川に架かる人道橋で、浅川の流れや富士山の眺めが印象深い。

橋を渡って右折し、土手道から下りて駐輪場の先で向島用水親水路沿いに進み、潤徳小を回り込む形で歩く。⑧**高幡不動駅**《たかはたふどうえき》構内を抜け、⑨**高幡不動尊**《たかはたふどうそん》まで往復する。

土方歳三資料館

かつては石田寺に近い「とうかん森」の東後方に生家があり、歳三は土方家の六男として生まれた。歳三12歳のとき多摩川の洪水に襲われ、現在地に移ったと伝えられる。家督を継いだのは三男義巌で、現館長の土方愛さんは六代目の子孫に当たる。現在の家はモダンな住宅に建て替えられたが、一室が資料館として開放され、愛刀の和泉守兼定、鎖帷子や籠手、行商に背負った薬箱など数々の遺品が展示されている。開館は第1・3日曜の12～16時だけなので要注意。

買う

松盛堂本店

高幡不動尊の門前、川崎街道に面した菓子舗。名物は白と茶色の2色がある高幡まんじゅう（1個120円、6個入り800円～）。ピンクと茶の2色がある歳三最中（1個150円）も人気で、最中と高幡まんじゅうが3個ずつ入る箱詰め900円が好評だ。店舗脇に設けられた休憩コーナー「豊玉亭」でお茶を飲みながら食べることもできる。

☎ 042-591-0317
8時30分～17時、無休

みちくさ情報

食べる

開運そば

開運そば

高幡不動尊の参道に面して立つそば処。ユニークなのは運気好転席、合格祈願席、金運上昇席など席ごとにおめでたい名称がつけられていることで、気分を盛り上げるのに一役買っている。そばにのせた蒲鉾はいずれも「開運」の焼印入り。名物の開運そば（写真）800円、福よせそば1100円など各種。わらびもち・くずきり各350円もある。

☎ 042-592-3553
10時30分～21時、無休

万願寺駅から高幡不動尊

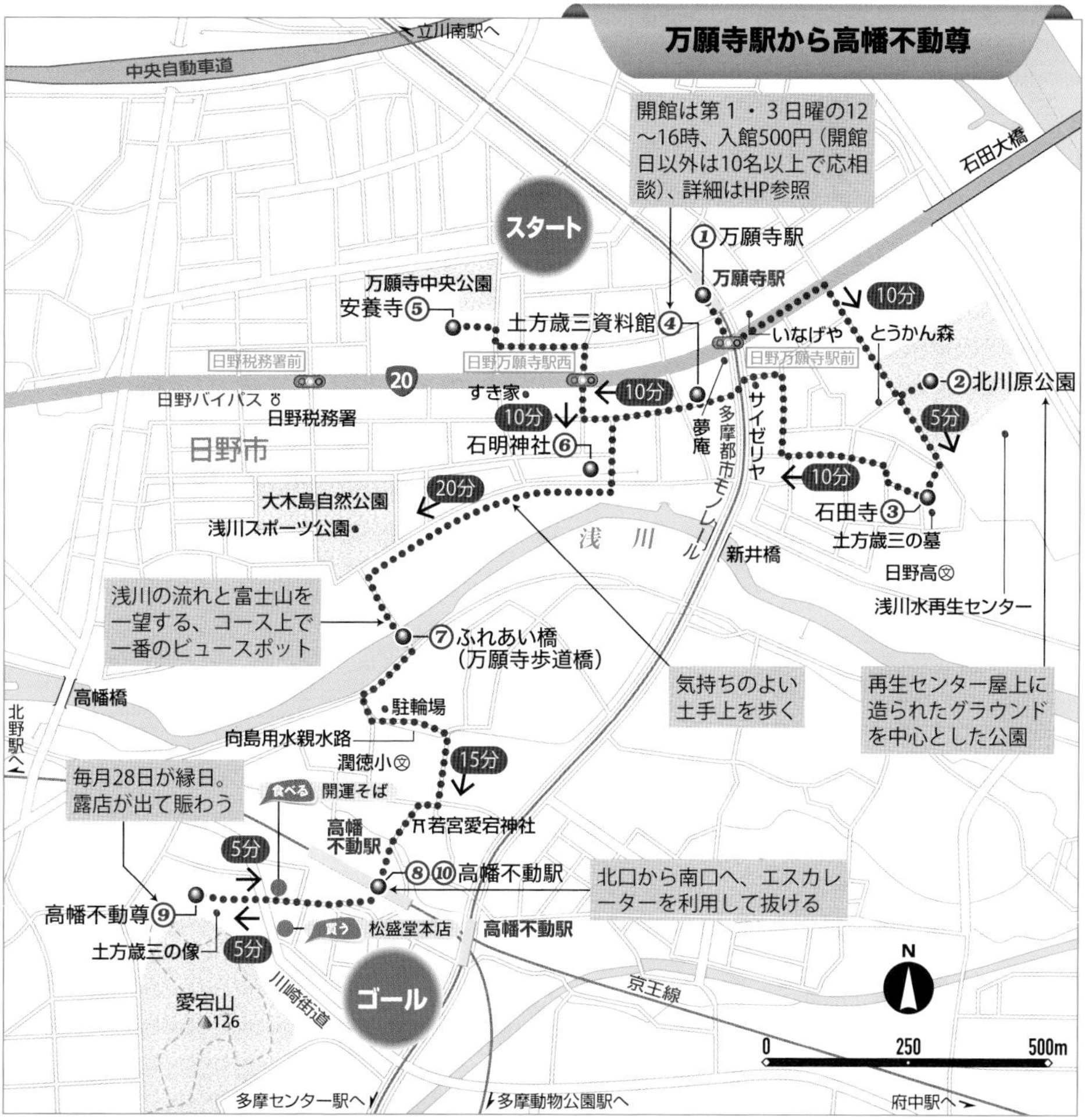
立川南駅へ
中央自動車道
開館は第1・3日曜の12～16時、入館500円（開館日以外は10名以上で応相談）、詳細はHP参照
石田大橋
スタート
①万願寺駅
万願寺駅
万願寺中央公園
安養寺⑤
土方歳三資料館④
いなげや
10分
とうかん森
日野税務署前
日野万願寺駅西
日野万願寺駅前
②北川原公園
20
日野バイパス
すき家
10分
日野税務署
10分
5分
石明神社⑥
夢庵
多摩都市モノレール
サイゼリヤ
日野市
10分
20分
大木島自然公園
浅川スポーツ公園
石田寺③
土方歳三の墓
浅川
新井橋
日野高
浅川の流れと富士山を一望する、コース上で一番のビュースポット
⑦ふれあい橋（万願寺歩道橋）
浅川水再生センター
高幡橋
駐輪場
気持ちのよい土手上を歩く
再生センター屋上に造られたグラウンドを中心とした公園
北野駅へ
向島用水親水路
潤徳小
15分
毎月28日が縁日。露店が出て賑わう
食べる 開運そば
高幡不動駅
若宮愛宕神社
5分
⑧⑩高幡不動駅
北口から南口へ、エスカレーターを利用して抜ける
高幡不動尊⑨
土方歳三の像
5分
買う 松盛堂本店
高幡不動駅
ゴール
愛宕山
126
川崎街道
京王線
N
0
250
500m
多摩センター駅へ
多摩動物公園駅へ
府中駅へ

Memo 高幡不動尊の正式名称は高幡山明王院金剛寺。大宝年間（701～704）以前の創始と伝わる古刹で、仁王門、不動堂、奥殿に安置される不動明王像は国の重文。有名なアジサイの見頃は6月中。

Course Number 5

旧白洲邸武相荘と多摩丘陵

白洲正子が暮らした家を訪ね、自然が残る七国山周辺を歩く

［東京都町田市］

［旧白洲邸武相荘］ 母屋の奥にある白洲正子の書斎。さまざまな著作はこの部屋から生まれた

多摩丘陵の面影が残る町田市周辺を歩くコース。まずは①鶴川駅《つるかわえき》東口から20分歩き②旧白洲邸武相荘《きゅうしらすていぶあいそう》へ向かう。戦後、吉田茂《よしだしげる》に請われてGHQとの折衝に当たり、日本国憲法の成立にも関わった白洲次郎《しらすじろう》と、妻で随筆家の正子《まさこ》がここで暮らした。茅葺き屋根の母屋では囲炉裏のある部屋、奥座敷、書斎などが見学でき、随所に正子愛用の家具や骨董が展示されている。

ここから⑤野津田公園《のつだこうえん》へは徒歩1時間強。脚力に自信がない向きは鶴川駅に戻り、バスに乗って④五反田《ごたんだ》バス停《てい》で降りる。公園東入口から坂を上り、すすき草地へ。昔、屋根材に使うカヤ（ススキ）

アクセス 往路／新宿駅から小田急小田原線快速急行で約 20 分、新百合ヶ丘駅下車。各駅停車に乗り換え 5 分、鶴川駅下車。復路／町田駅から小田急小田原線快速急行で新宿駅まで約 30 分。

問合せ先
町田市観光まちづくり課 ☎ 042-724-2128
旧白洲邸武相荘 ☎ 042-735-5732
神奈川中央交通町田営業所 ☎ 042-735-5970

Start
① 鶴川駅
徒歩20分
② 旧白洲邸武相荘
徒歩30分
③ 鶴川郵便局
徒歩25分
④ 五反田バス停
徒歩10分
⑤ 野津田公園
徒歩35分
⑥ 神奈川中央交通町田営業所
徒歩15分
⑦ 町田ぼたん園
徒歩15分
⑧ 薬師池公園
徒歩5分
⑨ 薬師池バス停
Goal

歩行時間
約 2時間 35分
約 10km
約 2 万歩

難易度
★★

［野津田公園］ノハナショウブなどが観賞できる園内の湿生植物園

［旧白洲邸武相荘］白洲夫妻が昭和 17 年（1942）に農家を買い取って移住した住居

［野津田公園］屋根材の茅場だったススキ草地。秋は小高い丘全体にススキが揺れる

［野津田公園］自由民権運動家・村野常右衛門の生家が移築されている。内部も見学できる

［野津田公園］雑木林の中に続くこもれびの道

を確保するために設けた茅場が今に残る。雑木林の丘を越え、炭焼き小屋や湿生植物園を見て、野津田高校口から公園を出る。

歩行者専用の階段を下り、芝溝街道を横断。鶴見《つるみ》川の丸山橋を渡り、分岐を左へ行き急坂を上る。⑦**町田《まちだ》ぼたん園《えん》**、七国山《ななくにやま》ファーマーズセンターを過ぎ、分かれ道を左へ。七国山は標高１２８ｍ。相模、伊豆、駿河など７つの国々を見渡せたことがその名の由来だ。

野津田薬師堂の裏手に出る階段を下りて⑧**薬師池公園《やくしいけこうえん》**に入る。お堂に祀られる薬師如来は行基《ぎょうき》作と伝わるケヤキの一木《いちぼく》造。町田市の文化財に指定されている。池の周囲には約３４０本のソメイヨシノをはじめ、梅、ツバキなど四季の花々が植えられ、訪れる人々の目を楽しませている。帰りは⑨**薬師《やくし》池《いけ》バス停《てい》**からバスで町田駅へ。

"韋駄天お正"こと白洲正子の生涯

明治43年（１９１０）東京に生まれた白洲正子は、14歳で女性として初めて能の舞台に立ち、その後アメリカに留学。帰国後、19歳で白洲次郎と結婚した。戦後は小林秀雄や青山二郎らと親交を結び、文学や骨董の世界に造詣を深める。銀座に染織工芸の店「こうげい」を開き、田島隆夫、吉澤万千子ら多くの作家を輩出した。執筆活動では、自ら足を運び、自分の目で見てから書く姿勢は終生変わらず、青山は「韋駄天お正」と命名した。平成10年（１９９８）に88歳で他界。代表作に随筆『かくれ里』『能面』などがある。写真は旧白洲邸武相荘の囲炉裏。

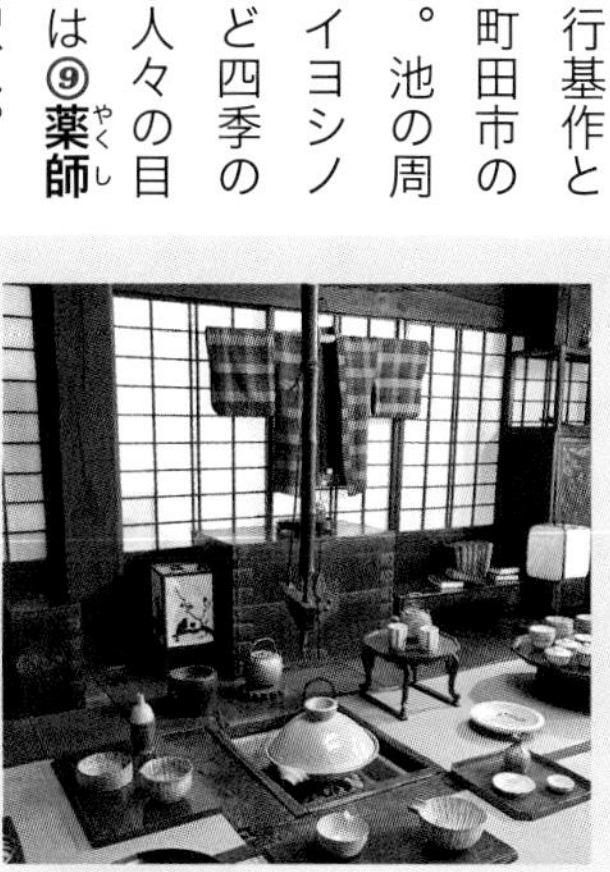

買う

武相荘ショップ

武相荘

チケット売場と同じ棟にある。白洲正子が著書『日本のたくみ』で紹介した赤杉はし630円や、はしおき525円をはじめ、むぎわら手掛分片口（酒器）7350円といった所蔵品の復刻品、白洲次郎の落款が入った藍染めふろしき3150円など、ここでしか入手できないグッズが揃う。正子の著書やDVDもある。

☎042-736-6478

10～17時、月曜休（祝日・振替休日の場合は営業）

みちくさ情報

初夏から秋のお楽しみ 町田ダリア園

薬師池公園の南西にある町田ダリア園では約５００品種、約４０００株のダリアを栽培。６月下旬～11月上旬のダリア開花期に開園する。一色咲き、絞り咲き、ブレンド（ぼかし）などの花々が観賞できる。ガーデニングの苗を栽培・販売する花屋や休憩所は通年営業。☎０４２-７２２-０５３８。９時30分～16時受付、開園期間中無休、入園５００円。

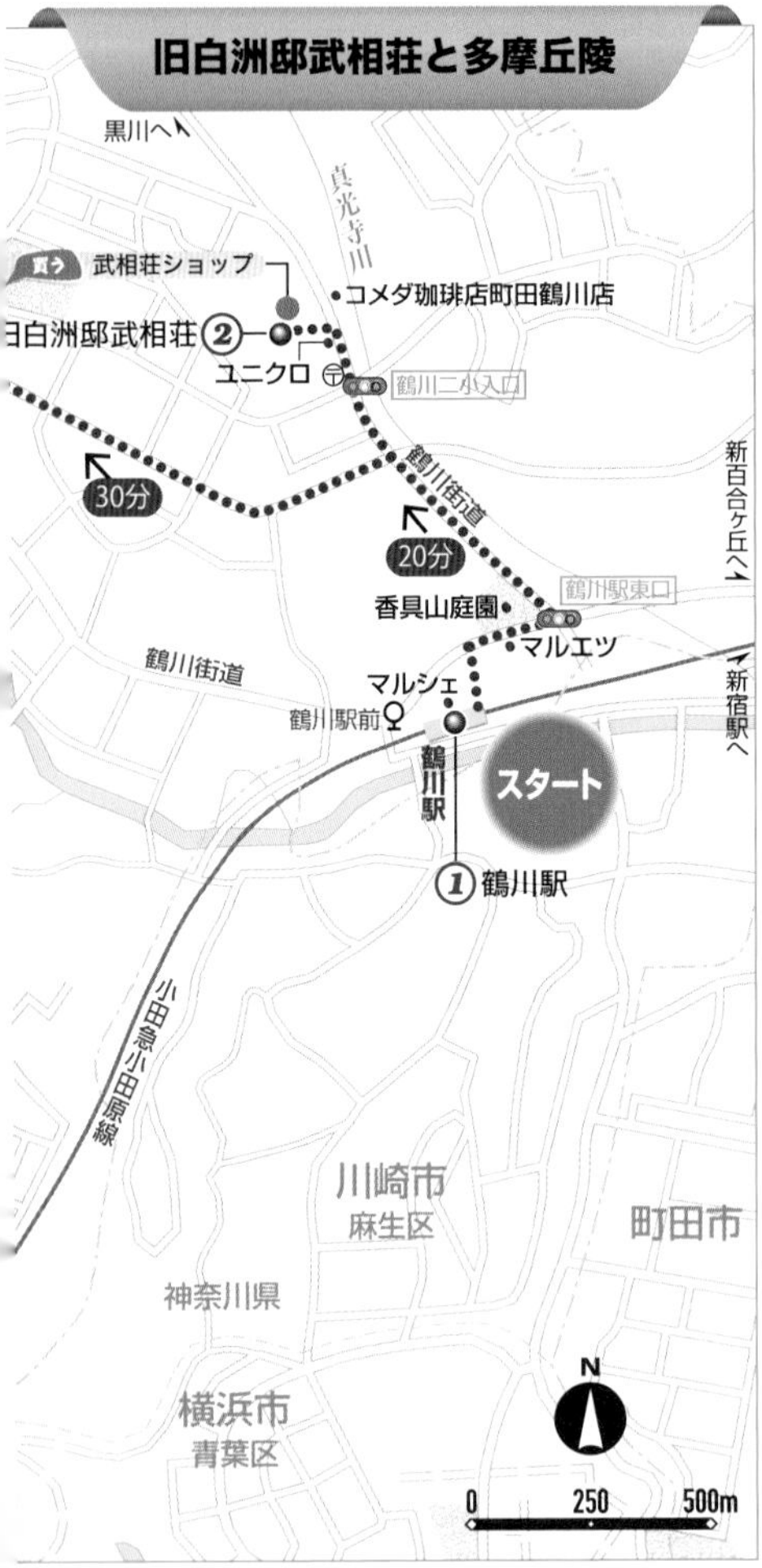

旧白洲邸武相荘と多摩丘陵
黒川へ
真光寺川
買う 武相荘ショップ
コメダ珈琲店町田鶴川店
旧白洲邸武相荘 ②
ユニクロ
鶴川二小入口
30分
鶴川街道
20分
新百合ケ丘へ
鶴川駅東口
香具山庭園
マルエツ
鶴川街道
マルシェ
鶴川駅前
新宿駅へ
鶴川駅
スタート
① 鶴川駅
小田急小田原線
川崎市
麻生区
町田市
神奈川県
横浜市
青葉区
N
0
250
500m

［薬師池公園］園内にある薬医門は昭和12年（1937）築。大和市から移築した

［薬師池公園］太鼓橋が架かる薬師池。公園の開園時間は6～18時（6～8月は～19時）

［町田市ふるさと農具館］町田ぼたん園の近くにある。農具や生活用具を展示

食べる
やくし茶屋

薬師池公園内、梅林の近くにある茶店。地元のお母さんたちが切り盛りし、会話を楽しみに足を運ぶ常連も多い。ほどよい甘さのあんみつ（写真）700円、抹茶（菓子付き）600円などが人気メニュー。焼おにぎり、いそべ巻（漬物付き）など軽食も揃う。

☎非公開
9時～16時30分（12～2月は～16時）、年末・イベント時休

みちくさ情報
見る
町田リス園

特殊なフェンスで囲まれた放し飼い広場では、約200匹のタイワンリスが元気に走り回っている。ヒマワリの種（有料）を食べる仕草が見られるのも楽しい。巣箱作りなど各種イベントも人気。土・日曜、祝日はモルモットとも触れあえる。

☎ 042-734-1001
10～16時（4～9月の日曜、祝日は～17時）、火曜（祝日の場合は翌日）と6・9・12月の第1火～金曜休、入園400円

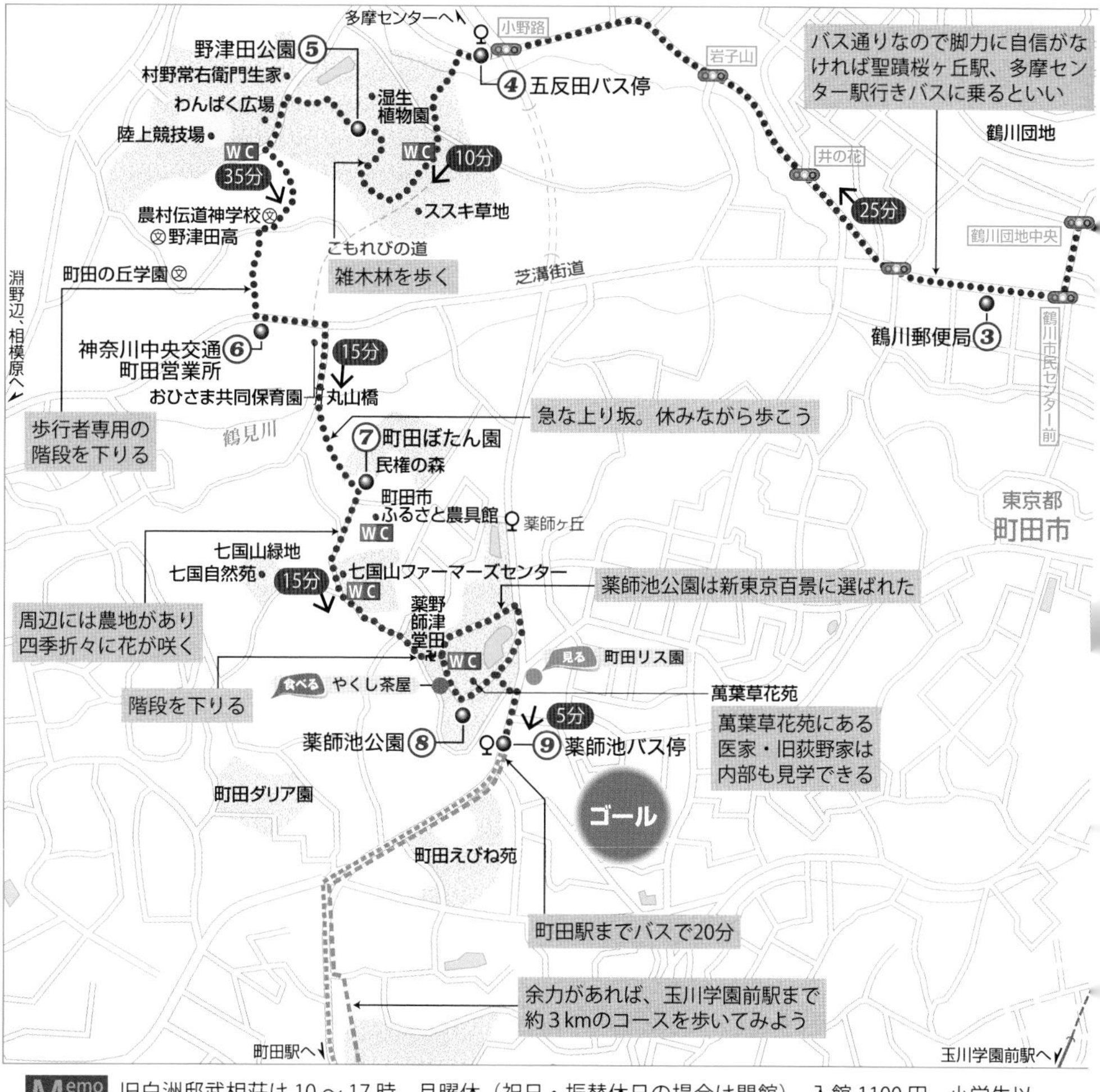
多摩センターへ
小野路
野津田公園 5
村野常右衛門生家
わんぱく広場
湿生植物園
陸上競技場
WC
35分
WC
10分
ススキ草地
農村伝道神学校
野津田高
こもれびの道
雑木林を歩く
④五反田バス停
岩子山
バス通りなので脚力に自信がなければ聖蹟桜ヶ丘駅、多摩センター駅行きバスに乗るといい
鶴川団地
井の花
25分
鶴川団地中央
芝溝街道
町田の丘学園
淵野辺、相模原へ
鶴川郵便局 3
鶴川市民センター前
神奈川中央交通 町田営業所 6
15分
おひさま共同保育園
丸山橋
歩行者専用の階段を下りる
鶴見川
急な上り坂。休みながら歩こう
7 町田ぼたん園
民権の森
町田市ふるさと農具館
薬師ヶ丘
WC
東京都 町田市
七国山緑地
七国自然苑
15分
七国山ファーマーズセンター
WC
薬師池公園は新東京百景に選ばれた
周辺には農地があり四季折々に花が咲く
野津田薬師堂
WC
見る 町田リス園
食べる やくし茶屋
萬葉草花苑
階段を下りる
5分
薬師池公園 8
9 薬師池バス停
萬葉草花苑にある医家・旧荻野家は内部も見学できる
町田ダリア園
ゴール
町田えびね苑
町田駅までバスで20分
余力があれば、玉川学園前駅まで約3kmのコースを歩いてみよう
町田駅へ
玉川学園前駅へ

Memo 旧白洲邸武相荘は10～17時、月曜休（祝日・振替休日の場合は開館）、入館1100円。小学生以下は入場不可。

Course Number 6

武蔵野・野川公園から深大寺へ

雑木林を散策して湧水沿いの道を歩き、深大寺名物のそばを味わう

［東京都小金井市・三鷹市・調布市］

［**深大寺参道**］山門前の参道には深大寺そばの店が軒を連ねている

武蔵野の雑木林が残る小径を踏みしめ、自然あふれる野川《のがわ》に沿って深大《じんだい》寺《じ》へ向かう。

①東小金井駅《ひがしこがねいえき》南口から連雀通《れんじゃくどお》りを越えて南下。住宅街を抜けて坂を下りきると野川に出る。西武多摩川線をはさんで西側が**②武蔵野《むさしの》公園《こうえん》**だ。園内の西にある**③くじら山《やま》**はこんもりとした丘の市民の憩いの場。周囲はクヌギやナラなどの雑木林が広がり、往時の武蔵野をしのばせる。

この東側に隣接するのが**④野川《のがわ》公園《こうえん》**。国分寺崖線《こくぶんじがいせん》に接し、「はけ」からしみ出した湧き水があちこちにある。川沿いには遊歩道が続き、まさにウォーキングに最適。広大

アクセス
往路／新宿駅から JR 中央線快速で約 22 分、東小金井駅下車。復路／深大寺バス停からバスでそれぞれ調布、三鷹、吉祥寺駅へ。

問合せ先
小金井市観光まちおこし協会 ☎ 042-316-3980
都立武蔵野公園事務所 ☎ 042-361-6861
都立野川公園管理所 ☎ 0422-31-6457

歩行時間
約 2 時間 10 分
約 6.2 km
約 1 万 2000 歩

難易度
★★

Start ①東小金井駅 → 徒歩20分 → ②武蔵野公園 → 徒歩10分 → ③くじら山 → 徒歩15分 → ④野川公園 → 徒歩30分 → ⑤龍源寺 → 徒歩5分 → ⑥近藤勇生家跡 → 徒歩35分 → ⑦御塔坂橋 → 徒歩15分 → ⑧深大寺 Goal

［野川公園］清流は子どもたちの格好の遊び場

［武蔵野公園］美しい武蔵野の森は市民の憩いの場

［深大寺参道］新緑から紅葉の季節まで木々の葉色の変化を楽しめる

［野川公園］ゴルフ場の跡地を整備した芝生広場が広がっている

［野川公園］桜の名所でもあり、開花期は大勢の人で賑わう

な芝生広場や自然観察園などもあり、ピクニックにもいい。公園の南には近藤勇《こんどういさみ》の墓と像のある⑤**龍《りゅう》源《げん》寺《じ》**がある。板橋で処刑された勇の遺体を甥が引き取り、ここに埋葬した。すぐ近くの⑥**近藤勇生家《こんどういさみせいか》跡《あと》**には勇が産湯をつかったという井戸だけが残されている。

御狩野橋《みかりのばし》から下流に向けても、野川沿いの遊歩道は続く。カモやシラサギ、時にはカワセミの姿も見られる気持ちのいい道だ。

⑦**御塔坂橋《おとうざかばし》**で野川と分かれて⑧**深大寺《じんだいじ》**へ。天平5年（733）開基の古刹で、国宝の白鳳仏《はくほうぶつ》が釈迦堂に安置されている。ここも緑豊かな環境だ。帰りは、周辺に数多くあるそば店やみやげ物店で一服するのもいいし、隣の神代植物公《じんだいしょくぶつこう》園《えん》に足を延ばすのもいいだろう。バスは調布、三鷹、吉祥寺駅方面へ出ている。

野川に棲息する生物

「はけ」のおかげで水場が多く、野川沿いには多くの生物が見られる。カワセミなど70種を超える野鳥をはじめ、ホタル、トンボ、チョウなどの昆虫、メダカ、コイなどの魚類のほか、四季折々の野草が可憐な花々をつける。高度経済成長期に悪化した水質を元に戻そうとの運動が奏功し、現在のような生物多様性のある川に戻った。写真はザリガニ。

買う

新小金井 亀屋

店頭で焼く人気の今川焼き（写真）1個120円（9月ごろ～6月ごろ）は、薪を焚いて昔ながらの手法でじっくりと練り上げた餡が絶妙な甘さだ。

小金井産のユズを使ったゆず餅、ヨモギを摘んで作る草餅もおいしい。

☎ 042-381-3074

10時30分～20時、不定休

食べる

手打ちそば 湧水

国産石臼挽きそば粉を使用した手打ちそばが味わえる人気店。なかでも厳選した粉を使った九割そば「湧水もりそば」（写真）750円は香りが高く、売り切れる場合が多い。甘党にはそばようかん360円が人気。

☎ 042-498-1323

10時30分～17時（延長もあり）、木曜休（例外あり）

見る

大沢の里 水車経営農家

文化5年（1808）ごろに創設された営業用水車を公開。多機能性を持つ両袖型の大型水車は迫力がある。茅葺きの母屋や土蔵、物置などの建物や古民具なども展示。ボランティアガイドによる解説がある。

☎ 0422-45-1151（三鷹市教育委員会）

10～16時、水曜休（祝日の場合は翌日）、入場100円

みちくさ情報

［深大寺］ 毎年3月3・4日は厄除元三大師大祭。日本三大だるま市として、境内には縁起だるまを売る露店が並んで賑わう

［深大寺］ 都内では浅草寺と並ぶ古刹。山門をくぐった先に大正8年（1919）に再建された本堂が立つ

［龍源寺］ 境内にある近藤勇の胸像。そばに天然理心流の碑もある

［近藤勇生家跡］ 勇が産湯をつかった井戸だけが残る

夏の宵を彩る蛍の里

御狩野橋から飛橋にかけての国分寺崖線の崖と野川にはさまれた場所は、湧水の水田を中心とした自然環境保全地域になっている。湧水はわさび田を潤し、湿生花園ではミズバショウの花を咲かせ、夏になるとこの湿地で育ったホタルが飛び交う姿が見られる。また東側の崖はうっそうと樹木が茂り、その中腹に保存されている古墳時代の出山横穴墓群8号墓は見学できる。

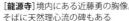

武蔵野・野川公園から深大寺へ

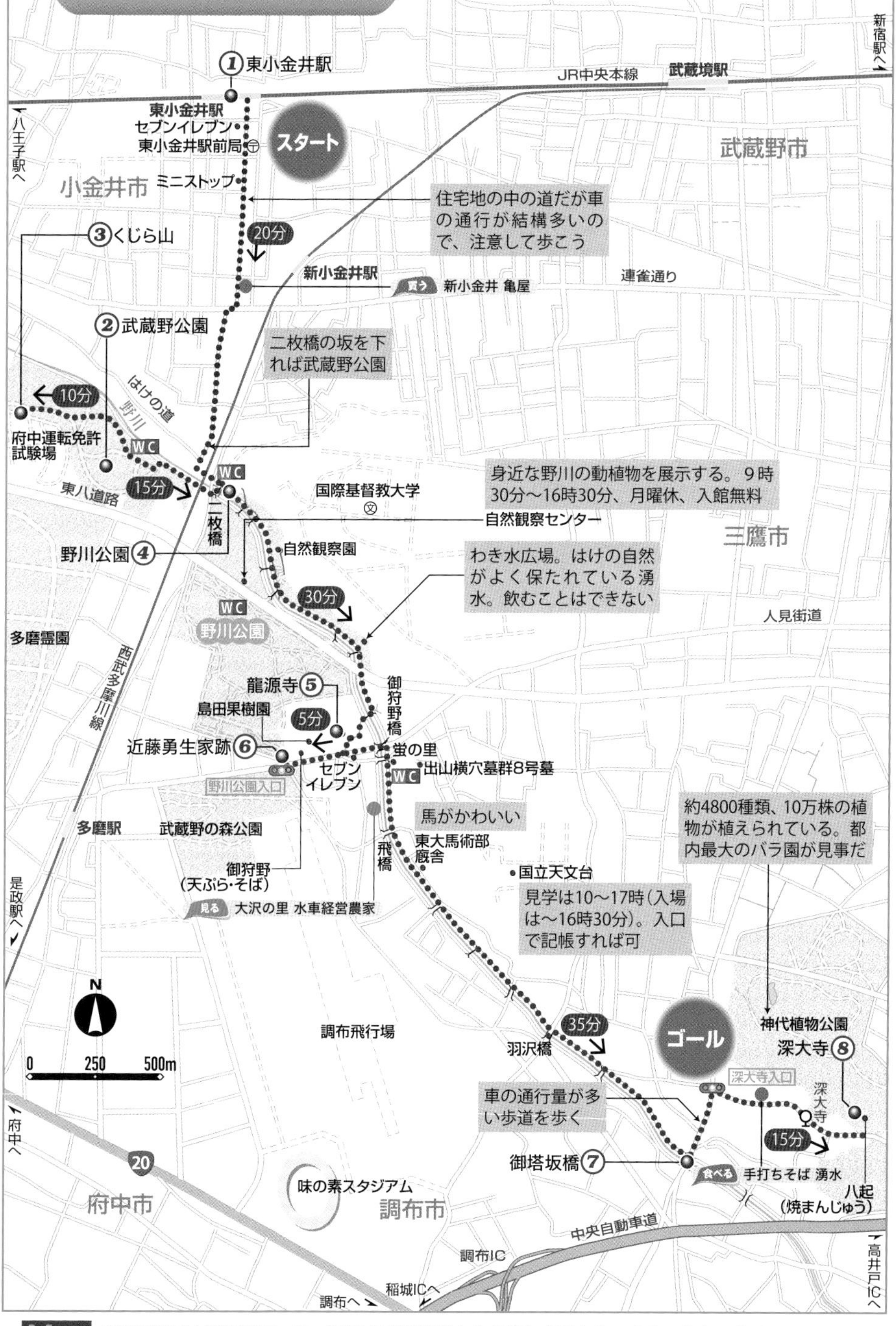
①東小金井駅
JR中央本線
武蔵境駅
新宿駅へ
八王子駅へ
東小金井駅
セブンイレブン
東小金井駅前局
スタート
ミニストップ
小金井市
武蔵野市
住宅地の中の道だが車の通行が結構多いので、注意して歩こう
③くじら山
20分
新小金井駅
買う 新小金井 亀屋
連雀通り
②武蔵野公園
二枚橋の坂を下れば武蔵野公園
はけの道
野川
10分
府中運転免許試験場
WC
15分
東八道路
二枚橋
国際基督教大学
身近な野川の動植物を展示する。9時30分〜16時30分、月曜休、入館無料
自然観察センター
三鷹市
野川公園④
自然観察園
わき水広場。はけの自然がよく保たれている湧水。飲むことはできない
30分
野川公園
人見街道
多磨霊園
西武多摩川線
龍源寺⑤
島田果樹園
5分
御狩野橋
近藤勇生家跡⑥
蛍の里
出山横穴墓群8号墓
セブンイレブン
野川公園入口
馬がかわいい
多磨駅
武蔵野の森公園
飛橋
東大馬術部厩舎
約4800種類、10万株の植物が植えられている。都内最大のバラ園が見事だ
御狩野（天ぷら・そば）
国立天文台
見学は10〜17時（入場は〜16時30分）。入口で記帳すれば可
是政駅へ
見る 大沢の里 水車経営農家
N
0 250 500m
調布飛行場
35分
ゴール
神代植物公園
深大寺⑧
羽沢橋
深大寺入口
深大寺
車の通行量が多い歩道を歩く
15分
府中へ
20
御塔坂橋⑦
食べる 手打ちそば 湧水
八起（焼まんじゅう）
味の素スタジアム
府中市
調布市
中央自動車道
調布IC
高井戸ICへ
稲城ICへ
調布へ

Memo 武蔵野公園と野川公園へは、西武多摩川線新小金井駅からアクセスすることもできる。

［**武蔵国分寺跡**］2019 年に僧寺伽藍中枢地域の整備を終え、歴史公園として無料開放している

Course Number 7

お鷹の道と武蔵国分寺跡

湧水の流れに沿った小径をたどり、いにしえの史跡を巡る

［東京都国分寺市］

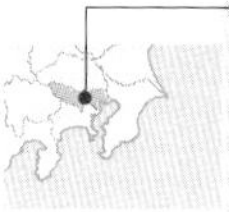

奈良時代の遺跡が多数点在する、かつての武蔵《むさし》の国《くに》の中心を訪ね、せせらぎを聞きながら緑濃い道を歩く。

①**西国分寺駅**《にしこくぶんじえき》を降りて南口に出たら、そのまま史跡通りを南下。街路樹が美しい歩道を進んでいくと②**伝鎌倉街道**《でんかまくらかいどう》につながる。14世紀に新田義貞《にったよしさだ》が鎌倉へ攻め上った道で、今も木々が茂る切り通しとなっている。

街道を抜けると③**黒鐘公園**《くろがねこうえん》。大きく開けた国分尼寺跡を横切り、武蔵野線をくぐって住宅街の小道をたどると④**武蔵国分寺跡**《むさしこくぶんじあと》に出る。奈良時代に全国に造られた国分寺の中で最大級のものとされ、広々とした空間に基壇が復元され

アクセス
往路／新宿駅から JR 中央線快速で約 30 分、西国分寺駅下車。復路／国分寺駅から JR 中央線快速で新宿駅まで約 30 分。

問合せ先
国分寺市観光協会（市政戦略室内）
☎ 042-325-0111
殿ヶ谷戸庭園サービスセンター
☎ 042-324-7991

歩行時間
約 1 時間 15 分
約 4 km
約 8000 歩

難易度
★★

Start ①西国分寺駅 → 徒歩17分 → ②伝鎌倉街道 → 徒歩3分 → ③黒鐘公園 → 徒歩15分 → ④武蔵国分寺跡 → 徒歩5分 → ⑤国分寺 → 徒歩3分 → ⑥お鷹の道 → 徒歩30分 → ⑦殿ヶ谷戸庭園 → 徒歩2分 → ⑧国分寺駅 Goal

［殿ヶ谷戸庭園］次郎弁天池を見下ろす紅葉亭からの眺めがすばらしい

［伝鎌倉街道］鎌倉から町田、府中を経てここを通り、上野国、信濃国に向かった古い道

［武蔵台遺跡公園］黒鐘公園の手前にある、縄文時代中期の柄鏡形敷石住居跡を保存した小公園

［お鷹の道］清流にはアブラハヤなど小魚の姿も見える

［国分寺］武蔵国分寺が鎌倉時代末期の分倍河原の戦いで焼失した後、新田義貞の寄進によって再建。写真は薬師堂

た金堂や講堂などが残る。その先にあるのが現在の⑤**国分寺**《こくぶんじ》。万葉《まんよう》植物園となっている境内や、国重文の木造薬師如来坐像が安置される薬師堂など、みどころは多い。

ここから路地に入ると⑥**お鷹**《たか》**の道**《みち》だ。江戸時代、徳川家の御鷹場になっていたところで、細い流れに沿って遊歩道が整備されている。途中の真姿《ますがた》の池《いけ》湧水群には、国分《こくぶん》寺崖線《じがいせん》のきれいな水がこんこんとあふれ、お鷹の道とともに環境省の名水百選に選定されている。

お鷹の道が終わり、不動橋を渡って国分寺街道に出たら北へ。急な坂を上っていくと⑦**殿ヶ谷戸**《とのがやと》**庭園**《ていえん》だ。ここも崖線から湧き出す水が豊富で、谷を利用した回遊式林泉庭園になっている。武蔵野に自生する植物が数多く見られ、さまざまな樹木も美しい。公園を出たら⑧**国分寺駅**《こくぶんじえき》はすぐ目の前だ。

歴史公園になった武蔵国分尼寺跡

武蔵国分寺跡の西には武蔵国分尼寺跡もある。天平13年（741）の聖武天皇の詔により、国分寺とともに国ごとに建立された尼寺の一つだ。すでに発掘調査は終わり、中門、金堂、尼坊跡が判明。それらの礎石もきれいに復元・整備され、国分寺市立歴史公園として開放されている。その広さからも尼寺がかなりの規模だったことがわかる。金堂跡前に復元された4本の柱は旗を掛ける幢竿だ。

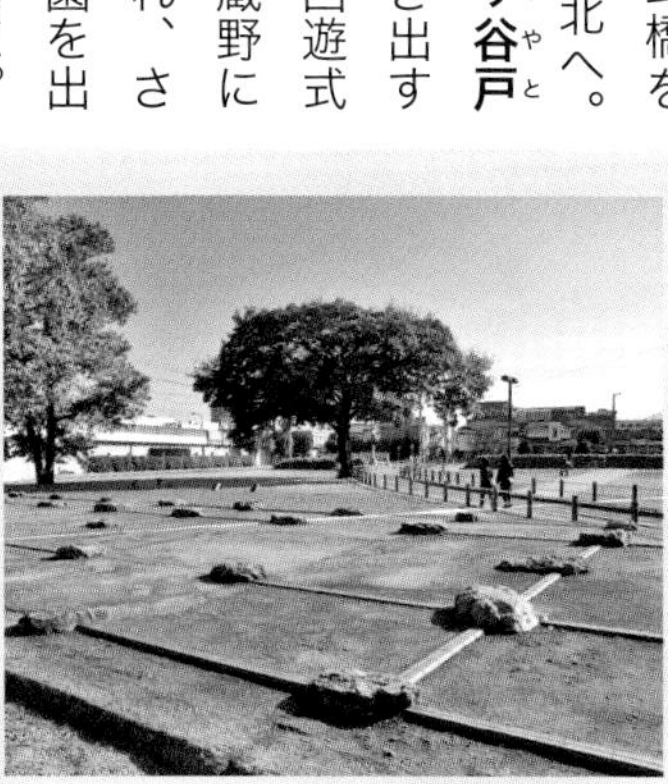

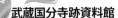

買う

史跡の駅 おたカフェ

お鷹の道にあるカフェ。軽食・喫茶のスペースとグッズコーナーがあり、散策途中の休憩ポイントとして利用できる。湧き水や緑、歴史、宇宙開発関連など、国分寺に関わる展示も。隣接する「おたかの道湧水園」の入場チケット販売や、史跡地域の総合案内なども行っている。

☎ 042-312-2878

9～17時（7・8月と4～6・9・10月の土・日曜、祝日は～19時）、月曜休

みちくさ情報

見る

武蔵国分寺跡資料館

現国分寺の東側一帯の史跡と自然環境を保全するために整備された「おたかの道湧水園」の中にある施設。おもに武蔵国分寺跡の出土品を展示して、これまでの発掘調査の成果を紹介。武蔵国分寺の伽藍配置を再現したジオラマ模型が興味深い。文化財関係図書の販売コーナーもある。

☎ 042-323-4103

9～17時（入館は～16時45分）、月曜休（祝日の場合は翌日）、おたかの道湧水園入園100円

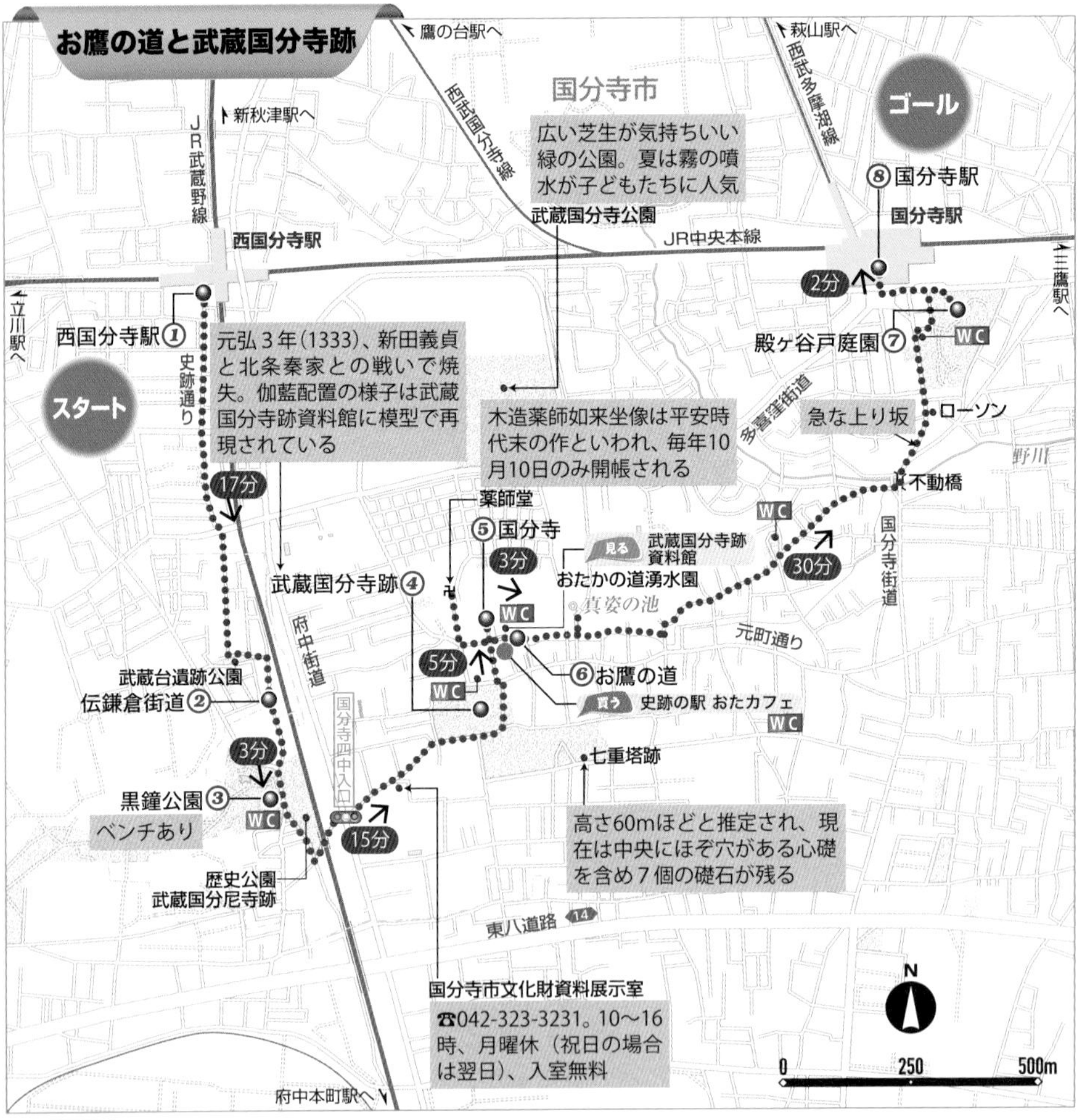

お鷹の道と武蔵国分寺跡
鷹の台駅へ
萩山駅へ
国分寺市
西武国分寺線
西武多摩湖線
ゴール
新秋津駅へ
JR武蔵野線
広い芝生が気持ちいい緑の公園。夏は霧の噴水が子どもたちに人気
武蔵国分寺公園
⑧国分寺駅
国分寺駅
西国分寺駅
JR中央本線
三鷹駅へ
立川駅へ
2分
西国分寺駅①
殿ヶ谷戸庭園⑦
WC
史跡通り
元弘3年(1333)、新田義貞と北条泰家との戦いで焼失。伽藍配置の様子は武蔵国分寺跡資料館に模型で再現されている
スタート
多喜窪街道
木造薬師如来坐像は平安時代末の作といわれ、毎年10月10日のみ開帳される
急な上り坂
ローソン
野川
17分
不動橋
薬師堂
⑤国分寺
WC
国分寺街道
見る 武蔵国分寺跡資料館
3分
30分
武蔵国分寺跡④
おたかの道湧水園
WC
真姿の池
府中街道
元町通り
5分
⑥お鷹の道
武蔵台遺跡公園
WC
伝鎌倉街道②
買う 史跡の駅 おたカフェ
WC
国分寺四中入口
3分
七重塔跡
黒鐘公園③
WC
15分
ベンチあり
高さ60mほどと推定され、現在は中央にほぞ穴がある心礎を含め7個の礎石が残る
歴史公園 武蔵国分尼寺跡
東八道路 14
N
国分寺市文化財資料展示室
☎042-323-3231。10～16時、月曜休（祝日の場合は翌日）、入室無料
0 250 500m
府中本町駅へ

Memo 国分寺駅へは、府中駅、小平駅、花小金井駅からそれぞれバスが出ている。市内の移動は国分寺市地域バス「ぶんバス」が便利。運賃100円。

［谷戸田］貴重な自然が残り、四季の移り変わりを感じながら散策が楽しめる

Course Number 8

夏は新緑、秋は黄金色の稲穂が美しい、のどかな田園を歩く

寺家ふるさと村散策

［神奈川県横浜市］

小川が流れ、田園と雑木林が広がる日本の農村の原風景が残されている横浜市青葉区寺家町《じけちょう》を歩く。

斜面林にはさまれた浅い谷を利用して作られた田んぼが細長く延びる独特の景観は、平地が山に入り込んだ谷戸《やと》という地形によって生まれたもので、一帯は寺家ふるさと村として横浜市によって自然環境が保護されている。春は桜と新緑、夏は水田が緑の絨毯《じゅうたん》になり、秋は黄金色《こがねいろ》に実った稲穂と紅葉が美しい。

まずは①**鴨志田団地《かもしだだんち》バス停《てい》**から道なりに下り、右折して総合案内所②**寺家《じけ》ふるさと村《むら》四季《しき》の家《いえ》**を訪ねよう。近辺で見られる野鳥など

アクセス
往路／渋谷駅から東急田園都市線急行で30分、青葉台駅下車。鴨志田団地行き東急バスに乗り換え約14分、終点下車。復路／鴨志田団地バス停から往路を戻る。

問合せ先
寺家ふるさと村四季の家 ☎ 045-962-7414
横浜市環境創造局北部農政事務所 ☎ 045-948-2480
東急バス青葉台営業所 ☎ 045-973-5841

歩行時間
約2時間
約4km
約8200歩
難易度
★

Start
① 鴨志田団地バス停
徒歩5分
② 寺家ふるさと村四季の家
徒歩5分
③ 熊野神社
徒歩50分
④ 大池
徒歩15分
⑤ 水車小屋
徒歩28分
⑥ 寺家橋
徒歩20分
⑦ 四季の家バス停
Goal

[熊野池釣堀] ヘラブナ専門の釣堀。日がな一日、のんびり釣糸を垂れる人も多い

[水車小屋] 早春のふるさと村は菜の花が一面に咲き、陽だまりが心地いい

[谷戸田] 夏はむせかえるような緑に包まれる

[寺家ふるさと村] 北へ続く、野趣豊かな切通しの道

生き物について標本やパネルで紹介するとともに、周辺の地図も用意されており、散策前の情報収集に便利だ。

四季の家から西へ向かうと、雑木林の中に散策路が続く寺家ふるさとの森がある。入口の③**熊野神**《くまのじん》**社**《じゃ》に参拝してから林の中へ入ろう。コナラが青々と茂り、野鳥の声の響く道は適度なアップダウンがあって、山歩きの気分も楽しめる。釣り堀の熊の池、雑木林に抱かれているようなむじな池、さらに奥にある④**大池**《おおいけ》などは農耕用の溜池だ。

ふるさとの森を出たら北側のエリアへ。のどかな風景が続く谷戸田沿いにある⑤**水車小屋**《すいしゃごや》、体験教室が開かれている陶芸舎などをのぞきながら鶴見川に架かる⑥**寺家**《じけ》**橋**《ばし》まで歩き、小川沿いに⑦**鴨志田**《かもしだ》**団地**《だんち》**バス停**《てい》に戻ろう。

谷戸と谷戸田

四方に開けた里山や里地に対して、丘陵地が浸食されて形成された谷状の地形を谷戸《やと》と呼ぶ。もともと日本の稲作は谷戸を利用して始まり、その後、灌漑された平地での稲作へ発展した。古代から農業が続けられてきた寺家ふるさと村は、本当の意味で日本の原風景を残す貴重な谷戸といえる。特に谷戸田に水が入る春は桜が美しく、まさに日本の春を満喫できる。

自然を肌で感じるイベントに参加しよう

寺家ふるさと村四季の家では寺家ふるさと村ガイドツアー、野草を観る会、昆虫観察会、トンボ観察会、野鳥観察会など、自然を身近に感じることができるイベントを実施している。いずれも参加費は無料。申込み方法は電話またはホームページで確認を。寺家ふるさと村四季の家☎045-962-7414。9〜17時、火曜休（祝日の場合は翌日）。

食べる

青山亭

寺家ふるさと村四季の家とは谷戸田をはさんだ向かい側にある、喫茶と食事の店。数種類のおかずを彩りよく盛り付けた季節のお弁当1320円はじめ、サンドイッチや特製カレー、稲庭うどんといった食事メニューもいろいろ揃い、食事から休憩まで幅広く利用できる。甘味では炭火で香ばしく焼いた団子が人気。2本550円（お茶付き）。

☎ 045-962-2709

10～17時、火曜休（祝日の場合は翌日）

みちくさ情報

食べる

寺家乃鰻寮

寺家ふるさと村四季の家に併設する和食処。囲炉裏が切られた店内で美しい里山の風景を眺めながら食事が楽しめる。自慢のウナギ料理は職人の手でさばかれ、秘伝のタレを使って焼き上げた江戸前。うな丼や、とろろをかけたうなとろ丼も人気だ。ほかにそばや天ぷらなどメニューは豊富で、日替わりのサービス定食（写真）は950円。

☎ 045-962-7338

11～21時（変更あり）、火曜休（祝日の場合は翌日）

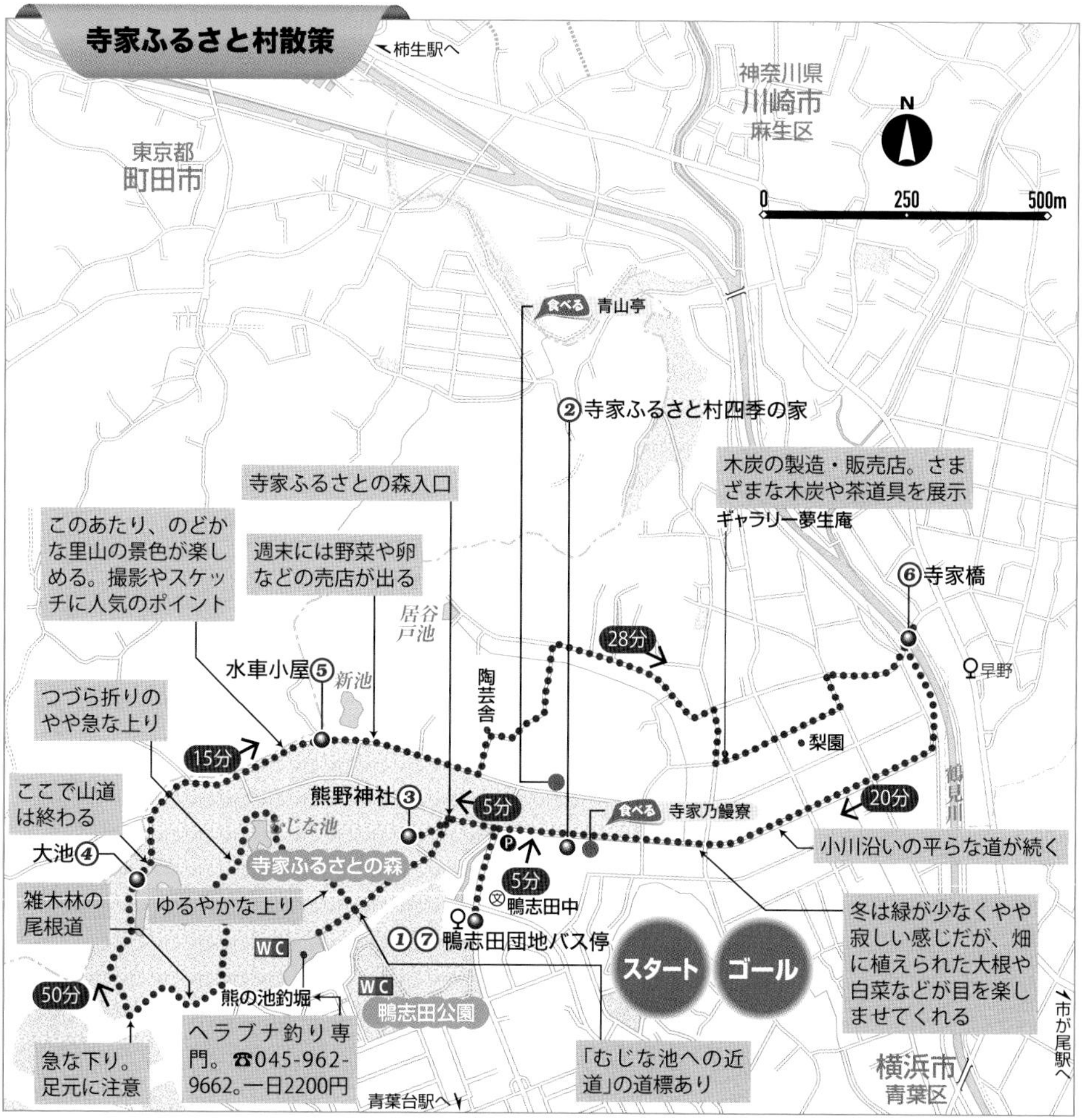
寺家ふるさと村散策
柿生駅へ
神奈川県
川崎市
麻生区
東京都
町田市
N
0
250
500m
食べる 青山亭
②寺家ふるさと村四季の家
木炭の製造・販売店。さまざまな木炭や茶道具を展示
ギャラリー夢生庵
寺家ふるさとの森入口
このあたり、のどかな里山の景色が楽しめる。撮影やスケッチに人気のポイント
週末には野菜や卵などの売店が出る
居谷戸池
⑥寺家橋
28分
早野
陶芸舎
水車小屋⑤
新池
つづら折りのやや急な上り
梨園
15分
鶴見川
熊野神社③
5分
20分
ここで山道は終わる
むじな池
食べる 寺家乃鰻寮
大池④
寺家ふるさとの森
小川沿いの平らな道が続く
5分
鴨志田中
雑木林の尾根道
ゆるやかな上り
①⑦鴨志田団地バス停
冬は緑が少なくやや寂しい感じだが、畑に植えられた大根や白菜などが目を楽しませてくれる
WC
スタート
ゴール
50分
WC
熊の池釣堀
鴨志田公園
市が尾駅へ
急な下り。足元に注意
ヘラブナ釣り専門。☎045-962-9662。一日2200円
「むじな池への近道」の道標あり
横浜市
青葉区
青葉台駅へ

Course Number
9

横浜港と山手西洋館めぐり

桜木町から山手へ、横浜開港の歴史を訪ねる

[神奈川県横浜市]

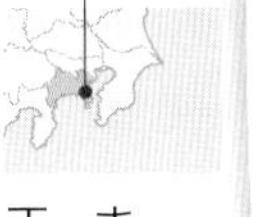

[**横浜港**] パシフィコ横浜の前にあるみなとみらいぷかり桟橋は、日本初の浮体式ターミナル

横浜の開港は、そのまま日本の開国。明治・大正時代の倉庫や洋館を活用したしゃれた観光地、横浜ベイエリアを歩き、近代日本発展の歴史をたどろう。

①**桜木町駅**《さくらぎちょうえき》から超高層のランドマークタワー方面へ歩き、日本丸《にほんまる》の信号の先で右手の②**汽車道**《きしゃみち》へ。貨物線跡を遊歩道にしたものだ。

汽車道の先にあるのが、③**横浜**《よこはま》**赤**《あか》**レンガ倉庫**《そうこ》。かつて輸出入品を保管した赤レンガ倉庫を、飲食店などの集まる商業・文化施設として再利用している。

④**山下臨港線**《やましたりんこうせん》**プロムナード**を通って⑤**山下公園**《やましたこうえん》へ。高架の道は眺めがよく、クイーンの愛称があ

問合せ先
横浜駅観光案内所 ☎ 045-441-7300
桜木町駅観光案内所 ☎ 045-211-0111

アクセス
往路／東京駅から JR 東海道線・横須賀線で約 30 分、横浜駅下車。横浜駅で JR 京浜東北線（南行）に乗り換え 3 分、桜木町駅下車。復路／石川町駅から JR 根岸線 7 分で横浜駅。以降は往路を戻る。

歩行時間
約 1 時間 30 分
約 6.2 km
約 1 万 2000 歩

難易度
★★

Start
① 桜木町駅
徒歩5分
② 汽車道
徒歩15分
③ 横浜赤レンガ倉庫
徒歩10分
④ 山下臨港線プロムナード
徒歩10分
⑤ 山下公園
徒歩25分
⑥ 港の見える丘公園
徒歩5分
⑦ 山手資料館
徒歩3分
⑧ エリスマン邸
徒歩12分
⑨ 山手イタリア山庭園
徒歩5分
⑩ 石川町駅
Goal

［汽車道］ボードウォークに線路を残し、かつての様子をわずかに伝えている

［横浜赤レンガ倉庫］現代に甦った赤レンガ倉庫。イベント広場ではさまざまなイベントが行われている

［山手 111 番館］正面に 3 連アーチがあるスパニッシュ風の意匠が目を引く

［ブラフ 18 番館］大正時代築の木造住宅。白と緑の配色がかわいらしい

［海の見える丘公園］展望台からは横浜ベイブリッジなど横浜港の名所を一望

る横浜税関やキングの神奈川県庁本庁舎の塔も見える。

横浜港沿いに続く山下公園を抜け、フランス橋を渡って**⑥港《みなと》の見《み》える丘公園《おかこうえん》**へ。ここはフランス、イギリス両国の領事館邸のあったところ。開けた高台に旧領事館邸の横浜市イギリス館、洋館の山手111番館などがある。展望台からは横浜港を見下ろし、房総半島も見える。

山手本通りを歩く。幕末から明治に外国人居留地となった一帯で、横浜山手外国人墓地、洋館の**⑦山手資料館《やまてしりょうかん》**や山手234番館、**⑧エリスマン邸《てい》**などが点在。エキゾチックで品のいい住宅街だ。

山手本通りから道標に従って右折し、**⑨山手《やまて》イタリア山庭園《やまていえん》**へ。洋館の外交官の家とブラフ18番館がある。そこから太丸谷坂《おおまるたにざか》を下れば**⑩石川町駅《いしかわちょうえき》**まで5分ほどで到着。

赤い靴の物語

明治の末、ある貧しい夫婦の娘きみが、アメリカ人宣教師に預けられて渡米した。両親はそれを信じたが、実際は東京の孤児院できみは死んでいた。結核に冒されていたきみは渡米できなかったからだ。善意と哀しみの入り混じる話で、それがひとつの赤い靴の物語。ドキュメント番組が流され、事実をめぐる論争もあったが、渡米を信じて作られたのが野口雨情作詞の童謡『赤い靴』。山下公園には「赤い靴はいてた女の子像」があり、「女の子」は穏やかな顔で海を見つめている。

みちくさ情報

食べる

日本茶専門店茶倉 SAKURA

代官坂の下にある。茶はすべて産地の契約農家から直接仕入れ、玉露、煎茶、ほうじ茶、玄米茶、抹茶がある。人気の抹茶パフェなどスイーツや食事も用意。粉茶と抹茶をブレンドした「茶倉スタイル」というオリジナルのお茶が珍しい。

☎ 045-212-1042

11 〜 19 時、月曜休（祝日の場合は翌日）

食べる

かばのおうどん

石川町駅近くの西の橋交差点の角にあるうどん専門店。イリコ、昆布、アゴなど自然食品からだしをとり、うどんはモチモチした食感の温麺とコシの強い冷麺から選べる。野菜と肉のうまみが凝縮された肉汁おうどん（写真）900 円。

☎ 045-651-5480

11時30分〜22時LO（土・日曜、祝日は11時〜）、平日は17時までランチメニューあり、火曜休

買う

ハッピーローソン山下公園店

山下公園内にあるコンビニ。横浜には「ヨコハマ・グッズ横濱001」という地域ブランドがある。和・洋菓子、装飾品などアイテムが多数あるなか、この店ではひとつの棚に 20 品ほどを揃えている。ありあけのハーバー、横濱煉瓦などが人気。

☎ 045-663-8139

7〜22 時（12〜4 月は 8〜20 時）、無休

高島貨物線

コース上の汽車道と山下臨港線プロムナードはどちらもかつての貨物線跡だ。横浜駅の東にあった高島駅から横浜港駅までを横浜臨港線（昭和62年廃止）、その先の山下埠頭駅までを山下埠頭線（昭和61年廃止）と呼んでいた。生糸など輸出入品や、戦後は新港埠頭にあがる食料品・衣料品なども運んだ。

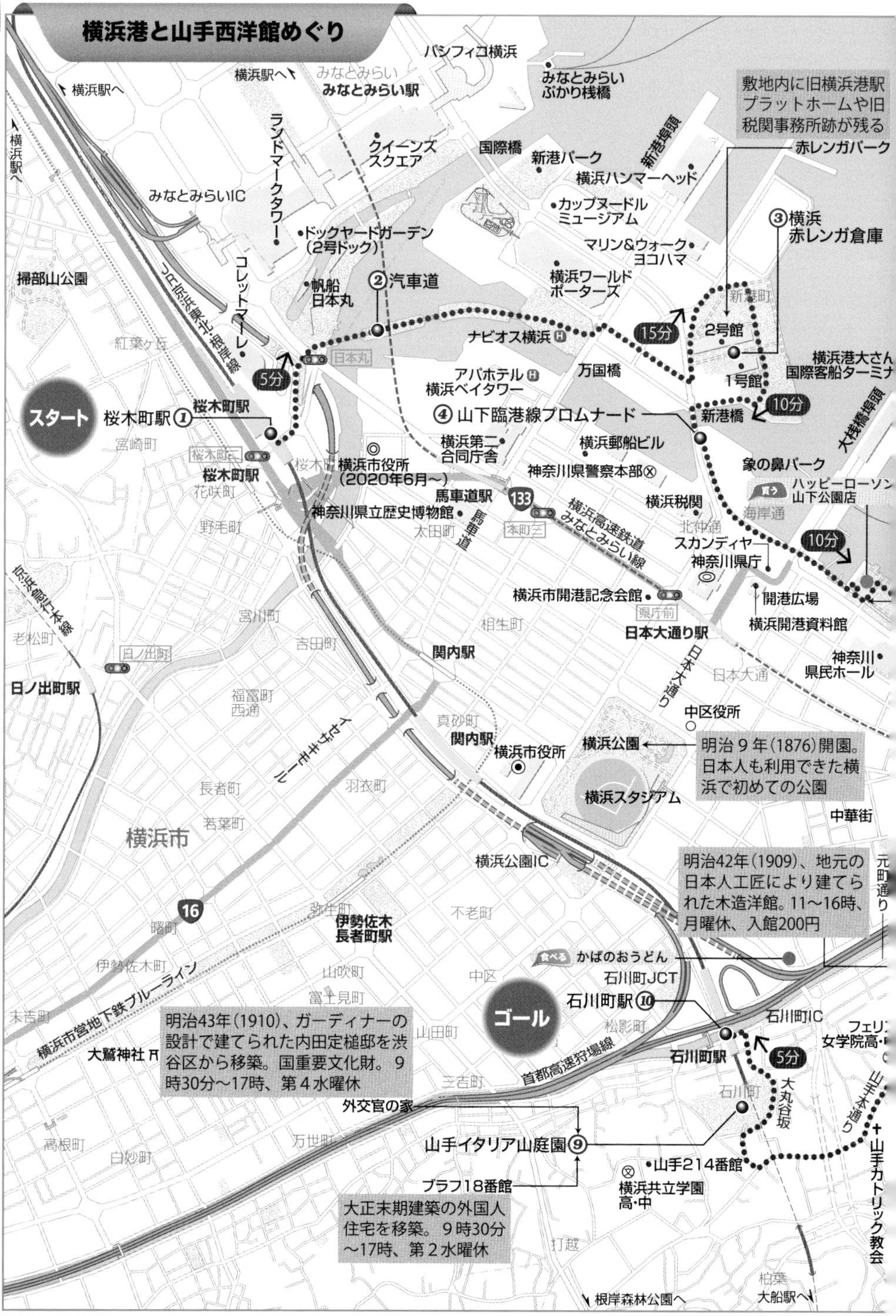
横浜港と山手西洋館めぐり
パシフィコ横浜
横浜駅へ
みなとみらい
みなとみらい駅
みなとみらい
ぷかり桟橋
敷地内に旧横浜港駅プラットホームや旧税関事務所跡が残る
横浜駅へ
横浜駅へ
ランドマークタワー
クイーンズスクエア
国際橋
新港パーク
新港埠頭
赤レンガパーク
横浜ハンマーヘッド
みなとみらいIC
カップヌードルミュージアム
③横浜赤レンガ倉庫
ドックヤードガーデン（2号ドック）
マリン&ウォークヨコハマ
コレットマーレ
横浜ワールドポーターズ
掃部山公園
帆船日本丸
②汽車道
新港町
JR京浜東北・根岸線
紅葉ケ丘
ナビオス横浜
15分
2号館
5分
日本丸
万国橋
横浜港大さん橋国際客船ターミナル
アパホテル横浜ベイタワー
1号館
スタート
桜木町駅①
桜木町駅
④山下臨港線プロムナード
10分
新港橋
宮崎町
横浜第二合同庁舎
横浜郵船ビル
桜木町
桜木町駅
横浜市役所（2020年6月～）
神奈川県警察本部
象の鼻パーク
花咲町
馬車道駅
133
横浜税関
ハッピーローソン山下公園店
神奈川県立歴史博物館
馬車道
海岸通
野毛町
太田町
本町三
横浜高速鉄道みなとみらい線
北仲通
10分
京浜急行本線
スカンディヤ
神奈川県庁
横浜市開港記念会館
開港広場
県庁前
日本大通り駅
横浜開港資料館
宮川町
相生町
老松町
吉田町
関内駅
神奈川県民ホール
日ノ出町
日本大通り
日本大通
日ノ出町駅
福富町西通
中区役所
真砂町
イセザキモール
関内駅
横浜市役所
横浜公園
明治９年（1876）開園。日本人も利用できた横浜で初めての公園
長者町
羽衣町
横浜スタジアム
若葉町
中華街
横浜市
横浜公園IC
明治42年（1909）、地元の日本人工匠により建てられた木造洋館。11～16時、月曜休、入館200円
元町通り
16
弥生町
伊勢佐木長者町駅
不老町
曙町
食べる かばのおうどん
伊勢佐木町
山吹町
中区
石川町JCT
ゴール
石川町駅⑩
横浜市営地下鉄ブルーライン
富士見町
末吉町
明治43年（1910）、ガーディナーの設計で建てられた内田定槌邸を渋谷区から移築。国重要文化財。９時30分～17時、第４水曜休
山田町
松影町
石川町IC
フェリス女学院高・中
大鷲神社
首都高速狩場線
石川町駅
5分
三吉町
石川町
大丸谷坂
山手本通り
外交官の家
高根町
万世町
山手イタリア山庭園⑨
白妙町
山手214番館
山手カトリック教会
ブラフ18番館
横浜共立学園高・中
大正末期建築の外国人住宅を移築。９時30分～17時、第２水曜休
打越
柏葉
根岸森林公園へ
大船駅へ

Memo
山手西洋館めぐりで役に立つのが横浜市緑の協会が発行する「横浜山手西洋館マップ」。協会の HP からダウンロードできるほか、各西洋館に無料で置かれている。

[称名寺] 阿字ヶ池と朱塗りの橋が美しい浄土庭園は四季、花に彩られる

Course Number 10

金沢北条氏ゆかりの史跡と、浮世絵に描かれた海沿いの景勝地を訪ねる

金沢八景歴史探勝

[神奈川県横浜市]

古くから景勝地として知られる金沢八景《かなざわはっけい》。八景の由来は江戸時代に心越《しんえつ》禅師《ぜんじ》が選んだ8つの名景―称名晩鐘《しょうみょうのばんしょう》・洲崎晴嵐《すさきのせいらん》・野島夕照《のじまのせきしょう》・瀬戸秋月《せとのしゅうげつ》・乙艫帰帆《おっとものきはん》・小泉夜雨《こずみのやう》・平潟落雁《ひらかたのらくがん》・内川暮雪《うちかわのぼせつ》による。幕末の浮世絵師、歌川広重《うたがわひろしげ》も描いた地を訪ねて歩こう。

①金沢文庫駅《かなざわぶんこえき》東口から国道16号を横切り、住宅街の坂道をしばらく歩いて**②神奈川県立金沢文庫《かながわけんりつかなざわぶんこ》**へ。金沢文庫は、鎌倉時代中期に北条実時《ほうじょうさねとき》が別邸内に造った武家の文庫。館内では当時の資料と、称名寺に伝わる文化財を展示する。東側から出てトンネルを抜け、13世紀中ごろに金沢北条氏一門の菩

問合せ先
神奈川県観光協会 ☎ 045-681-0007
横浜金沢観光協会 ☎ 045-780-3431
京急ご案内センター ☎ 03-5789-8686 ／ ☎ 045-225-9696

アクセス
往路／品川駅から京浜急行本線快速特急で 34 分、金沢文庫駅下車。復路／金沢八景駅から京浜急行本線快速特急で品川駅まで 36 分。

歩行時間
約2時間10分
約6km
約1万3000歩
難易度
★

Start
①金沢文庫駅
徒歩12分
②神奈川県立金沢文庫
徒歩3分
③称名寺
徒歩19分
④海の公園
徒歩30分
⑤野島橋
徒歩9分
⑥旧伊藤博文金沢別邸
徒歩11分
⑦野島公園展望台
徒歩17分
⑧夕照橋
徒歩25分
⑨琵琶島神社
徒歩5分
⑩金沢八景駅
Goal

[**海の公園**] 広大なビーチは横浜市で唯一の海水浴場として賑わう

[**海の公園**] 八景島側には人工の磯が広がり、夏は磯遊びが楽しめる

[**野島公園展望台**] 晴れた日には富士山や丹沢まで見渡せる。夕日も美しい

[**野島公園**] 自然の地形を生かした園内は森林浴を楽しみながら歩ける

提寺として建立された③**称名寺**《しょうみょうじ》へ。朱色の反橋と平橋が池に姿を映す浄土庭園が優雅だ。金堂の前に金沢八景の一つ「称名晩鐘」がある。

赤門から境内を出て東へ。金沢シーサイドラインの高架をくぐると、全長600mの人工ビーチを中心にした④**海**《うみ》**の公園**《こうえん》だ。静かな入江のビーチは春は潮干狩り、夏は海水浴で賑わう。

海の公園を南端まで歩き、⑤**野**《の》**島橋**《じまばし》を渡って⑥**旧伊藤博文金沢別邸**《きゅういとうひろぶみかなざわべってい》へ。海を望む風雅な茅葺きの家を見たら、野島公園の園路を歩き⑦**野島公園展望台**《のじまこうえんてんぼうだい》を目指す。晴れた日は富士山や房総半島まで一望できるビュースポットで、夕暮れ時の「野島夕照」も楽しみだ。⑧**夕照橋**《ゆうしょうばし》を渡り、平潟湾沿いを歩いて北条政子《ほうじょうまさこ》ゆかりの⑨**琵琶島神社**《びわじまじんじゃ》経由で⑩**金沢八景駅**《かなざわはっけいえき》へ。

金沢文庫の今昔

建治元年(1275)ごろ、金沢北条氏の当主だった北条実時が武蔵国久良岐郡六浦荘金沢(現在の横浜市金沢区)の別邸内に創設した私的文庫が始まり。その後も顕時・貞顕・貞将の三代にわたって受け継がれ、政治や歴史・文学など多岐に及ぶ蔵書の充実が図られた。鎌倉幕府とともに金沢北条氏が滅亡したのちは菩提寺だった称名寺によって管理されたが、昭和5年(1930)に神奈川県立の施設として金沢文庫が復興。現在は中世専門の歴史博物館として親しまれている。

食べる

かいせき工房 ききょう

金沢八景駅の近くにある懐石料理の店。四季折々の素材を生かした美しい料理を気軽に楽しめる昼の松花堂弁当2000円（税別）がおすすめ。煮物、揚物、焼物、造り、ご飯、香の物、赤だしに手作りのデザート、コーヒーが付く。

☎ 045-701-0900
11時30分～14時LO、17時～20時30分LO、火曜休

食べる

小柴のどんぶりや

柴漁港に水揚げされる江戸前穴子が評判の、漁協直営の食堂。ボリューム満点の穴子丼一本盛1350円（数限定）が大人気。ふっくら炊いた煮穴子丼、地魚丼もおすすめ。

☎ 045-701-8182（平日9～17時）
金・土・日曜、祝日営業、11時～14時ごろ（売切れ次第終了）

食べる

地魚料理やすらぎ

野島公園駅前にある、新鮮な魚介をさばく食事処。地の穴子天重1280円（夜は1630円）、ランチ限定の穴子天ぷらセット1520円がおすすめ。全席禁煙。

☎ 045-701-2268
11時30分～14時30分LO（ランチは木～日曜のみ）、17～22時LO、水曜・第2火曜休

みちくさ情報

［旧伊藤博文金沢別邸］ 2009年に復元工事が施された明治31年（1898）建築の茅葺き寄棟造の建物。大正天皇や韓国の皇太子も訪れたという

［旧伊藤博文金沢別邸］ 海が見える客間では抹茶とお菓子のセットがいただける（有料）

［琵琶島神社］ 平潟湾に臨んで琵琶の形にせり出した小島に祀られている

源頼朝が創建した瀬戸神社

現在瀬戸神社のあるあたりは、かつては平潟湾につながる入海の瀬戸（狭い海峡）で、海上交通の難所だったことから海神が祀られていた。鎌倉幕府が成立する少し前、源頼朝はこの古くからの霊地に伊豆三島明神を勧請、瀬戸神社を創建した。

現在の社殿は寛政12年（1800）の建立

明治憲法が起草された記念の地

平潟湾に面した洲崎交差点に「憲法草創之処」と刻まれた明治憲法起草の碑が立っている。明治20年（1887）、伊藤博文や井上毅《いのうえこわし》ら4人がこの地にあった旅館で明治憲法の草案作りにあたったことを記念したもの。ある日、草案原稿が盗難に遭う騒ぎがあり、以後は夏島にあった伊藤博文の別荘に場所が移されたといわれている。

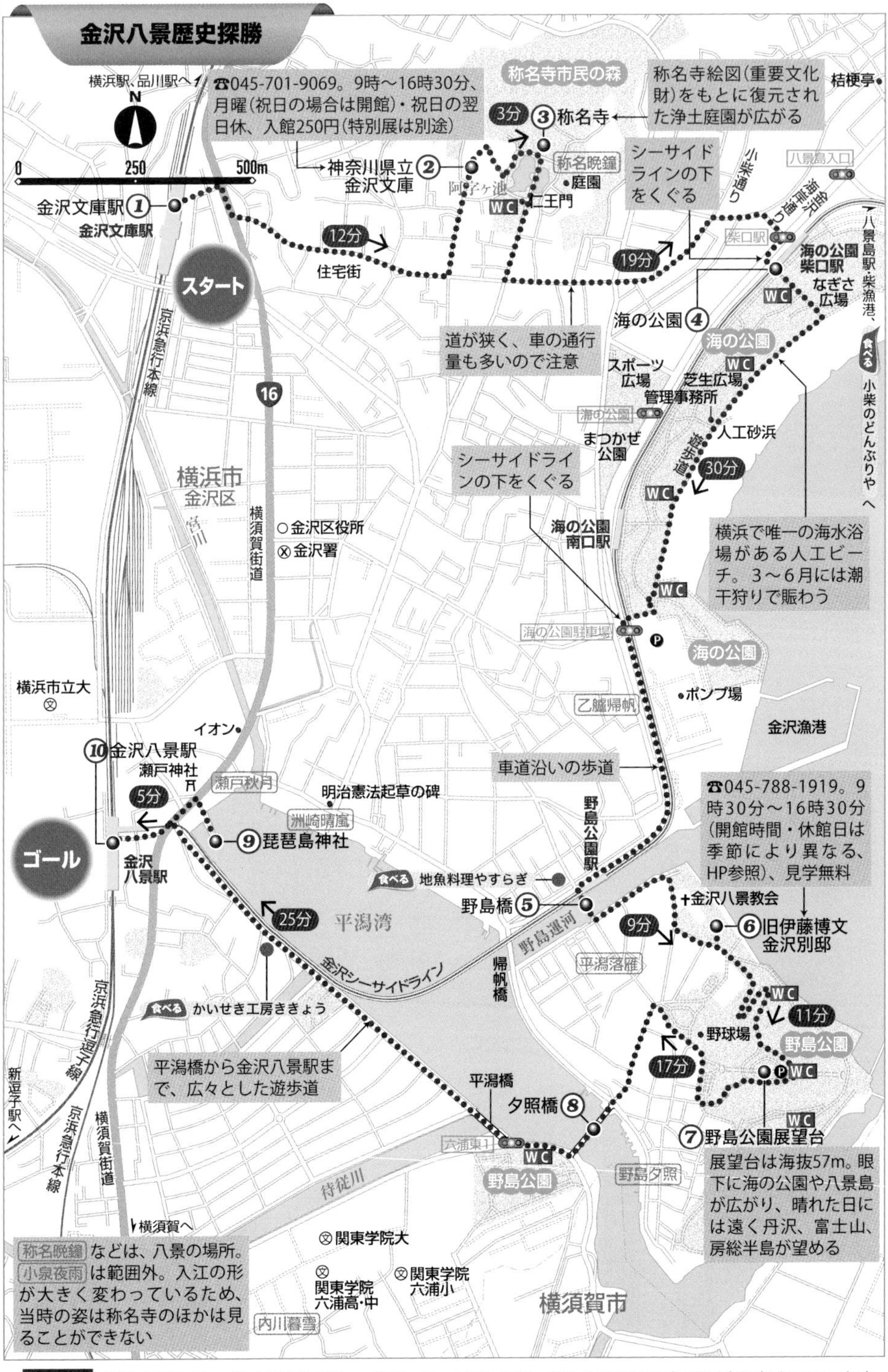
金沢八景歴史探勝
横浜駅、品川駅へ
N
0
250
500m
☎045-701-9069。9時～16時30分、月曜(祝日の場合は開館)・祝日の翌日休、入館250円(特別展は別途)
称名寺市民の森
称名寺絵図(重要文化財)をもとに復元された浄土庭園が広がる
桔梗亭
3分
③称名寺
神奈川県立金沢文庫②
阿字ケ池
称名晩鐘
庭園
仁王門
WC
シーサイドラインの下をくぐる
小柴通り
八景島入口
海岸通り
金沢文庫駅①
金沢文庫駅
12分
住宅街
19分
柴口駅
海の公園柴口駅
八景島駅・柴漁港、
なぎさ広場
スタート
京浜急行本線
道が狭く、車の通行量も多いので注意
海の公園④
海の公園
食べる 小柴のどんぶりやへ
16
スポーツ広場
芝生広場
管理事務所
海の公園
人工砂浜
まつかぜ公園
遊歩道
30分
シーサイドラインの下をくぐる
横浜市
金沢区
宮川
横須賀街道
金沢区役所
金沢署
海の公園南口駅
横浜で唯一の海水浴場がある人工ビーチ。3～6月には潮干狩りで賑わう
海の公園駐車場
海の公園
ポンプ場
乙艫帰帆
横浜市立大
金沢漁港
イオン
⑩金沢八景駅
瀬戸神社
車道沿いの歩道
瀬戸秋月
5分
明治憲法起草の碑
☎045-788-1919。9時30分～16時30分(開館時間・休館日は季節により異なる、HP参照)、見学無料
洲崎晴嵐
野島公園駅
ゴール
⑨琵琶島神社
金沢八景駅
食べる 地魚料理やすらぎ
金沢八景教会
野島橋⑤
25分
平潟湾
9分
⑥旧伊藤博文金沢別邸
野島運河
平潟落雁
金沢シーサイドライン
帰帆橋
京浜急行逗子線
食べる かいせき工房ききょう
11分
野球場
野島公園
新逗子駅へ
平潟橋から金沢八景駅まで、広々とした遊歩道
17分
平潟橋
夕照橋⑧
⑦野島公園展望台
京浜急行本線
横須賀街道
六浦東
野島公園
野島夕照
展望台は海抜57m。眼下に海の公園や八景島が広がり、晴れた日には遠く丹沢、富士山、房総半島が望める
侍従川
横須賀へ
関東学院大
称名晩鐘などは、八景の場所。小泉夜雨は範囲外。入江の形が大きく変わっているため、当時の姿は称名寺のほかは見ることができない
関東学院六浦高・中
関東学院六浦小
横須賀市
内川暮雪

Memo 横濱金澤シティガイド協会では、ボランティアガイドと金沢八景周辺の名所旧跡を歩くツアーを実施している。ガイド料は1人につき500円。問合せは☎045-787-0469(月～金曜の10～13時)へ。

Course Number
11

徳冨蘆花の愛した逗子を歩く

名作『不如帰』をはじめ数々の文学作品の舞台になった風光明媚な海辺散歩

［神奈川県逗子市］

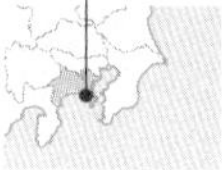

［**披露山公園**］公園先端の展望台からの眺望。江の島の向こうに伊豆半島や富士山まで見える

気候温暖で風光明媚な逗子《ずし》は別荘保養地として明治・大正時代に多くの文化人に愛された。作家の訪れも多く、なかでも徳冨蘆花《とくとみろか》は逗子を舞台に悲恋物語『不如帰《ほととぎす》』を書いた。小説のヒロインの名が付いた寺、波に洗われる文学碑、ゆかりの地にある蘆花記念公園など、文学ファンならぜひ訪ねたいみどころが点在している。

①**披露山入口《ひろやまいりぐち》バス停《てい》**から車道を15分ほど上り、高台の②**披露山公園《ひろやまこうえん》**へ。珍しい名前はかつて源頼朝《みなもとのよりとも》がここで献上品を家臣に披露したという伝説から。標高93mの展望台からは江の島や富士山まで一望できる。桜の名所としても有名だ。

アクセス
往路／東京駅から JR 横須賀線で 1 時間 10 分、逗子駅下車。鎌倉駅行き京急バスに乗り換え 10 分、披露山入口バス停下車。復路／逗子駅から往路を戻る。

問合せ先
逗子市観光協会（逗子市経済観光課内）
☎ 046-873-1111
京浜急行バス逗子営業所 ☎ 046-873-5511

歩行時間
約 1時間 30分
約 4.8km
約 9500 歩

難易度
★

Start
① 披露山入口バス停
徒歩15分
② 披露山公園
徒歩10分
③ 浪子不動
徒歩1分
④ 不如帰碑
徒歩15分
⑤ 逗子海岸
徒歩10分
⑥ 太陽の季節記念碑
徒歩10分
⑦ 蘆花記念公園
徒歩15分
⑧ 六代御前の墓
徒歩10分
⑨ 逗子・葉山駅
徒歩5分
⑩ 逗子駅
Goal

［**六代御前の墓**］巨木に守られるように墓碑が立ち、無残な歴史を伝える

［**浪子不動**］逗子海岸を見下ろす景勝の地に立つ『不如帰』ゆかりの古刹

［**不如帰碑**］昭和８年（1933）に建てられた石碑の下には、蘆花愛用の筆と硯が収められている

［**逗子海岸**］石原慎太郎の筆になる「太陽の季節」記念碑が立つ

［**蘆花記念公園**］逗子湾と富士山の眺めがいい展望スポット

駐車場の脇から海へ向かうハイキングコースを下る。展望はきかないが、整備された道は歩きやすい。木立の中をしばらく歩くと③**浪子不動**《なみこふどう》に着く。正しくは高養寺《こうようじ》というが、『不如帰』の舞台になったことから、ヒロインの名前をとってこうよばれるようになった。眼下の海中に蘆花の兄・蘇峰《そほう》が揮毫《きごう》した④**不如帰碑**《ほととぎすひ》が見える。

国道134号から砂浜に出て⑤**逗子海岸**《ずしかいがん》を散策。波の寄せる音が耳に心地いい。石原慎太郎の小説を記念する⑥**太陽**《たいよう》**の季節**《きせつ》**記念碑**《きねんひ》を見たら、住宅街を抜けて⑦**蘆花**《ろか》**記**《き》**念公園**《ねんこうえん》へ。園内の高台からは逗子湾の先に富士山が望める。

田越川沿いを歩き、建仁3年（1203）にこの地で処刑された平惟盛《たいらのこれもり》の嫡子⑧**六代**《ろくだい》**御前**《ごぜん》**の墓**《はか》に寄ったら京急⑨**逗子**《ずし》**・葉山駅**《はやまえき》またはJR⑩**逗子駅**《ずしえき》の便利なほうへ。

逗子を愛した文人たち

逗子が別荘地として開けた明治時代、多くの小説家や文化人がこの地を好み、移り住んだ。東京・武蔵野の自然を愛した国《くに》木田独歩《きだどっぽ》もその一人。

明治28年（1895）に徳富蘇峰を訪ねてきてこの地を気に入り、結婚したばかりの妻信子を伴い田越川沿いにあった旅館柳屋に滞在した。その10カ月後、徳富蘆花も柳屋に滞在して『不如帰』を執筆した。柳屋は昭和29年（1954）に焼失。跡地に「蘆花・独歩ゆかりの地」碑が立っている。

みちくさ情報

食べる

J.J.MONKS ジェイ・ジェイ・モンクス

七里ヶ浜で22年、逗子駅近くの現在地で13年と湘南っ子に愛され続けているカフェ&バー。モノトーンで統一された店内でイタリアンベースのオリジナル料理が味わえる。昼はボリュームたっぷりのランチセットが1600円、夜はお酒とアラカルトが中心。

☎ 046-873-6765

11時～14時30分（14時LO)、18～24時、月曜休 ※小学生未満は入店不可

食べる

クリストバル

披露山公園駐車場に隣接して立つカフェ。シックな店内からは大きな窓を通して湘南の海が眺められ、開放的なティータイムが過ごせる。ほどよい苦みのブレンドコーヒー500円、チョコレートカフェ750円やメイプルミルクティー750円などがおすすめ。ホタテとホウレンソウのピザ1100円やパスタなど食事メニューも揃っている。

☎ 046-872-7300

11時～19時ごろ、月曜休

徳冨蘆花の愛した逗子を歩く

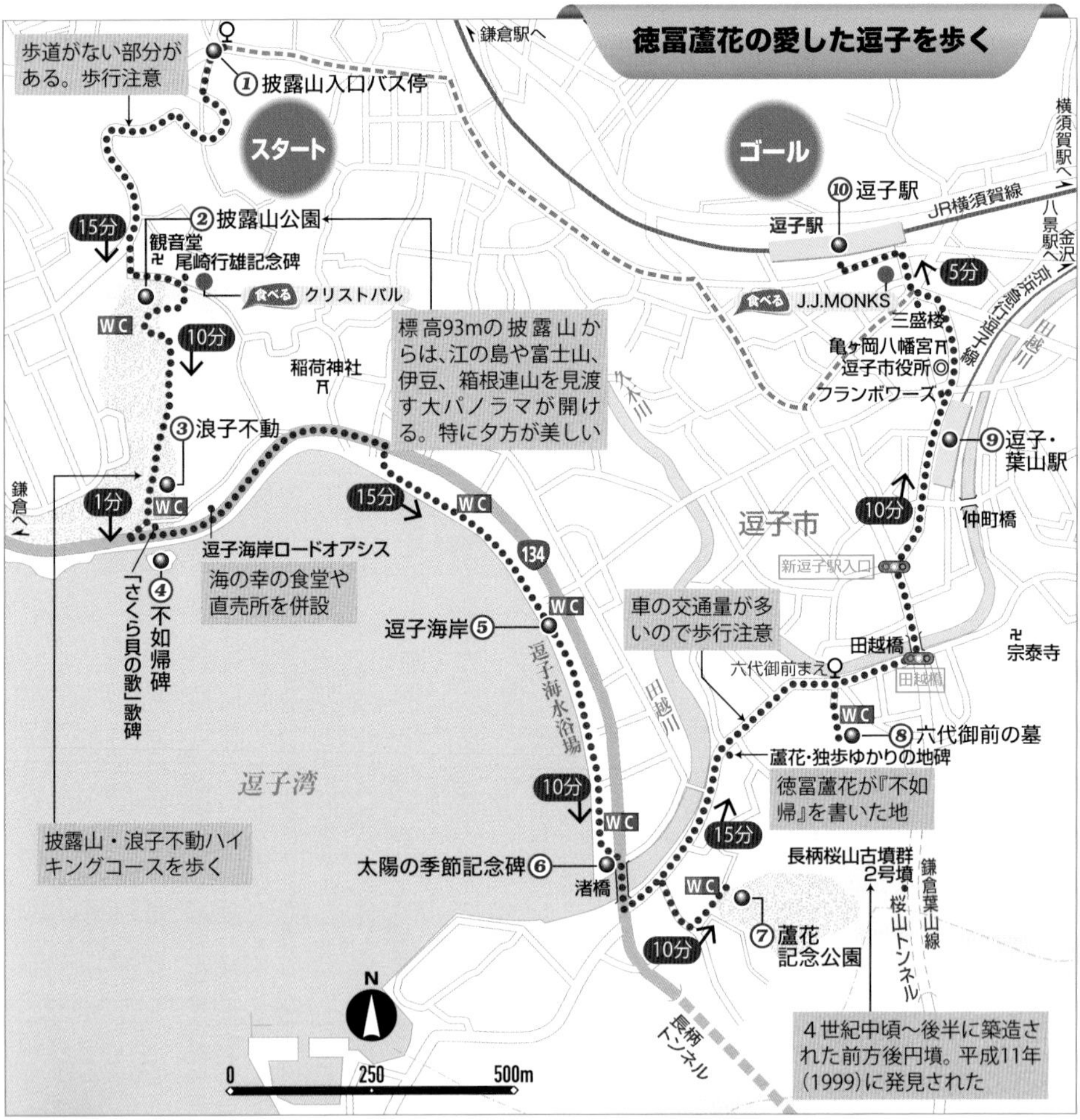

鎌倉駅へ
歩道がない部分がある。歩行注意
①披露山入口バス停
スタート
ゴール
⑩逗子駅
逗子駅
JR横須賀線
横須賀駅へ
八景駅へ
金沢
15分
②披露山公園
観音堂
尾崎行雄記念碑
食べる クリストバル
WC
10分
稲荷神社
標高93mの披露山からは、江の島や富士山、伊豆、箱根連山を見渡す大パノラマが開ける。特に夕方が美しい
5分
食べる J.J.MONKS
三盛楼
亀ヶ岡八幡宮
逗子市役所
フランボワーズ
京浜急行逗子線
田越川
⑨逗子・葉山駅
③浪子不動
鎌倉へ
1分
WC
15分
WC
134
10分
仲町橋
逗子市
新逗子駅入口
④不如帰碑
「さくら貝の歌」歌碑
逗子海岸ロードオアシス
海の幸の食堂や直売所を併設
逗子海岸⑤
WC
逗子海水浴場
車の交通量が多いので歩行注意
田越橋
宗泰寺
六代御前まえ
田越橋
WC
⑧六代御前の墓
蘆花・独歩ゆかりの地碑
徳冨蘆花が『不如帰』を書いた地
逗子湾
10分
WC
15分
披露山・浪子不動ハイキングコースを歩く
長柄桜山古墳群2号墳
鎌倉葉山線
桜山トンネル
太陽の季節記念碑⑥
渚橋
WC
⑦蘆花記念公園
10分
N
長柄トンネル
4世紀中頃～後半に築造された前方後円墳。平成11年(1999)に発見された
0
250
500m

Memo 逗子海岸ロードオアシスでは毎月第2・4土曜に朝市を開催。葉山や三浦でとれた新鮮な野菜や魚介類が並ぶ。10～14時、雨天の場合は翌日に延期（翌日も雨天の場合は中止）。☎ 046-871-1145（湘南食育ひろば）

[**猿島**] レンガ積みのトンネルなど、要塞の歴史が息づく貴重な遺構が見られる

Course Number 12

レンガ造りの要塞跡が残る無人島と、記念艦「三笠」が眠る軍港の街

猿島と横須賀中央散策

[神奈川県横須賀市]

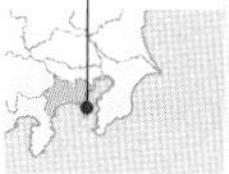

明治時代に海軍鎮守府が置かれて以来、海軍の町として発展してきた横《よこ》須賀《すか》。今もアメリカ海軍や海上自衛隊の基地が置かれ、同じ港町ながら横浜や函館とは異なる独特の異国情緒が漂う。各所に史跡が残る軍港の街と、その沖合に浮かぶ東京湾唯一の自然島・猿島《さるしま》を巡る。

①横須賀中央駅《よこすかちゅうおうえき》から飲食店や百貨店が並ぶ賑やかな横須賀中央大通りを北へ歩き、猿島を結ぶ船が発着する**②三笠桟橋**《みかささんばし》へ向かおう。東京湾を行き交う大小の船を眺めながら波に揺られること約10分で**③猿島桟橋**《さるしまさんばし》に着く。

猿島は東西約200m、南北約450m、周囲約1・6㎞の無人島。

アクセス 往路／品川駅から京浜急行本線快速特急で約45分、横須賀中央駅下車。復路／横須賀中央駅から往路を戻る。

問合せ先 スカナビi（横須賀観光インフォメーション）
☎ 046-822-8301
㈱トライアングル（猿島航路）☎ 046-825-7144

歩行時間 約1時間50分
約3km
約7500歩
難易度 ★

Start ①横須賀中央駅 → 徒歩20分 → ②三笠桟橋 → 船10分 → ③猿島桟橋 → 徒歩15分 → ④愛のトンネル → 徒歩40分 → ⑤猿島桟橋 → 船10分 → ⑥三笠桟橋 → 徒歩1分 → ⑦三笠公園 → 徒歩25分 → ⑧中央公園 → 徒歩5分 → ⑨龍本寺 → 徒歩7分 → ⑩横須賀中央駅 Goal

［龍本寺］ 日蓮上人が上陸した米ヶ浜の高台にある古刹

［世界三大記念艦「三笠」］ 艦内では東郷平八郎や日露戦争関係の資料が見られる

［世界三大記念艦「三笠」］ バルチック艦隊を撃破した雄姿を間近で見学できる

［中央公園］ ここもかつては砲台だった場所。眼下に広がる東京湾に猿島が浮かぶ

［猿島］ 横須賀から船でわずか 10 分の海上に浮かぶ無人島。海水浴やバーベキュー、釣りが楽しめる

明治時代初期に砲台が築かれて以来、太平洋戦争が終結するまで東京湾における首都防衛の要塞だった。今は海水浴やBBQが楽しめる自然豊かな観光島として人気。アーチ型をした**④愛《あい》のトンネル**など、レンガ造りの要塞跡《ようさいあと》を見学しよう。

⑤猿島桟橋《さるしまさんばし》から船で**⑥三笠桟橋《みかささんばし》**へ戻り、隣接する**⑦三笠公園《みかさこうえん》**へ。緑豊かな園内には、日露戦争《にちろせんそう》で活躍した軍艦を復元保存した世界三大記念鑑「三笠」がある。芝生広場では海を眺めながらほっとできる。

駅方面へ戻り、三崎街道沿いの商店街から案内板をたどって**⑧中《ちゅう》央公園《おうこうえん》**へ。かつてここには旧陸軍の練習砲台があった。展望台からは猿島はもちろん三浦半島や房総半島が一望できる。日蓮《にちれん》上人ゆかりの**⑨龍本寺《りゅうほんじ》**にお参りして**⑩横須《よこす》賀《か》中央駅《ちゅうおうえき》**に戻ろう。

日蓮上人の伝説から名前が付いた猿島

猿島は日蓮上人ゆかりの島でもある。建長5年（1253）、上人は房総から鎌倉へ渡る途中で嵐に遭い、進行方向がわからなくなってしまった。近くの島に避難したところ一匹の白猿が現れ、島の奥へ案内した。上人は島の洞窟に籠もり、37日間にわたって読経を続けたのち鎌倉へ向かい、無事に到着した。以来、この島を猿島と呼ぶようになったという。写真は日蓮が籠もった洞窟（台風の影響で現在立入禁止）。

買う
さかくら総本家 横須賀中央駅前店

100余年の歴史がある和菓子店。日蓮上人が横須賀の米ヶ浜に上陸した際、上人を背負った村人がサザエの角で足にけがをした。それを哀れんだ上人が祈祷をしたところ、この近海のサザエは角がとれ「角なしサザエ」とよばれるようになったという。この伝説から生まれた角なしさざゑ最中1個200円。つぶ餡、こし餡、柚子餡の3種類ある。
☎ 046-823-0875
10～18時、無休

みちくさ情報　食べる
ハニービー

Coca-Cola
Refreshing & Uplifting

アメリカ海軍横須賀基地内のレストランで修業したオーナーが昭和43年（1968）に開いたレストラン。長いＬ字型カウンターやネオン管が灯る店内はオールディーズな雰囲気。この店が発祥とされるヨコスカネイビーバーガー1500円は100%国産の牛肉を塩・コショウだけの味付けで直火焼きするシンプルさ。タコスやホットドッグも人気。
☎ 046-825-9096
11時30分～23時（22時30分LO）、無休

猿島と横須賀中央散策
神奈川歯科大学
横須賀学院
めだかの学校童謡碑
⑦三笠公園
WC
1分
②⑥三笠桟橋
食べる ハニービー
150m先に
三笠公園通り
小川町
25分
金沢八景へ
横須賀中央大通り
20分
①⑩横須賀中央駅
汐入駅へ
横須賀中央駅
買う さかくら総本家 横須賀中央駅前店
⑨龍本寺
7分
5分
横須賀教会
WC
⑧中央公園
三崎街道
上町銀座商店街の途中を案内板に従って左折し、坂道を上る
横須賀市自然・人文博物館
三浦半島の自然と歴史を紹介。9～17時、月曜休、入館無料
16
聖徳寺
衣笠へ
県立大学駅
京浜急行本線
堀ノ内駅へ
観音崎へ
横須賀市
よこすか海岸通り
スタート
ゴール
横須賀新港
世界三大記念艦「三笠」
☎046-822-5225。9時～17時30分（季節により変更あり）、年末休、見学600円
10分
猿島航路
往復乗船1400円＋猿島公園入園200円
猿島
愛のトンネル④
15分
40分
渡船場
WC
猿島桟橋③⑤
N
0　250　500m

Memo 三笠桟橋と猿島桟橋を結ぶ船シーフレンドは3～11月は8時30分～16時30分の間、1時間おきに運航（12～2月は9時30分～15時30分の間、1時間おき）、往復乗船1400円＋猿島公園入園200円。

［**衣笠山公園**］猿島や東京湾の眺望が広がる展望台。桜の季節がおすすめだ

Course Number 13

衣笠城址から眺望抜群の衣笠山公園へ、三浦一族ゆかりの地を巡る

衣笠山ハイキング

［神奈川県横須賀市］

平安時代後期から鎌倉時代にかけて、三浦半島一帯に勢力を張った三浦一族。その本拠地となった衣笠《きぬがさ》周辺を歩く。コースの半分は未舗装のハイキングコースを歩くため、履きなれた靴で出かけよう。

京浜急行の①**北久里浜駅**《きたくりはまえき》前からバスに乗り、②**大矢部**《おおやべ》**3丁目**《ちょうめ》**バス停**《てい》からスタート。バス通りからスポーツショップの脇を左折すると、右側に三浦一族の家長・三浦大介《みうらおおすけ》義明《よしあき》が自害した場所と伝わる③**腹**《はら》**切松公園**《きりまつこうえん》がある。閑静な住宅街を歩いて、義明以前の三浦氏三代の墓がある④**清雲寺**《せいうんじ》へ。本堂には国指定重要文化財の木造観音菩薩坐像（滝見観音《たきみかんのん》）が安置されている。

アクセス 往路／品川駅から京浜急行快速特急で約55分、北久里浜駅下車。復路／衣笠駅からJR横須賀線で東京駅まで1時間19分。

問合せ先 京浜急行バス久里浜営業所 ☎046-835-1211

歩行時間 約1時間40分
約5km
約1万歩

難易度 ★★

Start
①北久里浜駅
バス20分
②大矢部3丁目バス停
徒歩3分
③腹切松公園
徒歩6分
④清雲寺
徒歩5分
⑤満昌寺
徒歩17分
⑥大善寺
徒歩6分
⑦衣笠城址
徒歩30分
⑧衣笠山公園
徒歩6分
⑨衣笠神社
徒歩25分
⑩衣笠駅
Goal

[衣笠城址] 三浦一族の本城跡。川を堀とするなど自然の地形を利用した中世の山城だった

[大善寺] かつては衣笠城の城内にあった古刹。この裏が衣笠城址

[衣笠神社] 石碑や鳥居、狛犬などは合祀した各社から移された

[満昌寺] 仏像の拝観は事前に連絡が必要。本堂前には頼朝手植えと伝わるツツジがある

[清雲寺] こんもりと茂る木々に囲まれて境内が広がっている

バス通りに出て、源頼朝《みなもとのよりとも》が三浦大介義明を弔うために建立した⑤**満昌寺**《まんしょうじ》に参詣。本堂背後の御霊神《ごれいじん》社《じゃ》に祀られている三浦大介義明坐像も見逃せない。

住吉トンネルを抜け、太田和《おおたわ》街道入口交差点を左折して急な坂道を上ると、三浦一族の学問や仏教信仰の中心的役割を担った⑥**大善**《だいぜん》**寺**《じ》がある。そこからさらに階段を上れば⑦**衣笠城址**《きぬがさじょうし》に着く。平安時代後期の典型的な山城跡というが、今は物見をしたと伝わる大岩と石碑だけが往時を伝えている。

衣笠城址から来た道を太田和街道入口交差点まで戻り、桜の名所として有名な⑧**衣笠山公園**《きぬがさやまこうえん》へ。山頂の展望台からは富士山や三浦半島が一望できる。

旧衣笠村内の各地に点在していた23社が合併した⑨**衣笠神社**《きぬがさじんじゃ》を参拝してから⑩**衣笠駅**《きぬがさえき》まで歩こう。

非業の最期を遂げた三浦大介義明

治承4年（1180）春、源頼朝は伊豆で平家討伐の兵を挙げた。89歳の衣笠城主・三浦大介義明はこれに加勢したが、頼朝は同年夏の石橋山の戦いに敗れて安房へ逃走、衣笠城は平家方の大軍に包囲されてしまう。善戦したもののやがて落城。義明は一族を逃し、祖先の霊が眠る寺へ向かう途中、笠松とよばれる老松の下で切腹したと伝えられている。写真は衣笠城址。

買う

いづみや衣笠本店

衣笠商店街にある和菓子店。よこすか焼き1個180円は、しっとり焼いた蜂蜜入りの生地で自家製餡を包んだ船形のどら焼き。北海道産小豆を使った求肥入り餡と白餡の2種類ある。三代目が考案したかりんとうまんじゅう黒かりん（写真）6個入り842円も大人気。沖縄産黒糖入りのかりんとうの生地でこし餡を包んで揚げたまんじゅうだ。

☎ 046-853-9620

10～19時、無休

みちくさ情報

食べる

うな萩《うなはぎ》

注文を聞いてからさばき、秘伝の熟成タレで炭焼きする鰻が自慢の和食店。うな重のほか、単品ではスペイン風のうなぎオリーブ煮やうなぎから揚げといった、専門店ならではの珍しい料理も楽しめる。うな重と三崎直送のマグロの刺身、天ぷらなどのセットもおすすめ。

☎ 046-836-4404

11時30分～15時、17～21時（20時30分LO）、月曜休

Memo 清雲寺と満昌寺は事前に連絡を入れておけば仏像や寺宝を拝観できる（法会日などを除く）。拝観料は清雲寺志納、満昌寺300円。清雲寺 ☎ 046-836-0216、満昌寺 ☎ 046-836-2317

[観音崎公園] 砂浜と岩礁が散在し、磯遊びや海水浴が楽しい

Course Number 14

走水と観音崎の海辺歩き

日本武尊の伝説が息づく神社から、白亜の灯台が立つ岬へ

[神奈川県横須賀市]

江戸海防の軍事拠点となった幕末以来、軍関係の施設が置かれてきた観《かん》音崎《のんざき》。今はシイやタブなどの照葉樹林が茂り、美しい岩礁に囲まれた県立公園として親しまれている。

①**馬堀海岸駅**《まぼりかいがんえき》から南へ歩き、横須賀温泉湯楽の里で右折して海沿いの国道16号を走水方面へ。②**走**《はしり》**水水源地**《みずすいげんち》**（ヴェルニーの水**《みず》**）**の水はミネラルを豊富に含む名水として知られ、水飲み場にはペットボトルで水を持ち帰る人があとをたたない。

この先から道はゆるやかな上り坂になる。馬堀海岸や富士山が一望できる坂道を越え、旗山崎公園《はたやまざきこうえん》を過ぎた先で国道と分かれる道を

問合せ先
スカナビｉ（横須賀観光インフォメーション）☎ 046-822-8301
観音崎公園ビジターセンター ☎ 046-843-8316
京浜急行バス堀内営業所 ☎ 046-822-5711

アクセス
往路／品川駅から京浜急行本線快速特急約 50 分、堀ノ内駅下車。浦賀方面行き普通電車に乗り換え 3 分、馬堀海岸駅下車。復路／浦賀駅から京浜急行本線で品川駅まで約 1 時間。

歩行時間
約1時間40分
約7km
約1万4000歩
難易度
★

Start
①馬堀海岸駅
徒歩20分
②走水水源地（ヴェルニーの水）
徒歩16分
③走水神社
徒歩10分
④観音崎ボードウォーク
徒歩5分
⑤横須賀美術館
徒歩20分
⑥観音埼灯台
徒歩20分
⑦観音崎自然博物館
徒歩7分
⑧腰越バス停
バス13分
⑨浦賀駅
Goal

［**横須賀美術館**］空と海の青を映す美しい建物が目を引く

［**観音崎ボードウォーク**］海沿いの遊歩道。真っ青な海と荒々しい岩礁地帯が広がる

［**走水神社**］パワースポットとしても人気が高い

［**観音崎公園**］園内にある28センチ榴弾砲の模型

［**観音埼灯台**］日本初の洋式灯台。参観200円

右へ。しばらく進むと右側に③**走**《はしり》**水神社**《みずじんじゃ》がある。日本武尊《やまとたけるのみこと》が走水沖で暴風に遭った際、后《きさき》の弟橘媛命《おとたちばなひめのみこと》が身を犠牲にして海を鎮めたという故事から、この2人を祀る。

再び国道16号沿いを南下。岩礁に沿って続く④**観音崎**《かんのんざき》**ボードウォーク**を歩いて⑤**横須賀美術館**《よこすかびじゅつかん》へ。全面ガラス張りの近未来的な建物が印象的だ。

観音崎公園のゆるやかな園路を上ると白亜の⑥**観音埼灯台**《かんのんざきとうだい》が姿を見せる。昭和32年（1957）に公開された木下恵介監督の映画『喜びも悲しみも幾歳月《いくとしつき》』の舞台となった日本初の洋式灯台だ。灯台から南側の園路を下り、要塞の名残である北門第1砲台跡を過ぎて15分ほど歩くと⑦**観音崎自然博**《かんのんざきしぜんはく》**物館**《ぶつかん》がある。博物館で東京湾の自然環境を学んだら⑧**腰越**《こしごえ》**バス停**《てい》から⑨**浦賀駅**《うらがえき》行きのバスに乗ろう。

みちくさ情報

食べる

アクアマーレ

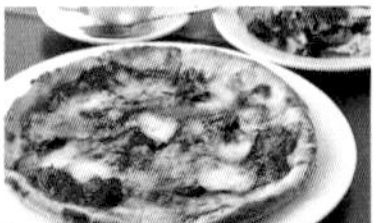

横須賀美術館1階のイタリアンレストラン。地元産の野菜や東京湾の海の幸を使った料理が味わえる。自家製ピッツァランチセット1600円、おすすめのパスタランチセット1400円。

☎ 046-845-1260

10時～21時30分（20時LO、ランチは11～15時LO）、第1月曜休（祝日の場合は営業）

食べる

レストラン浜木綿

大海原が目の前に広がるロケーションが自慢の観音崎京急ホテル2階にあるレストラン。昼は20種類以上の地産地消メニューが揃うバイキング（90分間）が2600円（土・日曜、祝日は2800円）、ホテル特製カレーも人気がある。

☎ 046-841-2200

7時～21時30分（ランチは11時30分～15時）、無休

走水と観音崎の海辺歩き

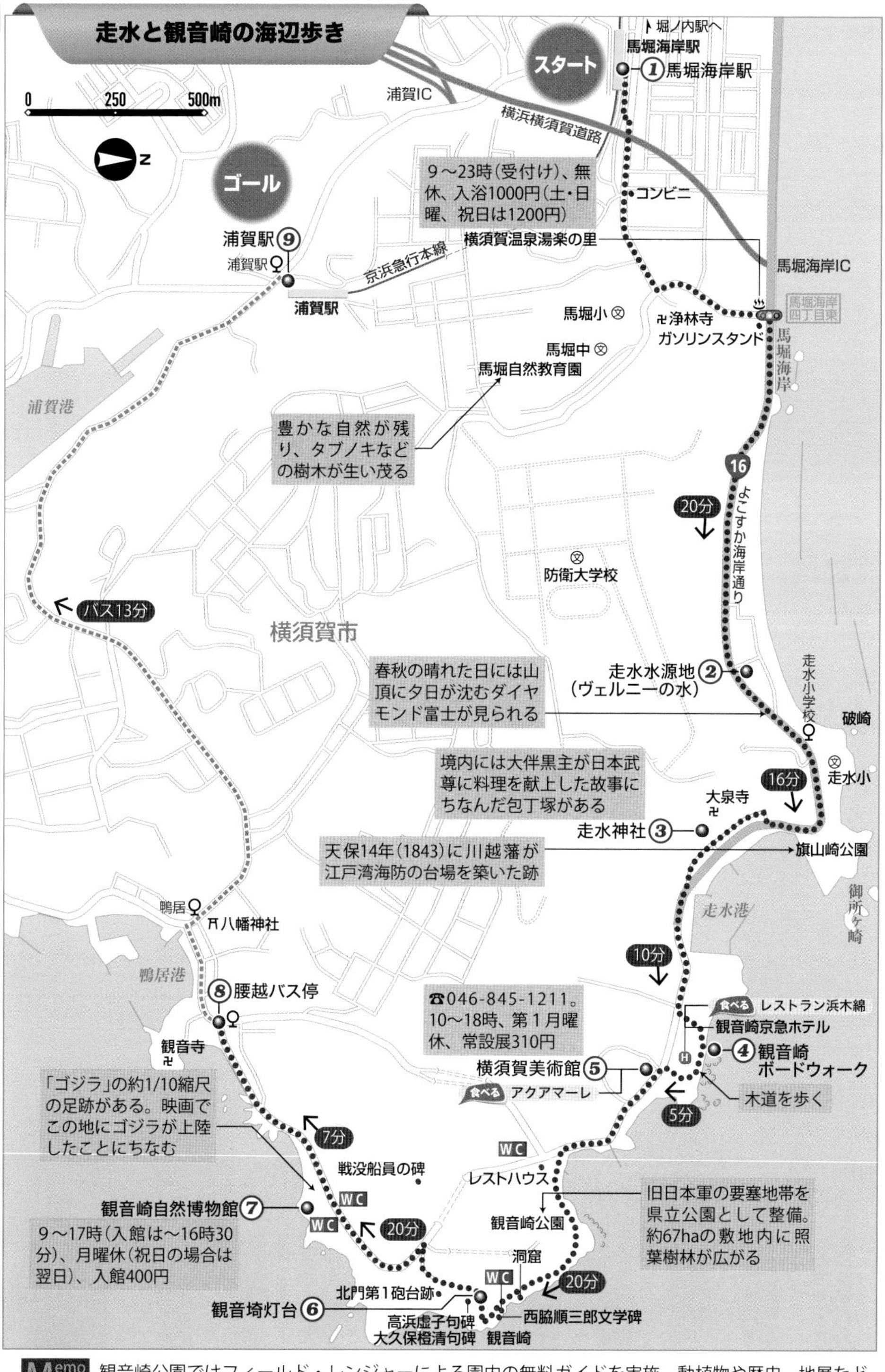
0 250 500m
N
スタート
ゴール
堀ノ内駅へ
馬堀海岸駅
①馬堀海岸駅
浦賀IC
横浜横須賀道路
9～23時(受付け)、無休、入浴1000円(土・日曜、祝日は1200円)
コンビニ
横須賀温泉湯楽の里
馬堀海岸IC
浦賀駅⑨
浦賀駅
浦賀駅
京浜急行本線
馬堀海岸四丁目東
馬堀小
浄林寺
ガソリンスタンド
馬堀海岸
馬堀中
馬堀自然教育園
浦賀港
豊かな自然が残り、タブノキなどの樹木が生い茂る
16
よこすか海岸通り
20分
防衛大学校
バス13分
横須賀市
走水水源地②
(ヴェルニーの水)
春秋の晴れた日には山頂に夕日が沈むダイヤモンド富士が見られる
走水小学校
破崎
走水小
境内には大伴黒主が日本武尊に料理を献上した故事にちなんだ包丁塚がある
16分
大泉寺
走水神社③
天保14年(1843)に川越藩が江戸湾海防の台場を築いた跡
旗山崎公園
御所ヶ崎
走水港
鴨居
八幡神社
鴨居港
10分
⑧腰越バス停
☎046-845-1211。10～18時、第1月曜休、常設展310円
食べる レストラン浜木綿
観音崎京急ホテル
観音寺
④観音崎ボードウォーク
横須賀美術館⑤
食べる アクアマーレ
木道を歩く
5分
「ゴジラ」の約1/10縮尺の足跡がある。映画でこの地にゴジラが上陸したことにちなむ
7分
WC
戦没船員の碑
レストハウス
旧日本軍の要塞地帯を県立公園として整備。約67haの敷地内に照葉樹林が広がる
観音崎自然博物館⑦
WC
WC
20分
観音崎公園
9～17時(入館は～16時30分)、月曜休(祝日の場合は翌日)、入館400円
洞窟
WC
20分
北門第1砲台跡
観音埼灯台⑥
高浜虚子句碑
大久保橙清句碑
西脇順三郎文学碑
観音崎

Memo 観音崎公園ではフィールド・レンジャーによる園内の無料ガイドを実施。動植物や歴史、地層などを詳しく解説。日曜、祝日の13時30分～。問合せは☎046-843-8316へ。

Course Number 15

浦賀湾を渡って久里浜へ

勝海舟を乗せた咸臨丸が出航した浦賀湾を横断して、ペリー上陸の地へ

［神奈川県横須賀市］

［**愛宕山公園**］園内から浦賀水道を眺める。ツツジの名所としても知られている

嘉永6年（1853）、米国海軍提督ペリーは4隻の黒船を率いて浦賀《うらが》に入港、久里浜《くりはま》に上陸した。これにより約250年続いた徳川幕府の鎖国は破れ、日本は開国へと大きく転換することになる。明治維新に至る幕末史の端緒を開いた地ともいえる浦賀と久里浜へ出かけよう。

①**浦賀《うらが》駅《えき》**から観音崎通りを歩き、新町バス停の先を右へ。住宅街の中にある②**東林寺《とうりんじ》**には、入港した黒船に乗り込み、最初にペリーと交渉にあたった浦賀奉行与力中島三郎助《なかじまさぶろうすけ》が永眠している。近くの③**東叶神社《ひがしかのうじんじゃ》**に参拝したら、④**浦賀《うらが》の渡《わた》し東《ひがし》渡《と》船場《せんじょう》**から渡し船に乗って対岸へ渡る。

アクセス 往路／品川駅から京浜急行本線快速特急約50分、堀ノ内駅下車。浦賀方面行き普通電車に乗り換え5分、終点下車。復路／京急久里浜駅から京浜急行快速特急で品川駅まで約1時間。

問合せ先 スカナビi（横須賀観光インフォメーション）☎046-822-8301
浦賀観光協会 ☎046-841-4155（浦賀行政センター内）

Start ①浦賀駅 → 徒歩25分 → ②東林寺 → 徒歩3分 → ③東叶神社 → 徒歩5分 → ④浦賀の渡し東渡船場 → 船5分 → ⑤浦賀の渡し西渡船場 → 徒歩5分 → ⑥愛宕山公園 → 徒歩20分 → ⑦浦賀奉行所跡 → 徒歩25分 → ⑧燈明崎 → 徒歩50分 → ⑨ペリー公園 → 徒歩20分 → ⑩京急久里浜駅 Goal

歩行時間
約2時間30分
約6.5km
約1万4000歩

難易度
★★

［**東叶神社**］境内からは浦賀水道が一望できる

［**浦賀の渡し**］浦賀港の東西を結ぶ大切な交通手段

［**浦賀の渡し西渡船場**］なまこ壁の蔵を模した建物が目印

［**東林寺**］境内墓地にある中島三郎助父子の墓碑

［**愛宕山公園**］園内にある咸臨丸出航記念碑

⑤浦賀《うらが》の渡《わた》し西渡船場《にしとせんじょう》で船を下り、浦賀水道を一望する**⑥愛宕山《あたごやま》公園《こうえん》**へ。樹林に包まれた園内には勝海舟《かつかいしゅう》や福沢諭吉《ふくざわゆきち》の名前が刻まれた咸臨丸出航記念碑《かんりんまるしゅっこうきねんひ》や中島三郎助招魂碑が立つ。

海岸通りを歩き、住宅街にぽつんと碑が立つ**⑦浦賀奉行所跡《うらがぶぎょうしょあと》**に寄ってから、海岸通りに戻ってさらに南へ。川間トンネル手前から左へ続く一本道の突き当たりが**⑧燈明崎《とうみょうざき》**だ。慶安元年（1648）から約220年間にわたり船舶の航行を助けた日本式灯台の燈明堂が復元されている。

来た道を戻って川間トンネルを抜けると、左手に久里浜港《くりはまこう》が広がる。係留されている漁船を眺めながらのどかな漁師町を歩き、開国《かいこく》橋《ばし》を渡って**⑨ペリー公園《こうえん》**へ。ここで開国の歴史をおさらいしてから**⑩京急久里浜駅《けいきゅうくりはまえき》**へ向かおう。

吉田松陰と佐久間象山が滞在した旅館

浦賀の渡し東渡船場の近くにあった徳田屋は江戸時代に創業、大正時代まで続いた浦賀を代表する名旅館だった。ペリー来航時には吉田松陰《よしだしょういん》が滞在し、宿の主からの情報を元に師の佐《さ》久間《くま》象山《しょうざん》と今後の対応策を協議したと日記に残している。関東大震災で倒壊し、今は石碑だけが歴史を伝えている。

みちくさ情報

食べる

la Pentola ラ ペントラ

浦賀港に臨んで立つ家庭的な雰囲気の一軒家イタリアン。地元の食材を使った手作りの味を堪能できる。ランチタイムはパスタセット、ワンプレートランチ各2160円。デザートセットなどと組み合わせるのも楽しい。

☎ 046-843-0629
11時30分～14時30分、18～21時、木曜・第3水曜休（祝日の場合は営業）

食べる

生簀屋 海

三浦半島沖で水揚げされた魚介類が楽しめる活魚料理専門店。東京湾を一望する座敷席もある。ランチでは天ぷら御膳1750円、季節の刺身と小鉢、煮物などが付く「活刺身御膳」1850円などがおすすめ。

☎ 046-833-3434
11時～14時30分LO、17～21時LO、火曜休

見る

くりはま花の国

約57haの緑地に開かれた花の公園。一年を通してさまざまな花が楽しめる。ハーブ園では無料のハーブ足湯も好評。樹木園、冒険ランド、レストラン、カフェもある。

☎ 046-833-8282
終日開放（ハーブ園は9時～17時30分、11～3月は～17時）

[ペリー公園]伊藤博文の筆による上陸記念碑が立つ。奥の建物はペリー来航に関する資料などを展示するペリー記念館

[ペリー記念館] 黒船来航時の久里浜の地形を再現したジオラマ

[燈明堂海岸] 小さな砂浜が続き、沖合いには船が行きかう

勝海舟・福沢諭吉を乗せて太平洋を渡った咸臨丸

安政7年（1860）、日米修好通商条約批准書交換のためワシントンへ赴く幕府使節団に随行したのが咸臨丸《かんりんまる》。1月13日に品川沖で碇をあげ、16日の夕方に浦賀に入港。19日の午後にアメリカ目指して出航した。39日間かけてサンフランシスコに到着した咸臨丸が再び浦賀に戻ったのは、万延元年に年号が変わった同年の5月5日。その偉業を讃える愛宕山公園の咸臨丸出航記念碑は、サンフランシスコにある「咸臨丸入港の碑」と向かい合って立っている。

初めてペリーと交渉した日本人、中島三郎助

ペリー艦隊が浦賀に来航した際、通詞《つうじ》の堀達之助を同行して旗艦サスケハナ号に乗船し、日本人として初めて交渉を行ったのは当時の浦賀奉行所与力中島三郎助だった。彼はその後も、日本初の洋式軍艦鳳凰丸を完成させ軍艦操練所教授方を務めるなど活躍。最後まで幕府と運命を共にし、箱館《はこだて》戦争で戦死した。

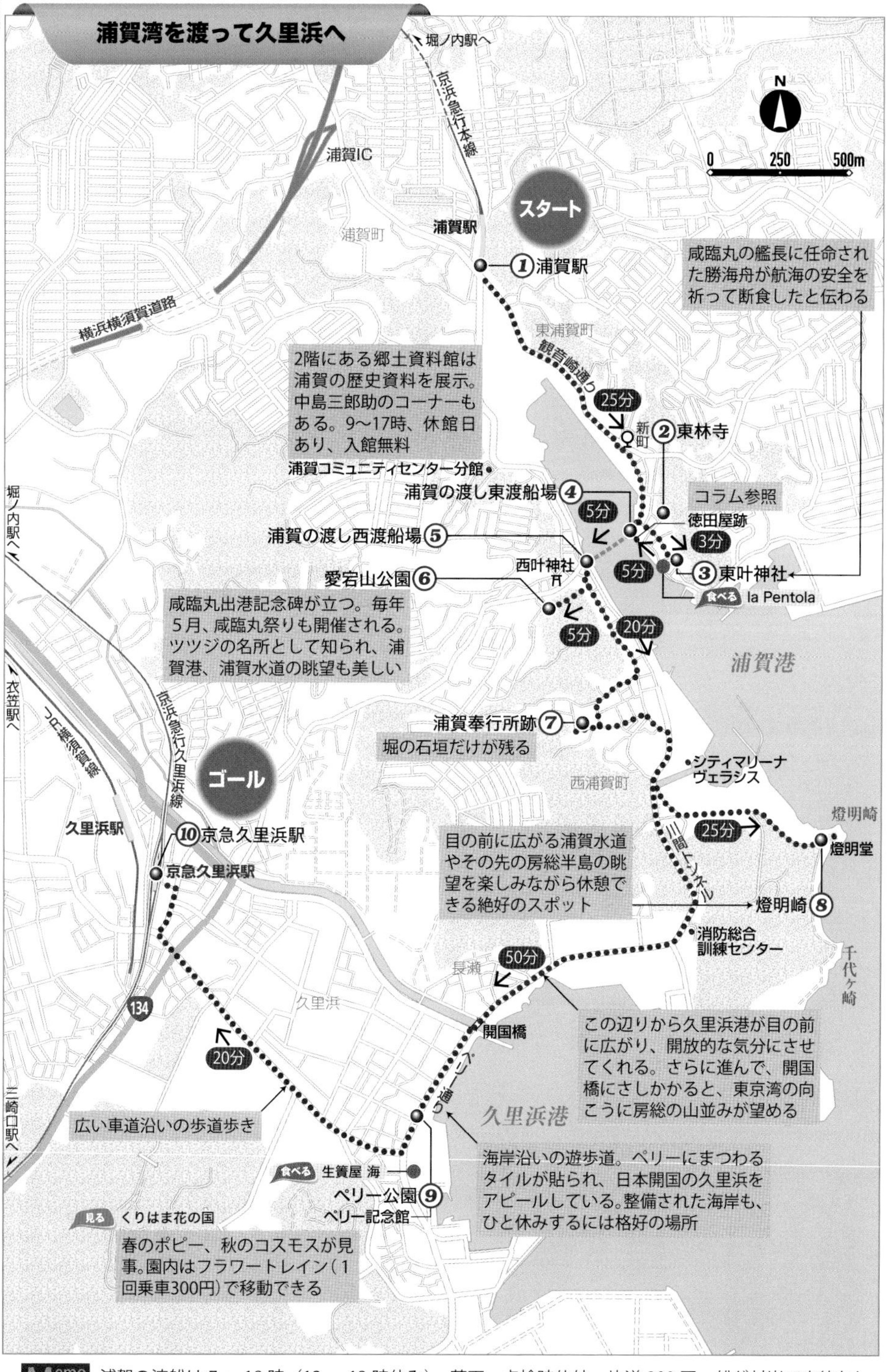
浦賀湾を渡って久里浜へ
堀ノ内駅へ
京浜急行本線
浦賀IC
0 250 500m
スタート
浦賀駅
浦賀町
①浦賀駅
横浜横須賀道路
咸臨丸の艦長に任命された勝海舟が航海の安全を祈って断食したと伝わる
東浦賀町
観音崎通り
2階にある郷土資料館は浦賀の歴史資料を展示。中島三郎助のコーナーもある。9〜17時、休館日あり、入館無料
25分
新町
②東林寺
浦賀コミュニティセンター分館
浦賀の渡し東渡船場④
コラム参照
5分
徳田屋跡
浦賀の渡し西渡船場⑤
3分
西叶神社
5分
③東叶神社
愛宕山公園⑥
食べる la Pentola
咸臨丸出港記念碑が立つ。毎年5月、咸臨丸祭りも開催される。ツツジの名所として知られ、浦賀港、浦賀水道の眺望も美しい
5分
20分
浦賀港
堀ノ内駅へ
衣笠駅へ
JR横須賀線
京浜急行久里浜線
浦賀奉行所跡⑦
堀の石垣だけが残る
シティマリーナヴェラシス
西浦賀町
ゴール
燈明崎
25分
燈明堂
久里浜駅
⑩京急久里浜駅
京急久里浜駅
目の前に広がる浦賀水道やその先の房総半島の眺望を楽しみながら休憩できる絶好のスポット
三春トンネル
燈明崎⑧
消防総合訓練センター
千代ケ崎
50分
長瀬
久里浜
134
開国橋
この辺りから久里浜港が目の前に広がり、開放的な気分にさせてくれる。さらに進んで、開国橋にさしかかると、東京湾の向こうに房総の山並みが望める
20分
ペリー通り
三崎口駅へ
広い車道沿いの歩道歩き
久里浜港
食べる 生簀屋 海
海岸沿いの遊歩道。ペリーにまつわるタイルが貼られ、日本開国の久里浜をアピールしている。整備された海岸も、ひと休みするには格好の場所
ペリー公園⑨
ペリー記念館
見る くりはま花の国
春のポピー、秋のコスモスが見事。園内はフラワートレイン(1回乗車300円)で移動できる

Memo 浦賀の渡船は7〜18時（12〜13時休み）、荒天・点検時休航、片道200円。船が対岸で客待ちしている場合は渡船場のブザーで連絡すると迎えにきてくれる。

Course Number 16

三浦半島南端シーサイドウォーク

荒々しい海食の跡もあらわな磯と断崖が圧巻。丘上にはのどかな大根畑が広がる

［神奈川県三浦市］

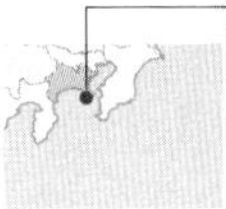

［盗人狩］ 波に削られた奇岩と岩畳が広がる。荒波が打ち寄せる陸地も海も豪快

三浦半島南東端の剱崎《つるぎざき》から西の三崎《みさき》へと、奇岩と断崖が続く岩礁地帯を歩く。波が足を洗うほどの海辺も多く、天候と潮の干満には要注意。

①剱崎《つるぎざき》バス停《てい》から大根畑が広がる高台の道を歩き**②剱埼灯台《つるぎざきとうだい》**へ。東京湾口を守る灯台で、対岸の房総半島まで見晴らす眺めがいい。

剱崎バス停へ戻り、県道215号を下って江奈湾へ向かう。湾を回り込んだ先が江奈《えな》湾の干潟。干潮時に磯の動物が見られる。

毘沙門バイパスとの分岐では、右手の上り坂を進む。坂上の馬頭観音が立つ角を左折。大根畑の中を行くと、森の中に**③白浜毘沙門《しらはまびしゃもん》天《てん》**がある。三浦七福神の一つで、

アクセス
往路／品川駅から京浜急行快速特急で約1時間、三浦海岸駅下車。京急バス剱崎経由三崎東岡行きに乗り換え22分、剱崎バス停下車。復路／三崎港バス停から京急バス三崎口駅行きで約18分、終点下車。三崎口駅から京浜急行で往路を戻る。

問合せ先
三浦市観光商工課 ☎ 046-882-1111
三浦市観光協会 ☎ 046-888-0588
京浜急行バス三崎営業所 ☎ 046-882-6020

歩行時間
約2時間45分
約10.1km
約2万2000歩

難易度
★★

Start ①剱崎バス停 → 徒歩15分 → ②剱埼灯台 → 徒歩50分 → ③白浜毘沙門天 → 徒歩25分 → ④毘沙門茶屋 → 徒歩15分 → ⑤盗人狩 → 徒歩30分 → ⑥八景原 → 徒歩20分 → ⑦北条湾 → 徒歩10分 → ⑧三崎港バス停 Goal

[**江奈漁港**] 江奈湾にあり、船溜まりの一角でヒジキを干している

[**白浜毘沙門天～毘沙門茶屋**] 浅間山付近の歩道。足場の悪い海岸には人工の飛び石歩道もある

[**白浜毘沙門天～毘沙門茶屋**] 浅間山付近の磯では岩礁を伝って海藻をとっている

[**白浜毘沙門天**] 白浜毘沙門天から坂を下ると浅間山東方の海辺へ飛び出す

漁師たちの信仰が厚い。

　白浜毘沙門天から数分で海辺へ出る。岩礁の磯が広がり、海藻をとる漁師を見かけることもある。弥生時代の住居跡という毘沙門洞窟を過ぎ、毘沙門湾を回り込めば、コースハイライトの⑤**盗人狩**《ぬすっとがり》は近い。

　盗人狩には、追われた盗人が断崖と怒涛に足がすくみ、観念したとの話が伝わる。高さ30mほどの崖下に広がる岩畳は、波に削られた奇岩怪石揃い。砕けた波の飛沫が高く舞いあがり、迫力も満点だ。決まった歩道はなく、岩畳の上を選んで歩く。滑りやすく、崖からの落石にも注意が必要だ。

　宮川湾から毘沙門バイパスを潜って台地の⑥**八景原**《はっけいばら》へ上る。あたりは広い大根畑となり、やがて三崎の⑦**北条湾**《ほうじょうわん》へ下る。三崎港の市街でマグロ料理を味わうといい。

海食崖と海食台

　波に浸食されてできた崖が海食崖で、同じく波に削られた平坦な岩棚が海食台。毘沙門湾や盗人狩付近の海岸は典型的な海食台になっている。海底などの堆積岩である泥岩と凝灰岩が層をなし、見事な縞模様の地層が見られて面白い。平坦な岩に開いている円形の穴は、小石や砂混じりの波で削られてできた甌《おう》穴《けつ》だ。

食べる

毘沙門茶屋 びしゃもんちゃや

毘沙門湾岸の毘沙門バイパス沿いにある古民家風の食事処。おすすめは「イロリで焼いた焼魚」650円～。炭火の遠火で3～4時間かけて燻し焼きにしたもので、燻製のように香りもいい。魚の種類は日によって異なり、プラス350円で定食にできる。数に限りがあるため予約をしておくと安心。

☎ 046-882-1022

11～16時、木・金曜休（祝日の場合は営業）

みちくさ情報

[剱崎灯台] 断崖上に立つ灯台は明治4年（1871）の設置。約32km先まで光が届く

[宮川フィッシャリーナ] 盗人狩から八景原へ向かう途中にある。波穏やかな一角に多くのヨットが繋留されている

[八景原] 車道のすぐ脇に広がる大根畑。コース途上の台地でしばしば見られる

世界から集まる三崎マグロ

三崎港で水揚げされるマグロを三崎マグロといい、世界の海でとれた多種類のマグロが集まっている。最高級魚の本マグロ（クロマグロ）は日本近海が産地。オーストラリアやケープタウン沖でとれるミナミマグロ（インドマグロ）も味がよく高級。目玉の大きいメバチマグロや肌の黄色いキハダマグロは、赤道を挟んで南北緯度35度ぐらいが漁場なので日本の南海域でも盛んにとれる。

買う
うらりマルシェ

三崎マグロと三浦野菜の産直センター。1階の「さかな館」はマグロのほか地魚、干物など加工品も揃い、大賑わい。とろまん1個250円は肉まんのマグロ版。店頭で食べる蒸したてがおいしい。2階の「やさい館」では市内の農家が自家畑で育てた新鮮な野菜が買える。

☎ 046-881-6721

さかな館9～17時（日曜は7時～）、やさい館10～17時（土曜、祝日は9時～）、無休

みちくさ情報

食べる
鮮味楽 せんみらく

産直センターうらりマルシェの近くにある。マグロ卸問屋の直営店で、寿司とマグロ料理が中心。大名椀にオオメバチマグロの中トロがたっぷりのった「鮮どんメバチまぐろ」(写真)2700円、味楽ちらし2400円、三崎の地魚を握る寿司は1人前2060円～。

☎ 046-881-0961

11～19時（土・日曜、祝日は～19時30分）、火曜休（不定休）

三浦半島南端シーサイドウォーク

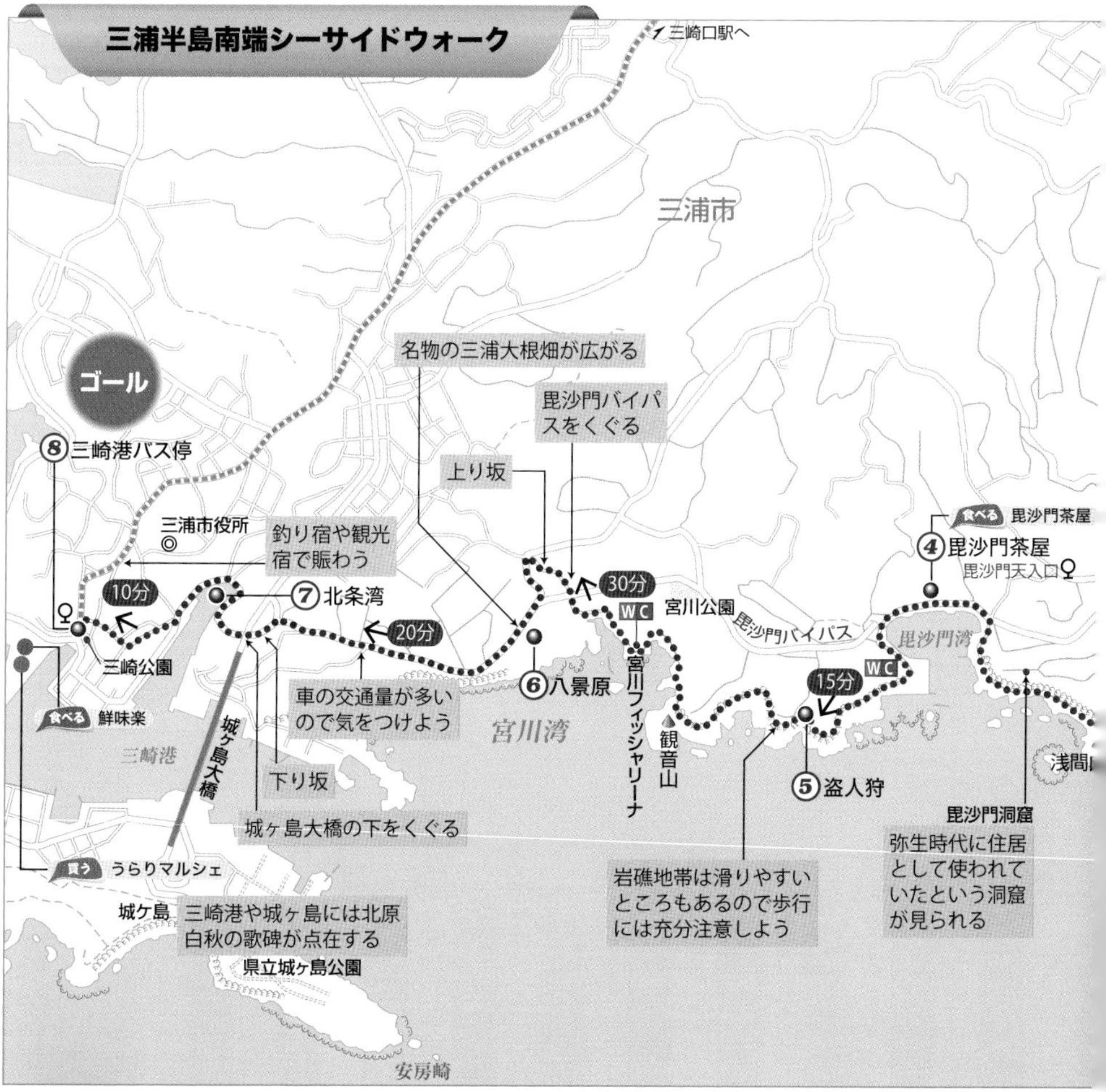
三崎口駅へ
三浦市
ゴール
名物の三浦大根畑が広がる
毘沙門バイパスをくぐる
上り坂
⑧三崎港バス停
三浦市役所
釣り宿や観光宿で賑わう
10分
⑦北条湾
30分
20分
WC
宮川公園
毘沙門バイパス
食べる 毘沙門茶屋
④毘沙門茶屋
毘沙門天入口
毘沙門湾
三崎公園
⑥八景原
宮川フィッシャリーナ
WC
15分
食べる 鮮味楽
車の交通量が多いので気をつけよう
宮川湾
観音山
三崎港
城ヶ島大橋
下り坂
⑤盗人狩
浅間
毘沙門洞窟
城ヶ島大橋の下をくぐる
弥生時代に住居として使われていたという洞窟が見られる
買う うらりマルシェ
岩礁地帯は滑りやすいところもあるので歩行には充分注意しよう
城ケ島
三崎港や城ヶ島には北原白秋の歌碑が点在する
県立城ヶ島公園
安房崎

Memo 海辺の道は潮の干満によって歩ける場所が広がったり狭まったりする。行く前に観光協会などで潮の様子を確認すると行動に余裕が持てる。

[**県立城ヶ島公園**] 東京湾を挟んで房総半島まで見渡せる。周辺は磯釣りの名所でもある

Course Number 17

城ヶ島と歴史ある港町・三崎

美しい岩礁に囲まれた自然いっぱいの城ヶ島からマグロの町へ

[神奈川県三浦市]

三浦半島の最南端に位置する城《じょう》ヶ島《がしま》と関東屈指のマグロの水揚げ量を誇る港町・三崎《みさき》を歩くコース。足場の悪い岩場も多いから歩きやすい靴で出かけよう。

三崎口駅《みさきぐちえき》から乗ったバスを①**白**《はく》**秋**《しゅう》**碑**《ひ》**前**《まえ》**バス停**《てい》で下車。橋の真下に続く小道を抜けると、詩人北原白《きたはらはく》秋《しゅう》の遺墨やノートを展示する②**白**《はく》**秋**《しゅう》**記**《き》**念**《ねん》**館**《かん》があり、前の浜辺には「城ヶ島の雨」の歌詞を刻んだ北原白秋詩碑が立つ。

バス停まで戻って駐車場に沿って歩き、車道を上っていくと③**県**《けん》**立**《りつ》**城**《じょう》**ヶ**《が》**島**《しま》**公**《こう》**園**《えん》に着く。冬にはスイセンが咲き乱れる園内には芝生広場や遊歩道があり、家族連れで訪

問合せ先
三浦市観光協会 ☎ 046-888-0588
京浜急行バス三崎営業所 ☎ 046-882-6020

アクセス
往路／品川駅から京浜急行本線快速特急で約1時間10分、三崎口駅下車。城ヶ島行き京急バスに乗り換え25分、白秋碑前バス停下車。
復路／三崎港バス停からバスで三崎口駅へ。

歩行時間
約1時間10分
約6km
約1万1000歩

難易度
★★

Start
①白秋碑前バス停
徒歩5分
②白秋記念館
徒歩20分
③県立城ヶ島公園
徒歩20分
④ウミウ展望台
徒歩3分
⑤馬の背洞門
徒歩25分
⑥城ヶ島灯台
徒歩5分
⑦城ヶ島渡船発着場（城ヶ島側）
船5分
⑧城ヶ島渡船発着場（三崎側）
徒歩すぐ
⑨うらりマルシェ
徒歩2分
⑩三崎港バス停
Goal

［**馬の背洞門**］高さ 8m、幅 6m の海食洞門

［**馬の背洞門から城ヶ島灯台へ**］岩場を行く海沿いのハイキングコース

［**うらりマルシェ**］マグロの専門店が並ぶ産直センター

［**県立城ヶ島公園**］12 月下旬～1 月下旬が見頃のスイセン

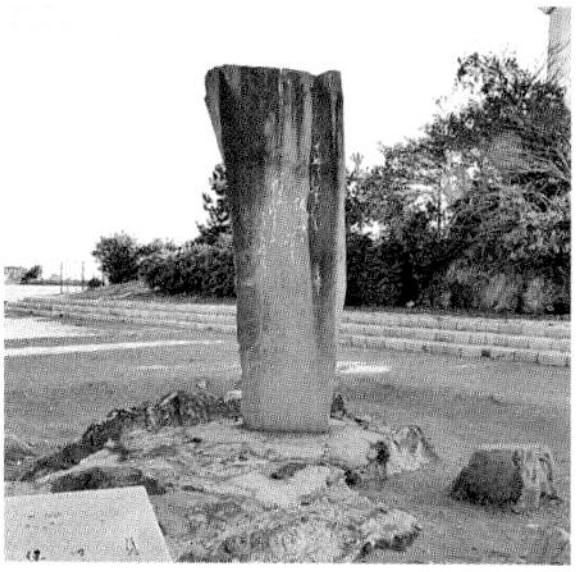

［**北原白秋詩碑**］白秋記念館前の浜辺に立つ。詩文は白秋自身が揮毫した

れるのに最適なスポット。大島から富士山、房総半島まで見渡せる展望台からの眺めは必見だ。

公園の入口まで戻り、駐車場先の案内板に従って散策路を進むと**④ウミウ展望台**《てんぼうだい》、その先から海岸へ下りると**⑤馬**《うま》**の背**《せ》**洞門**《どうもん》がある。ここから**⑥城**《じょう》**ヶ**《が》**島**《しま》**灯台**《とうだい》へ向かうハイキングコースは海沿いの岩場の道と内陸部の整備された水仙ロードに分かれる。

城ヶ島灯台から商店街を抜けて**⑦城**《じょう》**ヶ**《が》**島**《しま》**渡**《と》**船**《せん》**発**《はっ》**着場**《ちゃくじょう》**（城**《じょう》**ヶ**《が》**島側**《しまがわ》**）**から渡し船で三崎側へ移動。**⑧城**《じょう》**ヶ**《が》**島**《しま》**渡**《と》**船**《せん》**発**《はっ》**着場**《ちゃくじょう》**（三崎側**《みさきがわ》**）**で下船すると目の前が**⑨うらりマルシェ**。1階の「さかな館」にはマグロや加工品の専門店がずらりと並ぶ。

大正時代から続く漁師町の面影を残した三崎銀座商店街を散策し、**⑩三崎港**《みさきこう》**バス停**から三崎口駅行きのバスで帰途につく。

城ヶ島の美しい海を海中散歩

産直センター「うらりマルシェ」から発着している「にじいろさかな号」は船底に窓がついた半潜水式の観光船。澄んだ海中を乱舞する魚をダイビング気分で観賞できる。城ヶ島大橋をくぐり、魚が集まるポイントまで往復して約40分。9時20分～15時10分、一日7便運航、運賃1300円。問合せはうらりマルシェ☎046-881-6721へ。

みちくさ情報

買う

城ヶ島漁協直販所

城ヶ島漁協直売所
漁師の店
P→

サザエ、ホラ貝、アワビといった城ヶ島名産の貝類のほか、地ダコや伊勢エビ、ウニ、イカ、ヒラメなど、島の漁師が水揚げしたばかりの魚介類が店内の水槽に満載。値段は時価で、刺身や焼き魚などに調理して提供する食事処も兼ねている。城ヶ島ならではの天然ワカメやヒジキ、テングサ、アカモクなど磯の風味豊かな海藻類も豊富に揃う。

☎ 046-882-2160

9～16時、不定休

食べる

三崎「魚市場食堂」

三崎水産物地方卸売市場の2階にあるセルフサービスの食堂。みさきマグロをはじめ地魚や貝類など、その日に魚市場から仕入れた新鮮な魚介を定食やどんぶりで堪能できる。昼食なら市場の日替り刺身と焼き魚の定食1500円（税別）、三崎市場の特選海鮮丼1700円(税別) などがおすすめ。

☎ 046-876-6022

朝食6～10時(日曜は5時～)、昼食11～15時(土曜・祝日は～16時)、水曜休

城ヶ島と歴史ある港町・三崎

葉山、久里浜へ
N
0
250
500m
漣痕(波調層)
相模湾
三浦市
卍見桃寺
◎三浦市役所
歌舞島公園
ゴール
北条湾
朝市会場
2分
うらりマルシェ⑨
三崎水産物地方卸売市場
食べる 三崎「魚市場食堂」
すぐ
⑩三崎港バス停
料金所
三浦海岸へ
⑧城ヶ島渡船発着場（三崎側）
明治3年(1870)に建てられたが関東大震災で倒壊、現在の灯台は昭和2年(1927)に復元されたもの
5分
三崎銀座商店街
宮川湾
のどかな渡し船で5分
三崎港
⑦城ヶ島渡船発着場（城ヶ島側）
城ヶ島灯台⑥
城ヶ島大橋
白秋記念館②
北原白秋詩碑
城ヶ島
磯料理やみやげ物店が並ぶ
WC
5分
県水産技術センター
城ヶ島京急ホテル
5分
スタート
長津呂崎
買う 城ヶ島漁協直販所
⛩海南神社
①白秋碑前バス停
旧城ヶ島分校
海の資料館
通行止め
城ヶ島
20分
③県立城ヶ島公園
海岸沿いよりなだらかな水仙ロード
25分
20分
源頼朝が愛した景勝地
赤羽根海岸
水っ垂れ
馬の背洞門⑤
安房埼灯台
3分
ウミウ、ヒメウ、クロサギの生息地
岩場続く。足元注意
赤羽根崎
急な階段を下りて海岸へ
公園周辺はスイセン、ハマユウ、アジサイ、イソギクなどが咲く
相模灘
ウミウ展望台④
安房崎

Memo 城ヶ島と三崎を5分で結ぶ城ヶ島渡船「白秋」は10時30分～16時に随時運航。運賃は片道500円(小学生100円)、荒天時運休。

［16 丁目〜大山山頂・富士見台］ 富士見台に着くと富士山のパノラマが開ける

Course Number 18

信仰の名山・大山へ

ケーブルカーを利用して表参道を登り、山頂から見晴台や二重滝を回る

［神奈川県伊勢原市］

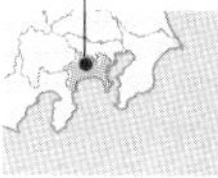

丹沢山塊の東端にそびえる大山は、整ったピラミッド形の山容とあいまって古くから航海の目印とされ、雨乞いや修験道の霊山として信仰を集めてきた。登拝の表玄関である追分から登り、山内を一周しよう。なお、ケーブルカー駅から大山山頂までは標高差600mほどあるので、登山の装備と心構えで臨みたい。

①大山《おおやま》ケーブルバス停《てい》からみやげ物店や食堂が並ぶ「こま参道」の階段道を上る。**②大山《おおやま》ケーブル駅《えき》**からケーブルカーで**③阿《あ》夫《ふ》利《り》神《じん》社《じゃ》駅《えき》**へ。一段上の高台に鎮座する**④阿《あ》夫《ふ》利《り》神《じん》社《じゃ》下《しも》社《しゃ》**に登り着いて振り返れば相模湾や首都圏の展望が

アクセス 往路／新宿駅から小田急線急行で約1時間、伊勢原駅下車。神奈川中央交通バス大山ケーブル行きに乗り換え約25分、終点下車。復路／往路を戻る。

問合せ先
伊勢原市観光協会 ☎ 0463-73-7373
神奈川中央交通バス ☎ 0463-95-2366
大山観光電鉄 ☎ 0463-95-2040（ケーブル駅）

歩行時間 約4時間10分
約7.3km
約1万5000歩
難易度 ★★

Start ①大山ケーブルバス停 → 徒歩15分 → ②大山ケーブル駅 → ケーブルカー6分 → ③阿夫利神社駅 → 徒歩3分 → ④阿夫利神社下社 → 徒歩40分 → ⑤蓑毛裏参道分岐（16丁目） → 徒歩50分 → ⑥大山山頂 → 徒歩60分 → ⑦見晴台 → 徒歩30分 → ⑧阿夫利神社下社 → 徒歩20分 → ⑨大山寺 → 徒歩35分 → ⑩大山ケーブルバス停 Goal

［**阿夫利神社下社**］下社社殿。左手に巡拝道の入口がある

［**阿夫利神社下社**］石段を上りきると展望が開ける

［**夫婦杉**］樹齢500年以上とされる巨木

［**大山ケーブルカー**］中間の大山寺駅で上りと下りがすれ違う

［**こま参道**］みやげ物店や食事処が並ぶ

すばらしい。

阿夫利神社本社のある大山山頂へは、下社社殿の左手奥、片開きの門から登山道に入る。急な石段から杉や雑木の樹林を登る道は展望には恵まれないが、山頂を28丁目とする丁目石を励みに登ろう。**⑤蓑毛《みのげ》裏参道《うらさんどう》分岐《ぶんき》（16丁目《ちょうめ》）**が山頂までのほぼ中間で、ベンチもある。再び樹林を登り、開けた所が富士見台（20丁目）で名前のとおり富士山がよく見える。25丁目で合流するヤビツ峠からのコースもよく歩かれており、合流地点まで上り60分、下り40分ほど。25丁目からはひと登りで**⑥大山山頂《おおやまさんちょう》**に着く。南は相模湾や伊豆、東は副都心などの眺めがよい。

下山は雷ノ峰尾根《いかづちのみねおね》を下る。雑木の尾根道で快適に高度を下げ、平坦になったところが**⑦見晴台《みはらしだい》**でベンチが置かれ、大山を望める。雷

庶民の信仰があつかった阿夫利神社

阿夫利神社は紀元前の崇神《すじん》天皇の御代に創建。奈良時代の天平勝宝4年（752）、奈良・東大寺の初代別当・良弁《ろうべん》僧正が雨降山大山寺を建立、不動明王を祀った。中世以降は修験道が、江戸時代には大山講の登山が盛んになり、その一端が落語の「大山詣で」や浮世絵にうかがえる。現在の下社社殿の下には巡拝道が設けられ、山内唯一の水源から引かれているという「神泉大山名水」（写真）を汲んでいくこともできる。

買う
大津屋きゃらぶき本舗

自然の味わいを大切に、保存料や着色料を使わず、創業の明治5年（1872）から鉄釜と薪で煮付ける調理法を守り続ける。昔ながらのきゃらぶきをはじめ、ふきのとう、山うど、味しめじなど季節の味も揃っている。各540円。

☎ 0463-95-2704
9時～16時30分、不定休

買う
大山ウルワシ本舗

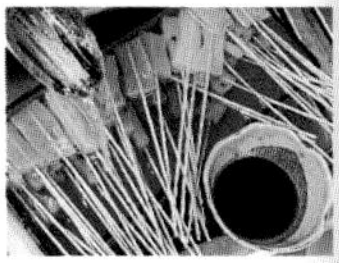

大山の名水と生イモで作る大山こんにゃく450円、彩りがきれいなおさしみこんにゃく590円、豆乳を混ぜ薄くのばしたゆばこんにゃく650円などが人気。手づくりの佃煮や漬け物も並ぶ。
☎ 0463-94-5352
9時～17時ごろ、不定休

食べる
とうふ処 小川家

こま参道にあり、季節感や盛り付けも含め質の高い豆腐会席を手頃な値段で賞味できる。コースは豆腐料理5品とご飯などのセット「竹」2530円～。春なら若草豆腐、引き上げ湯葉葛あんかけなどが出される。予約すれば個室の利用も可。
☎ 0463-95-2270
11時30分～16時、不定休

みちくさ情報

［見晴台］ 見晴台で振り返ると大山がどっしりとした姿を見せる

［大山寺付近］ 阿夫利神社下社から大山寺の間は石段が続く

［二重滝］ 名前のとおり上下2段に落ちる滝。修験者の行場だった

ノ峰尾根と分かれて下社へ向かうと、山腹を横切るようにつけられた道となり、二重滝を経て⑧**阿夫《あふ》利神社下社《りじんじゃしもしゃ》**に帰り着く。

石段を茶店の前まで戻り、女坂に入り、石段が混じる急坂を下る。途中の⑨**大山寺《おおやまでら》**は江戸時代までは阿夫利神社下社と一体だったが、明治の神仏分離で現在地に移築された。石段を下ると道はゆるやかになり、大山ケーブル駅からは「こま参道」へ下って⑩**大山《おおやま》ケーブルバス停《てい》**へ戻る。

こまの絵が段数を教える参道

参道は古くは阿夫利神社の門前町であり、大山講登山の先達を務める御師《おし》の宿坊が軒を連ねていた。現代に入って道の両側にはみやげ物店や食事処が並ぶなど観光化が進んだ。階段には大山観光のモチーフとして名物の大山こまの絵タイルがあしらわれている。大小のこまの組み合わせで段数を表しているので数えながら上ろう。

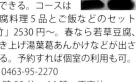

信仰の名山・大山へ

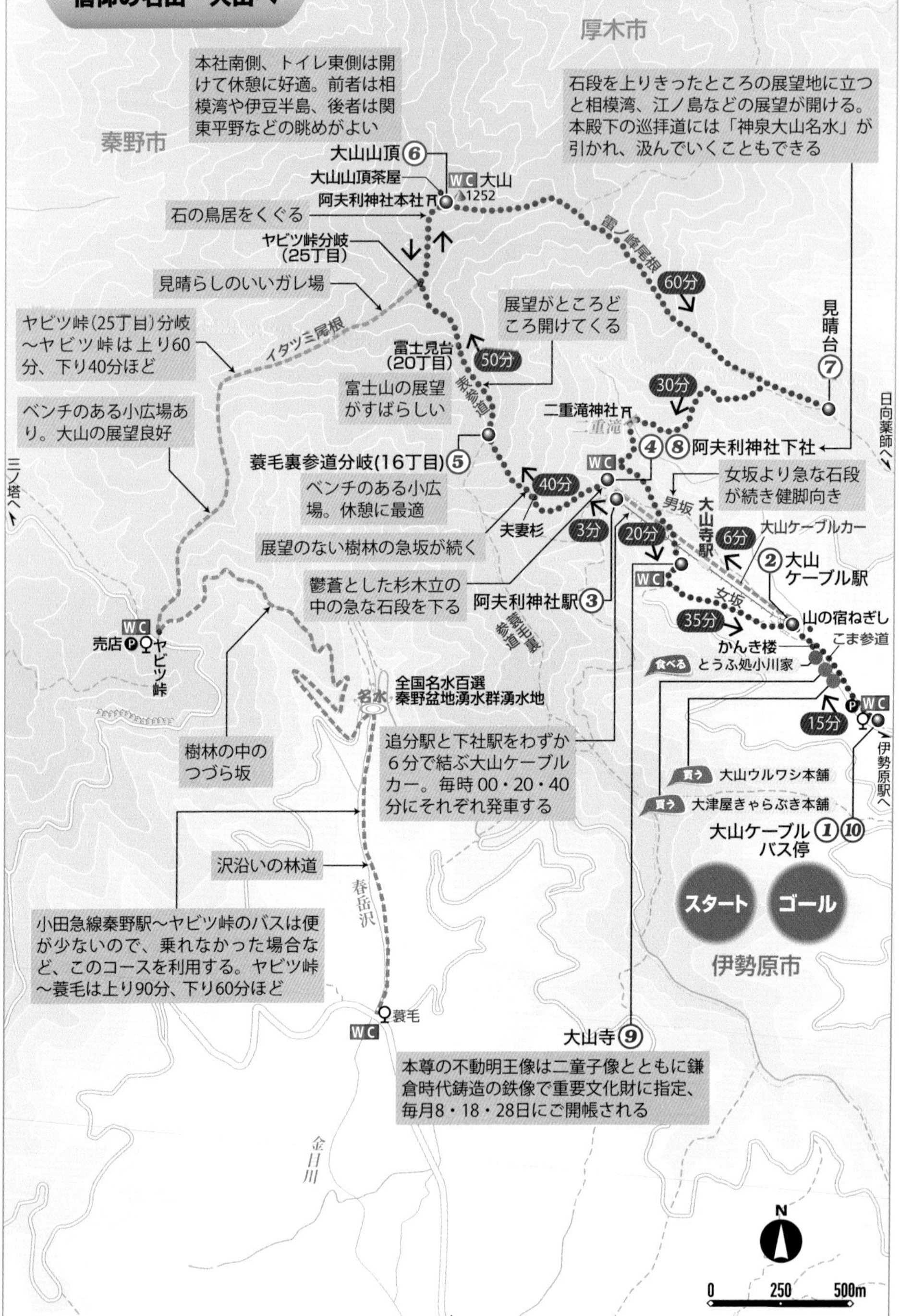
不動尻、広沢寺温泉へ
厚木市
秦野市
本社南側、トイレ東側は開けて休憩に好適。前者は相模湾や伊豆半島、後者は関東平野などの眺めがよい
石段を上りきったところの展望地に立つと相模湾、江ノ島などの展望が開ける。本殿下の巡拝道には「神泉大山名水」が引かれ、汲んでいくこともできる
大山山頂⑥
大山山頂茶屋
WC 大山
1252
阿夫利神社本社
石の鳥居をくぐる
ヤビツ峠分岐
(25丁目)
見晴らしのいいガレ場
雷ノ峰尾根
60分
見晴台⑦
展望がところどころ開けてくる
ヤビツ峠(25丁目)分岐～ヤビツ峠は上り60分、下り40分ほど
イタツミ尾根
富士見台
(20丁目)
50分
富士山の展望がすばらしい
表参道
30分
日向薬師へ
ベンチのある小広場あり。大山の展望良好
二重滝神社
二重滝
④⑧阿夫利神社下社
三ノ塔へ
蓑毛裏参道分岐(16丁目)⑤
WC
40分
女坂より急な石段が続き健脚向き
ベンチのある小広場。休憩に最適
男坂
大山寺駅
夫妻杉
3分
20分
6分
大山ケーブルカー
展望のない樹林の急坂が続く
②大山ケーブル駅
WC
鬱蒼とした杉木立の中の急な石段を下る
阿夫利神社駅③
女坂
35分
山の宿ねぎし
WC
売店
ヤビツ峠
蓑毛裏参道
かんき楼
こま参道
食べる とうふ処小川家
全国名水百選
秦野盆地湧水群湧水地
名水
WC
15分
追分駅と下社駅をわずか6分で結ぶ大山ケーブルカー。毎時00・20・40分にそれぞれ発車する
伊勢原駅へ
樹林の中のつづら坂
買う 大山ウルワシ本舗
買う 大津屋きゃらぶき本舗
大山ケーブル①⑩
バス停
沢沿いの林道
春岳沢
スタート
ゴール
小田急線秦野駅～ヤビツ峠のバスは便が少ないので、乗れなかった場合など、このコースを利用する。ヤビツ峠～蓑毛は上り90分、下り60分ほど
伊勢原市
蓑毛
WC
大山寺⑨
本尊の不動明王像は二童子像とともに鎌倉時代鋳造の鉄像で重要文化財に指定、毎月8・18・28日にご開帳される
金目川
N
0
250
500m
秦野駅へ

Memo 伊勢原駅～大山ケーブル（終点）のバスは平日、土・日曜、祝日とも１時間に３本ほど。秦野駅～ヤビツ峠のバスは平日２本、土・日曜、祝日５本、秦野駅～蓑毛のバスは１時間に２本ほど運行。

Course Number 19

七沢森林公園から白山

森林に癒やされて歩く里山。ゴールには古刹が待っている

［神奈川県厚木市］

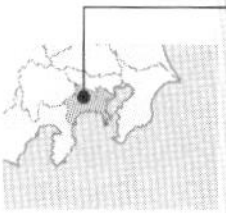

［**白山**］山頂の展望台から大山（右前方）を眺める。手前は七沢森林公園へ続く尾根

丹沢山地東端の里山に広がる七沢森林公園《ななさわしんりんこうえん》は東京ドームの13倍余り、約65haの広大な敷地にコナラなどの雑木林が保全され、バーベキュー施設、アスレチックなどの施設や広場が点在する。さらに尾根伝いに白山《はくさん》へと歩き、飯山観音《いいやまかんのん》に詣でれば充実したコースとなる。

①七沢温泉入口《ななさわおんせんいりぐち》バス停《てい》から七沢森林公園へ向かうと、すぐ森のかけはしが見える。森のかけはしの左手から橋上に上り、シャクナゲ園とおおやま広場、**②ピクニック広場《ひろば》**、尾根のさんぽ道などを経て行こう。

地蔵尊が祀られた**③順礼峠《じゅんれいとうげ》**からは飯山観音の巡礼道でもある。尾

アクセス 往路／新宿駅から小田急線急行で約50分、本厚木駅下車。神奈川中央交通バス七沢行きに乗り換え約20分、七沢温泉入口バス停下車。復路／飯山観音前バス停から本厚木駅行きバスを利用。

問合せ先 厚木市観光協会 ☎ 046-240-1220
七沢森林公園 ☎ 046-247-9870
神奈川中央交通バス厚木営業所 ☎ 046-241-2626

歩行時間 約2時間50分
約6.5km
約1万3000歩
難易度 ★★

Start ①七沢温泉入口バス停 → 徒歩20分 → ②ピクニック広場 → 徒歩30分 → ③順礼峠 → 徒歩50分 → ④物見峠 → 徒歩35分 → ⑤白山 → 徒歩20分 → ⑥飯山観音 → 徒歩15分 → ⑦飯山観音前バス停 Goal

［**白山**］開けた山頂に展望台が立つ

［**順礼峠**］巡礼を供養したという地蔵尊が祀られている

［**七沢森林公園**］シャクナゲ園の見頃は例年４月下旬～５月上旬

［**飯山温泉**］飯山観音と飯山温泉は桜の名所。花の時期は賑わう

［**飯山観音**］十一面観音を祀る本堂

根道を進み、七沢森林公園を出て、ゆるやかに上り下りしていく。左に採石場を見下ろすようになり、急な丸太階段を上り切ったピークが④**物見峠**《ものみとうげ》で展望が広がる。

　左はゴルフ場となり「むじな坂峠」の石柱が立つピークを越える。御門橋への道を左に分け、最後の登りをこなすと⑤**白山**《はくさん》山頂に着く。展望台上からは都心から横浜方面、ふり返れば七沢森林公園から大山など丹沢の山並みを望める。

　飯山観音への道は男坂と女坂があるが、ゆるやかで下りやすい女坂をとろう。⑥**飯山観音**《いいやまかんのん》の名で親しまれる飯上山長谷寺《いいがみさんちょうこくじ》は坂東三十三観音霊場の第6番札所。神亀2年（725）に行基《ぎょうき》が開創したと伝えられ、縁結びの信仰、桜の名所でも知られる。本堂から参道を下り、小鮎川を渡ったところがゴールの⑦**飯山観音前**《いいやまかんのんまえ》**バス停**《てい》だ。

森林セラピー

　紹介したコースは森林セラピーロードコースとして認定されている。森林セラピーとは、森林浴の効能を科学的・医学的に検証し、森林内での歩行などによって心身の健康維持や増進をめざすもの。七沢森林公園では定期的に体験ウォークが開催され、白山周辺には森林セラピーの知識を紹介した解説板が立っている。

温泉
元湯旅館

小鮎川沿いの山里にある老舗旅館。入口に立つ巨大なタヌキの焼物が目印だ。強アルカリ泉の「美人の湯」で知られ、風呂は大浴場、露天風呂、貸切風呂などがある。日帰り温泉＋昼食の昼利用と、日帰り温泉＋夕食の2プランを用意。地場産の素材を生かした創作会席料理が堪能できる。

☎ 046-242-0008
昼利用は11～15時、7400円～、夜利用は16時～22時30分、1万円～、いずれも要予約

みちくさ情報
見る
森の民話館

七沢森林公園の管理事務所を兼ねた施設。古民家風の建物は風景になじんでいる。地元の語り部による「民話の語りライブ」、琴の演奏会など定期的な催しに利用されるほか、自然の素材を使ったクラフト教室が材料費200～400円で一年を通して毎日行われている。

☎ 046-247-9870（七沢森林公園）
9～16時（クラフト教室は～15時）、年末年始のみ休、入館無料

七沢森林公園から白山

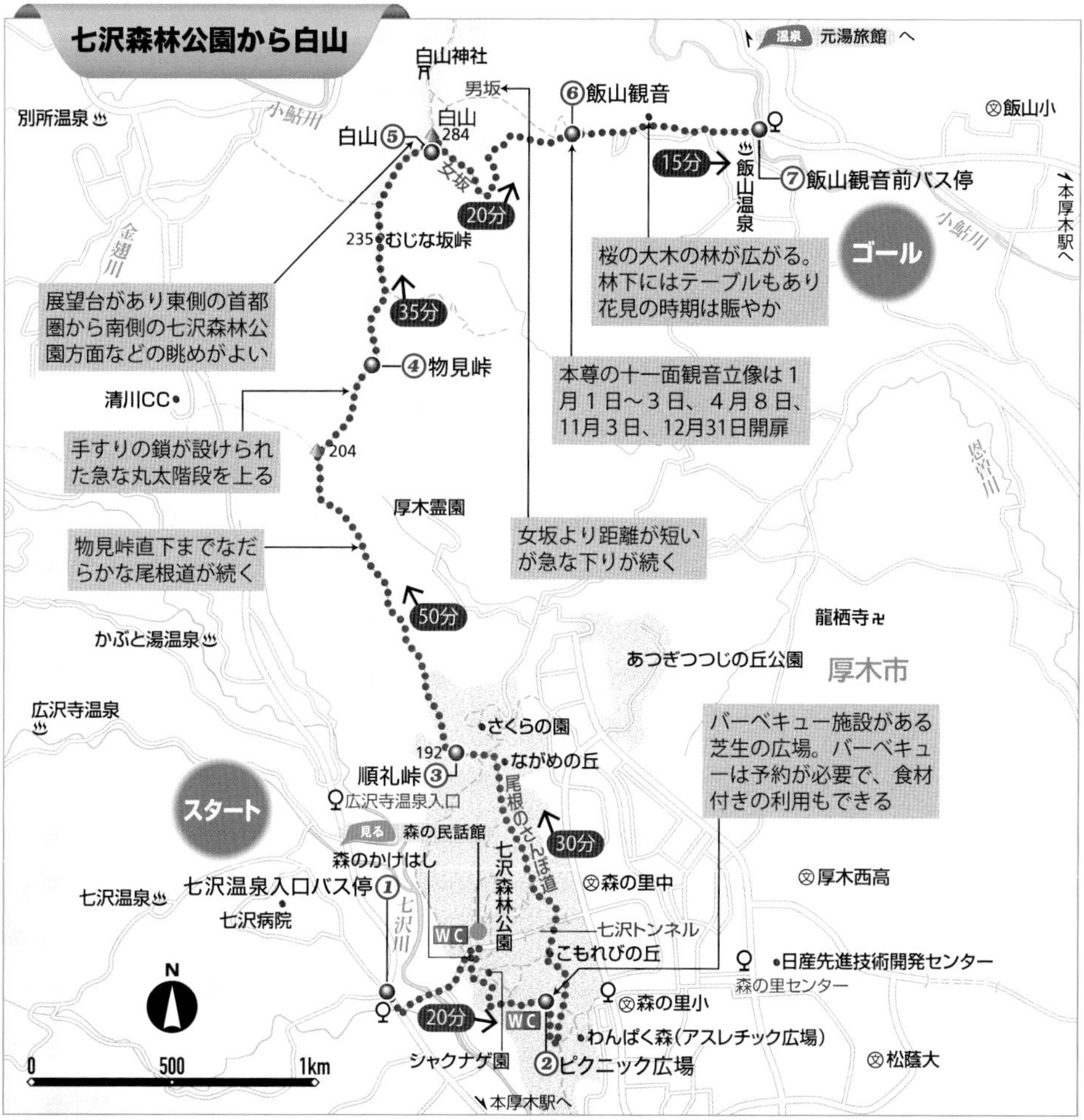
温泉 元湯旅館へ
白山神社
男坂
⑥飯山観音
⊗飯山小
別所温泉
小鮎川
白山⑤
白山 284
女坂
20分
15分
飯山温泉
⑦飯山観音前バス停
本厚木駅へ
ゴール
小鮎川
235 むじな坂峠
金翅川
桜の大木の林が広がる。林下にはテーブルもあり花見の時期は賑やか
展望台があり東側の首都圏から南側の七沢森林公園方面などの眺めがよい
35分
④物見峠
本尊の十一面観音立像は1月1日～3日、4月8日、11月3日、12月31日開扉
清川CC
手すりの鎖が設けられた急な丸太階段を上る
204
恩曽川
厚木霊園
物見峠直下までなだらかな尾根道が続く
女坂より距離が短いが急な下りが続く
50分
龍栖寺
かぶと湯温泉
あつぎつつじの丘公園
厚木市
広沢寺温泉
さくらの園
バーベキュー施設がある芝生の広場。バーベキューは予約が必要で、食材付きの利用もできる
192
順礼峠③
ながめの丘
広沢寺温泉入口
スタート
尾根のさんぽ道
見る 森の民話館
30分
森のかけはし
七沢森林公園
⊗森の里中
⊗厚木西高
七沢温泉
七沢温泉入口バス停①
七沢病院
七沢
七沢トンネル
WC
こもれびの丘
日産先進技術開発センター
森の里センター
⊗森の里小
20分
WC
わんぱく森(アスレチック広場)
0 500 1km
シャクナゲ園
②ピクニック広場
⊗松蔭大
本厚木駅へ

Memo 厚木バスセンター～七沢温泉入口のバスは1時間に1～3本運行。伊勢原駅、愛甲石田駅発の便もある。飯山観音前～本厚木駅行きのバスは1時間に2本ほど運行。

Course Number 20

山寺から美肌の湯へ向かう手軽な山里ウォーキング

日向薬師から七沢温泉

［神奈川県伊勢原市・厚木市］

［**日向薬師**］2016年に平成の大修理を終えた薬師堂。単層茅葺屋根の荘厳な建物だ

大山《おおやま》の東麓、厚木市街から西へ向かい丹沢山地に分け入った山あいにたたずむ日向薬師《ひなたやくし》。開創約1300年、日本三大薬師に数えられる古刹である。背後の日向山に登り、七沢《ななさわ》温泉へ向かうコースは関東ふれあいの道にも指定され、のどかな山里歩きができる。

①**日向薬師《ひなたやくし》バス停《てい》**の伊勢原《いせはら》寄りから参道に入る。石段の上りが続き樹林がうっそうとして荘厳だ。仁王門をくぐると、ひと登りで②**日向薬師本堂《ひなたやくしほんどう》**（薬師堂）に着く。江戸前期の万治3年（1660）に旧本堂の部材を利用して修復。平成になって同じ手法で解体修理が行われた。

アクセス
往路／新宿駅から小田急線急行で約1時間、伊勢原駅下車。日向薬師行き神奈川中央交通バスに乗り換え約20分、終点下車。復路／七沢病院入口バス停から本厚木駅行きバス約30分、終点下車。

問合せ先
伊勢原市観光協会 ☎ 0463-73-7373
厚木市観光協会 ☎ 046-240-1220
神奈川中央交通バス ☎ 0463-95-2366

Start
① 日向薬師バス停 —徒歩10分→ ② 日向薬師本堂 —徒歩40分→ ③ 日向山 —徒歩15分→ ④ 七曲峠 —徒歩30分→ ⑤ 広沢寺温泉 —徒歩15分→ ⑥ 七沢荘 —徒歩10分→ ⑦ 七沢病院入口バス停
Goal

歩行時間
約2時間
約5.0km
約1万歩

難易度
★★

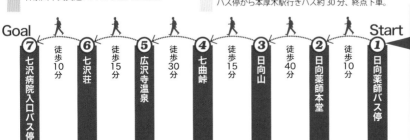

［**日向薬師**］参道沿いに植えられた杉、自生のシイやカシなどの大木が混生して見事な杜となっている

［**日向薬師バス停**］日向薬師への道は静かな山道。突き当たりから石段が始まる

［**日向薬師**］仁王門の仁王像は鎌倉時代の作と伝わる

［**広沢寺の岩場**］山頂は登山者に岩登りのゲレンデとして親しまれている

［**大釜弁財天**］小滝の上、大岩が重なってできた岩屋の奥に弁財天が祀られている

宝物殿北側の駐車場東寄りから山道に入り、道なりに登る。尾根上を東へ登りつめるとヒノキの植林が茂る**③日向山**《ひなたやま》の山頂に着く。石祠が置かれた東側は開けて、厚木市街や横浜方面の眺めがよい。

北へひと下りして、七沢温泉、広沢寺《こうたくじ》温泉方面への道が交差する**④七曲峠**《ななまがりとうげ》で広沢寺温泉方面へ向かい、下り着いた車道を右へ。すぐ先に、雨乞い信仰の大釜弁財天が谷の中の大岩が重なった奥に祀られている。その先の高さ50ｍほどの「広沢寺の岩場」は岩登りゲレンデとして親しまれている。

民家が現れ、一軒宿の**⑤広沢寺**《こうたくじ》**温泉**《おんせん》、河鹿の沢バス停を過ぎ、対岸に渡ると**⑥七沢荘**《ななさわそう》の前に出る。正面に七沢病院を見て、道なりに進み、七沢病院前バス停で左折して県道に出たところがゴールの**⑦七沢病院入口**《ななさわびょういんいりぐち》**バス停**《てい》だ。

日向薬師の寺林

参道から本堂周辺にかけて大木が茂る樹林は自然植生のスダジイ、ウラジロガシ、タブノキなどの照葉樹、モミなどの常緑針葉樹、イロハカエデ、ケヤキなどの落葉樹、植林の杉などさまざまな植生の大木が混生して見事だ。ホソバカナワラビ・スダジイ群集は真鶴・湯河原から飛び地分布して、学術的に貴重とされ「日向薬師の寺林」として神奈川県の天然記念物に指定されている。

食べる

和風料理おかめ

地下100mからくみ上げる丹沢山系の地下水を使い、山菜や鮎、猪など地元の食材を使った四季折々の料理が楽しめる。70年以上守り続けるタレでふっくらと焼き上げるうな重3000円は評判で、遠方から来店する食通もいるほど。天ぷら定食や親子重、味噌煮込みうどん（冬期）などもおすすめ。

☎ 046-248-5511

11時30分～15時30分（15時LO）、17時～20時30分（20時LO）、水曜休（祝日の場合は営業）

みちくさ情報

温泉

七沢荘

神奈川県の温泉の中でも有数の高さを誇るpH9.54の超アルカリ性の湯は、リンス作用があるメタホウ酸・メタケイ酸を多く含み、美肌に効くとされている。男女それぞれに内風呂と露天風呂を備え、湯船も広い。源泉かけ流しの貸切風呂もある（要予約）。

☎ 046-248-0236

8～21時、無休、入浴1000円（食事付きもあり、4000円）

日向薬師から七沢温泉

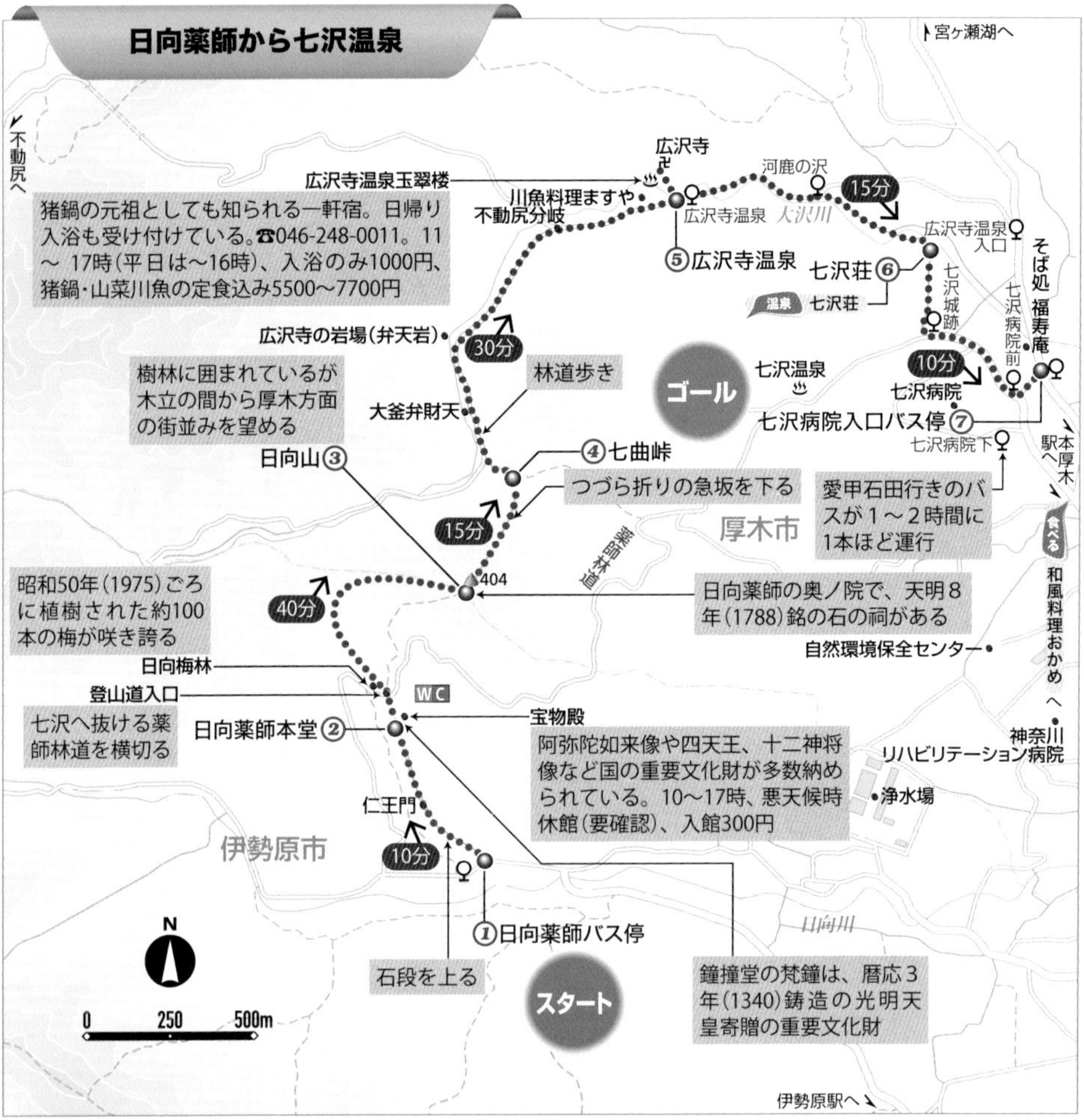

宮ヶ瀬湖へ
不動尻へ
広沢寺
河鹿の沢
広沢寺温泉玉翠楼
猪鍋の元祖としても知られる一軒宿。日帰り入浴も受け付けている。☎046-248-0011。11～17時(平日は～16時)、入浴のみ1000円、猪鍋・山菜川魚の定食込み5500～7700円
川魚料理ますや
不動尻分岐
広沢寺温泉
大沢川
15分
広沢寺温泉入口
⑤広沢寺温泉
七沢荘⑥
七沢城跡
七沢病院前
そば処 福寿庵
温泉 七沢荘
広沢寺の岩場(弁天岩)
30分
樹林に囲まれているが木立の間から厚木方面の街並みを望める
林道歩き
ゴール
七沢温泉
10分
七沢病院
大釜弁財天
七沢病院入口バス停⑦
七沢病院下
本厚木駅へ
日向山③
④七曲峠
つづら折りの急坂を下る
愛甲石田行きのバスが1～2時間に1本ほど運行
15分
厚木市
薬師林道
食べる 和風料理おかめへ
昭和50年(1975)ごろに植樹された約100本の梅が咲き誇る
40分
404
日向薬師の奥ノ院で、天明8年(1788)銘の石の祠がある
自然環境保全センター
日向梅林
登山道入口
WC
七沢へ抜ける薬師林道を横切る
日向薬師本堂②
宝物殿
阿弥陀如来像や四天王、十二神将像など国の重要文化財が多数納められている。10～17時、悪天候時休館(要確認)、入館300円
神奈川リハビリテーション病院
浄水場
仁王門
伊勢原市
10分
①日向薬師バス停
日向川
N
石段を上る
スタート
鐘撞堂の梵鐘は、暦応3年(1340)鋳造の光明天皇寄贈の重要文化財
0 250 500m
伊勢原駅へ

Memo 広沢寺温泉～七沢病院前のバス停で厚木バスセンター行きのバスに乗れるが、1日に2～4本と便は少ない。

Course Number 21

真鶴の森から潮騒の磯へ

常緑広葉樹の森を抜け、波打ち寄せる明るい岩場の海岸を歩く

［神奈川県真鶴町］

［**三ツ石海岸**］干潮時は三ツ石まで荒磯がつながる

相模湾へ約３km突き出た真鶴半島《まなづるはんとう》。先端に近い灯明山《とうみょうやま》を中心に暖地性の木々が茂る。森林浴と潮の香を楽しむ半島ウォーク。

①中川一政《なかがわかずまさ》美《び》術館《じゅつかん》バス停《てい》で降りれば、**②中川一政《なかがわかずまさ》美《び》術館《じゅつかん》**はすぐ近く。真鶴にアトリエを構えた洋画家・中川一政の油彩、書などが見られる。近くのお林《はやし》展望公園管理棟にアトリエが復元されている。

美術館の北東角付近から御林《おはやし》遊歩道へ。森の中をゆるく上ると森林浴遊歩道と交差する十字路で、案内板がある。直進すると**③小鳥《ことり》の池《いけ》**があり、観察小屋も作られている。真鶴町の鳥であるイソヒヨドリが見られるかもしれない。

アクセス
往路／東京駅から JR 東海道線普通で約 1 時間 40 分、真鶴駅下車。箱根登山バスケープ真鶴行きで約 20 分、中川一政美術館バス停下車。
復路／ JR 真鶴駅から往路を戻る。

問合せ先
真鶴町産業観光課 ☎ 0465-68-1131
真鶴町観光協会 ☎ 0465-68-2543

歩行時間 約 1時間 35分
約 5.9km
約 1 万 1800 歩
難易度 ★★

Start
① 中川一政美術館バス停
徒歩すぐ
② 中川一政美術館
徒歩5分
③ 小鳥の池
徒歩15分
④ 三ツ石海岸
徒歩5分
⑤ 番場浦海岸
徒歩20分
⑥ 岬入口バス停
徒歩10分
⑦ 琴ヶ浜
徒歩15分
⑧ 真鶴港
徒歩25分
⑨ 真鶴駅
Goal

［**森林浴遊歩道**］樹齢数百年の巨木と出会えるのも真鶴ウォーキングの魅力だ

［**潮騒遊歩道**］真鶴半島先端の海辺沿いの道。岩礁地帯だがよく整備されている

［**森林浴遊歩道**］灯明山はうっそうとした森の中

車道に出て左折。駐車場で右折して半島先端に向かうと、みやげと軽食処のケープ真鶴がある。2階は5万点の貝類を収蔵する遠藤貝類博物館だ。

階段で半島の先端へ下りる。明るいゴロタ石の浜の先が**④三ツ石《みついし》海岸《かいがん》**。岩場を磯伝いに右手へ歩けば岩礁の多い**⑤番場浦海岸《ばんばうらかいがん》**へ出る。カニなど海の小動物が多く、磯遊びに適したところ。

再び樹林帯に入って上り、森林浴遊歩道を行く。先ほどの御林遊歩道との十字路を過ぎ、灯明山を越え**⑥岬入口《みさきいりぐち》バス停《てい》**で車道に下りる。磯料理店のある**⑦琴ケ浜《ことがはま》**からは、真鶴半島北側の海岸沿いのバス道となり、町中を抜けて**⑨真鶴《まなづる》駅《えき》**へ着く。途中、**⑧真鶴港《まなづるこう》**付近には1100余年の歴史を持つ貴船《きぶね》神社や、源頼朝《みなもとのよりとも》ゆかりのしとどの窟《いわや》があり、磯料理の店が並ぶ。

御林

真鶴半島先端部の森林はうっそうとして、スダジイ、タブノキ、クスノキなど樹齢300年を超える大木も多い。このように原生林に近い状態が保たれているのは、江戸時代、小田原藩が建築資材確保のためクロマツを植林し、半島一帯を「お留《と》め山」として庶民の入山を制限したからだ。明治維新後は皇室の御用林として保護された。今では魚が集まる魚つき林となり好漁場を育んでいる。

買う
二藤商店

真鶴駅前通りに店を構え、鮮魚と自家製の魚加工品を売っている。加工品はフライ、煮付け、揚げ物など種類が多く、さつま揚げはアジ・イカ・タチウオのすり身で作り1枚100円。アジの押し寿司にとろろ昆布をのせたあじ寿司（写真）は1本700円。新鮮な魚を天日で干した、うまみたっぷりな干物もおすすめ。
☎ 0465-68-2151
7時30分～18時、水曜休

みちくさ情報

食べる
真鶴魚座

真鶴魚市場の2階にある真鶴町営の鮮魚料理店。真鶴港に水揚げされる地魚中心の刺身がおすすめ。刺身盛り合わせの沖網定食（写真）1800円はアジ、イカなど数種類の地魚が盛られる。豪快な厚切りで、うまみもたっぷり。ほかに魚介をどっさり盛り込んだ魚座丼1800円などの丼もの、煮付けなどメニュー多数。
☎ 0465-68-6511
10～15時、不定休

真鶴の森から潮騒の磯へ

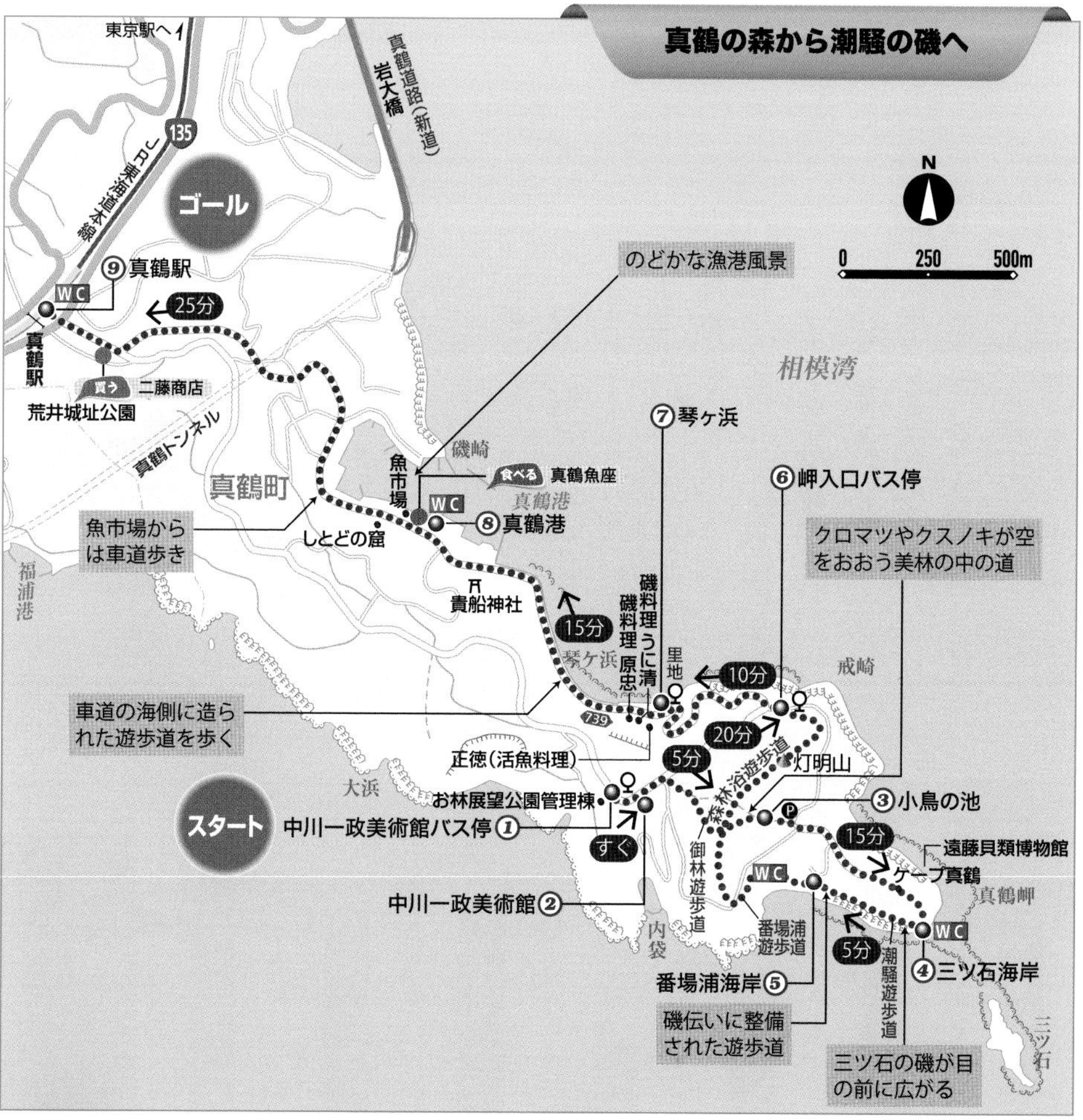
東京駅へ
135
JR東海道本線
真鶴道路（新道）
岩大橋
ゴール
N
0 250 500m
のどかな漁港風景
⑨真鶴駅
WC
25分
真鶴駅
買う 二藤商店
荒井城址公園
真鶴トンネル
相模湾
⑦琴ヶ浜
磯崎
魚市場
食べる 真鶴魚座
真鶴町
WC
真鶴港
⑧真鶴港
⑥岬入口バス停
魚市場からは車道歩き
しとどの窟
クロマツやクスノキが空をおおう美林の中の道
福浦港
貴船神社
15分
磯料理うに清
磯料理原忠
里地
琴ヶ浜
10分
戒崎
車道の海側に造られた遊歩道を歩く
739
20分
森林浴遊歩道
正徳（活魚料理）
5分
灯明山
大浜
お林展望公園管理棟
③小鳥の池
スタート
中川一政美術館バス停①
すぐ
15分
遠藤貝類博物館
WC
ケープ真鶴
真鶴岬
御林遊歩道
中川一政美術館②
内袋
番場浦遊歩道
WC
5分
潮騒遊歩道
④三ツ石海岸
番場浦海岸⑤
磯伝いに整備された遊歩道
三ツ石の磯が目の前に広がる
三ツ石

Memo 真鶴港からは真鶴半島遊覧船が出ている。半島先端の三ツ石付近で折り返し、所要約30分。10～16時まで7便あり、乗船1200円。☎ 0465-68-3255

Course Number 22

湯坂路から小涌谷へ

鎌倉時代の石仏群が残る古道をたどり、明るい尾根道から名瀑へ下る

〔神奈川県箱根町〕

［磨崖仏］二十五菩薩とよばれる鎌倉時代の磨崖仏。国道１号沿いの大岩に彫られている

平安時代の延暦《えんりゃく》21年(802)、富士山の噴火で通れなくなった足柄古《あしがらこ》道《どう》に代わって湯坂路《ゆさかみち》が開かれ、江戸時代に東海道（旧街道）が整備されるまで約800年にわたって利用された。当時の道は定かではないが、鎌倉時代、精進池《しょうじんいけ》付近に祀られた石仏群が歴史を伝え、湯坂路入口から浅間山《せんげんやま》にかけての尾根道は明るく開けて花も多く、豊かな歴史と自然を誇る箱根らしいハイキングを楽しめる。

①六道地蔵《ろくどうじぞう》バス停《てい》かたわらの石仏群と歴史館を見学したら池畔の遊歩道に入る。国道反対側の磨崖《まがい》仏《ぶつ》（六道地蔵）を地下道で往復し、宝篋印塔《ほうきょういんとう》、磨崖仏（二十五菩薩）

アクセス
往路／箱根湯本駅から小涌園経由箱根町、元箱根、箱根関所行きバスで27分、六道地蔵バス停下車。復路／小涌谷駅から箱根湯本、小田原行きバスを利用。

問合せ先
箱根町総合観光案内所 ☎ 0460-85-5700
箱根登山バス本社運輸部 ☎ 0465-35-1201
伊豆箱根バス小田原営業所 ☎ 0465-34-0333

歩行時間 約2時間10分
約6km
約1万3000歩
難易度 ★★

Start ①六道地蔵バス停 →徒歩25分→ ②箱根ドールハウス美術館 →徒歩15分→ ③湯坂路入口 →徒歩15分→ ④鷹巣山 →徒歩25分→ ⑤浅間山 →徒歩30分→ ⑥千条の滝 →徒歩20分→ ⑦小涌谷駅 Goal

［**五輪塔**］曽我兄弟・虎御前の墓とよばれる五輪塔。鎌倉後期の作とされる

［**精進池**］旧東海道箱根越えの難所の入口にあたり、池畔には石仏や石塔が立ち並んでいる

［**湯坂路入口〜鷹巣山**］バス停がある湯坂路入口から山道に入ると、防火帯の草原が続いて明るい

［**応長地蔵**］応長元年（1311）に建てられた磨崖仏。3 体の地蔵菩薩が刻まれている

［**磨崖仏**］精進池のそばにある高さ約 3m と巨大な磨崖仏。六道地蔵と称されている

と拝観して、地下道で国道の反対側へ。五輪塔（曽我兄弟・虎御前の墓）の先で国道の歩道に出ると、実物そっくりのミニチュア作品を展示する**②箱根《はこね》ドールハウス美術《びじゅつ》館《かん》**に着く。国道を進み、左へ大きくカーブするところが**③湯坂路《ゆさかみち》入《いり》口《ぐち》**で、ここから山道に入る。山道といっても幅広く、防火帯として樹林が切り開かれて明るく、なだらかで歩きやすい。

ベンチが置かれている**④鷹巣山《たかのすやま》**を過ぎると、やや急な坂になる。ひと下りして林道を横切り**⑤浅間《せんげん》山《やま》**へ。山頂は東西に長い草地でベンチが置かれ、休憩によい。浅間山山頂の西寄りから樹林に入り、T字路で宮ノ下方面への道と分かれて左へ下って蛇骨川《じゃこつがわ》に出ると、**⑥千《ち》条《すじ》の滝《たき》**に着く。ここからは車道を道なりに下って**⑦小涌谷駅《こわきだにえき》**へ向かう。

地蔵信仰

古来より箱根は日本の東西を結ぶ街道の難所だった。湯坂路の最高地点に近い石仏群付近では、とりわけ厳しい旅を強いられたことが、当時の歌人が「この地に地獄がある」と記したことからもうかがえる。湯坂路が開かれた鎌倉時代は浄土信仰が普及し、地獄に落ちた人々を救う地蔵菩薩信仰の広がりとあいまって、箱根が地蔵信仰の霊地とされ、石仏や石塔が造立されたと考えられている。

見る

石仏群と歴史館

箱根の地蔵信仰の歴史、各石仏や石塔の詳細をレプリカ、江戸時代の絵図などのパネル展示で解説している。トイレや駐車場も整備されていて、歩き出す前に寄っていきたい。

☎ 0460-85-7601（箱根町教育委員会生涯学習課文化財係）
10 ～ 16 時、無休、入館無料

見る

箱根小涌園 蓬莱園

三河屋旅館の創業者が大正時代に東京・大久保からツツジを移植して開いた2万坪の庭園。毎年4月下旬～5月中旬には約40種類・約3万株のツツジが開花。見事な景色が楽しめる。桜、紅葉の季節も美しい。

☎ 0460-82-4126
常時開放、観覧無料

温泉

箱根小涌園 森の湯

箱根連山の中腹に位置する日帰り入浴施設。箱根外輪山を眺める大庭園露天風呂をはじめ檜風呂（女湯のみ）、寝湯、内湯、サウナなどが揃う。タオル類有料レンタルあり。予約不要で楽しめる。

☎ 0460-82-4126
11 ～ 19 時（土・日曜、祝日、繁忙期は～ 20 時）、不定休、入浴 1500 円

みちくさ情報

［浅間山］東西に細長い山頂は防火帯の草原が開けて休憩によい。山頂の西側から小涌谷へ向かう

［浅間山～千条の滝］宮ノ下分岐を過ぎるとヒノキの植林地を下っていく

［千条の滝］水が幾筋にも分かれて落ちる姿から名づけられた

湯坂路の花

鷹巣山から浅間山付近の道沿いにはさまざまな花木やカエデが植えられ、季節の楽しみを添えてくれる。春は桜が例年4月半ばから下旬ごろ。同じころに野生のヤマザクラなども咲く。緑が濃くなる6月半ばから7月初めごろはアジサイが見頃に。11月上旬ごろにはカエデが色づく。さまざまな品種のツバキも植えられ、冬に咲きはじめるが、最も花が多いのは3月。また、防火帯の草原には季節の山野草も咲く。

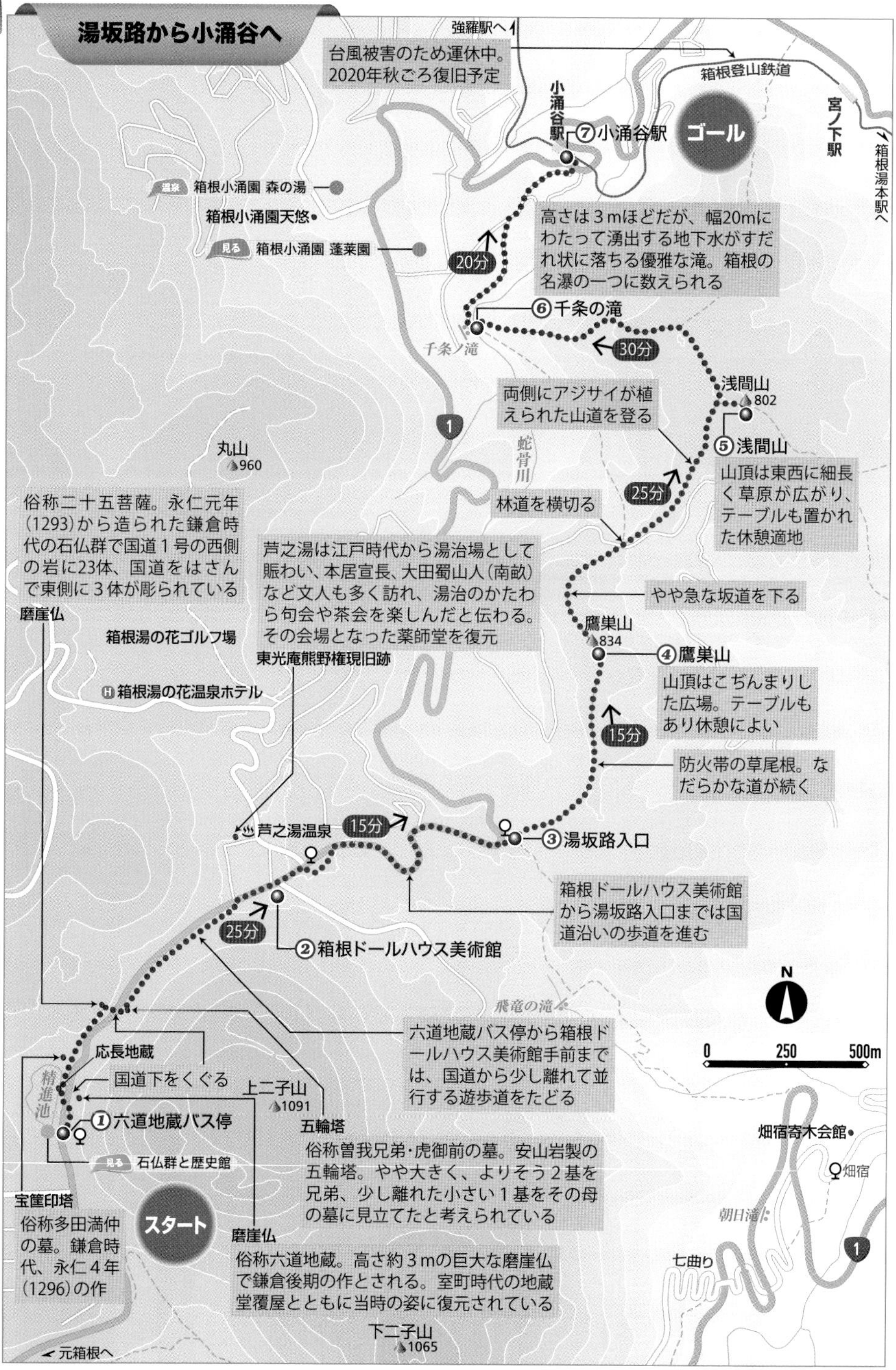
湯坂路から小涌谷へ
強羅駅へ
台風被害のため運休中。
2020年秋ごろ復旧予定
箱根登山鉄道
小涌谷駅
⑦小涌谷駅
ゴール
宮ノ下駅
箱根湯本駅へ
温泉 箱根小涌園 森の湯
箱根小涌園天悠
見る 箱根小涌園 蓬莱園
20分
高さは３mほどだが、幅20mにわたって湧出する地下水がすだれ状に落ちる優雅な滝。箱根の名瀑の一つに数えられる
⑥千条の滝
千条ノ滝
30分
浅間山
802
両側にアジサイが植えられた山道を登る
⑤浅間山
山頂は東西に細長く草原が広がり、テーブルも置かれた休憩適地
1
丸山
960
蛇骨川
25分
林道を横切る
俗称二十五菩薩。永仁元年(1293)から造られた鎌倉時代の石仏群で国道１号の西側の岩に23体、国道をはさんで東側に３体が彫られている
磨崖仏
芦之湯は江戸時代から湯治場として賑わい、本居宣長、大田蜀山人(南畝)など文人も多く訪れ、湯治のかたわら句会や茶会を楽しんだと伝わる。その会場となった薬師堂を復元
やや急な坂道を下る
鷹巣山
834
④鷹巣山
箱根湯の花ゴルフ場
東光庵熊野権現旧跡
山頂はこぢんまりした広場。テーブルもあり休憩によい
箱根湯の花温泉ホテル
15分
防火帯の草尾根。なだらかな道が続く
芦之湯温泉
15分
③湯坂路入口
箱根ドールハウス美術館から湯坂路入口までは国道沿いの歩道を進む
25分
②箱根ドールハウス美術館
N
飛竜の滝
六道地蔵バス停から箱根ドールハウス美術館手前までは、国道から少し離れて並行する遊歩道をたどる
0 250 500m
応長地蔵
精進池
国道下をくぐる
上二子山
1091
①六道地蔵バス停
五輪塔
畑宿寄木会館
畑宿
見る 石仏群と歴史館
俗称曽我兄弟・虎御前の墓。安山岩製の五輪塔。やや大きく、よりそう２基を兄弟、少し離れた小さい１基をその母の墓に見立てたと考えられている
宝篋印塔
俗称多田満仲の墓。鎌倉時代、永仁４年(1296)の作
スタート
磨崖仏
朝日滝
俗称六道地蔵。高さ約３mの巨大な磨崖仏で鎌倉後期の作とされる。室町時代の地蔵堂覆屋とともに当時の姿に復元されている
七曲り
下二子山
1065
元箱根へ

Memo
小田原駅、箱根湯本駅から六道地蔵へは箱根登山バス元箱根・箱根町方面行きが１時間に３～４本、伊豆箱根バス箱根関所跡行きが１時間に約２本運行。

Course Number 23

箱根旧街道を歩く

杉並木や石畳が残る道に江戸時代の旅人をしのび、芦ノ湖から畑宿へ

［神奈川県箱根町］

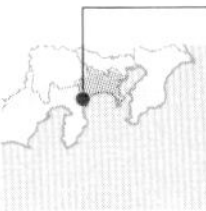

［旧街道杉並木］ 樹齢 350 年という約 420 本の杉の大木が立ち並ぶ道。芦ノ湖畔に 500m にわたって続いている。箱根旧街道は国指定史跡

「箱根の山は天下の嶮《けん》…」と唱歌に詠われた箱根越えは旧東海道指折りの難所だった。芦ノ湖畔の関所から小田原側を東坂、三島側を西坂とも呼び、復元された関所などみどころが多く、杉並木や石畳などの遺構がよく保存されている。東坂の箱根町から畑宿の区間を歩いてみよう。

①箱根《はこね》関所《せきしょ》跡《あと》バス停《てい》から芦ノ湖側に入ると、すぐ**②箱根《はこね》関所《せきしょ》・箱《はこ》根《ね》関所《せきしょ》資料館《しりょうかん》**に着く。２００７年に復元された関所は自由に通り抜けることができる。

関所を出たすぐ左手の丘には恩賜箱根公園が整備されている。丘の上には旧離宮をモチーフにした

アクセス 往路／小田原駅から箱根関所跡行きバス 55 分、終点下車。または箱根湯本駅から箱根町行きバス 50 分、箱根関所跡下車。復路／畑宿バス停から箱根湯本行きバスで終点まで 15 分。

問合せ先
箱根町総合観光案内所 ☎ 0460-85-5700
箱根登山バス小田原営業所 ☎ 0465-35-1271
伊豆箱根バス小田原営業所 ☎ 0465-34-0333

歩行時間 約 2時間 10分
約 5.5km
約 1 万 1000 歩
難易度 ★★

Start
①箱根関所跡バス停
徒歩2分
②箱根関所・箱根関所資料館
徒歩40分
③興福院
徒歩15分
④箱根馬子唄の碑
徒歩15分
⑤甘酒茶屋
徒歩40分
⑥七曲り坂
徒歩20分
⑦畑宿バス停
Goal

［元箱根］芦ノ湖と富士山の展望スポット

［恩賜箱根公園］旧明治天皇離宮敷地を公園として整備。写真は離宮の歴史などを展示する湖畔展望館

［石畳］江戸時代の遺構で当時のままに保存されたところも残る

［ケンペルとバーニーの碑］箱根の自然を愛したケンペルとバーニーを顕彰する碑が立つ

［興福院］写真の本堂左手から旧街道に入る

湖畔展望館があり、芦ノ湖や富士山の眺めが雄大だ。公園下の駐車場から国道1号を横断すると旧街道杉並木に入る。

　元箱根交差点手前から**③興福院《こうふくいん》**へ。本堂左手から奥へ進むと、杉並木が現れ、道なりに上っていくと石畳道となる。**④箱根《はこね》馬子《まご》唄《うた》の碑《ひ》**を見て車道を横切ると、ほどなく江戸時代から続く**⑤甘酒《あまざけ》茶屋《ぢゃや》**に着く。しばらくはなだらかな道だが、見晴《みはらし》茶屋《ぢゃや》下を過ぎると**⑥七曲《ななまが》り坂《ざか》**の急坂になる。旧街道の難所だったが、現在では車道のかたわらに階段があり、苦労もなく下れる。

　坂もゆるやかになり、林が開けると、江戸から二十三里目にあたる一里塚。すぐ先に**⑦畑宿《はたじゅく》バス停《てい》**がある。畑宿はかつての宿場町であり、特産の寄木《よせぎ》細工の店が並んでいる。制作工程を見られる工房もあるので見学していこう。

［畑宿一里塚］畑宿の入口に復元されている

［甘酒茶屋］江戸時代から変わらない名物の甘酒で休憩したい

［箱根馬子唄の碑］「箱根八里は馬でも越すが…」の一節が刻まれている

見る

箱根関所・箱根関所資料館

昭和58年（1983）に伊豆の韮山で発見された古文書をもとに大番所、足軽番所、江戸口・京口御門といった建物、調度品などに至る関所の全容を復元した。資料館では、箱根関所の役割などを解説するほか通行手形や武器などを展示。関所や旧街道に関する書籍を販売している。

☎ 0460-83-6635

9～17時（12～2月は～16時30分）、無休、建物内部・資料館観覧500円

みちくさ情報

［畑宿］旧宿場町の面影を残す畑宿の家並み。寄木細工の里として知られており、ぜひ見学の時間をとりたい

箱根湯本へ
伝統的な寄木細工の展示と販売をしている
ゴール
大沢坂
（国史跡）
畑宿寄木会館
WC
P
畑宿バス停 ⑦
桔梗屋
買う 金指ウッドクラフト
畑宿一里塚
西海子坂
甘酒の石畳
見晴茶屋
見晴茶屋
20分
七曲りの舗装から、石畳の道へと入る
箱根湯本の町並みが見える
橿木坂
上人と平碑
40分
⑥ 七曲り坂
旧街道の中でも指折りの急坂。現在の歩道は蛇行する車道のかたわらに設けられた階段を下る
石畳の説明板
歩道橋を渡る
箱根新道
西湘バイパスへ
アネスト岩田ターンパイク箱根
N
0 250 500m
湯河原、熱海へ

湿地の地形が生んだ石畳道

箱根旧街道

江戸時代に入って五街道が整備されると、箱根ではそれまでの湯坂路に代わって東海道が使われるようになり、芦ノ湖畔に箱根の関所が設けられた。東海道は主要路のため松や杉を両側に植え、路上にはハコネダケが敷かれたが、谷間でぬかるみがちだったためすぐ腐ってしまい、代わって今も残る石畳が敷かれた。

木肌が生きる伝統工芸品

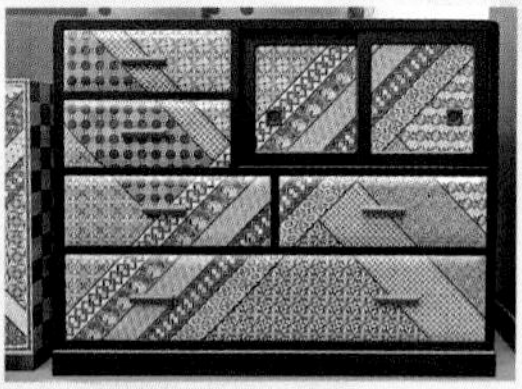

精緻な幾何学模様の寄木細工は畑宿を中心とした箱根の特産品。江戸時代末期に始まり、国の伝統工芸品にも指定されている。色が異なる木材で断面が菱形や三角形の角材を作り、それらを寄せ合わせて種板を作る。これを薄く削って箱など木製品に貼りつける。面の一部を動かしてパズルのように箱を開ける秘密箱も箱根ならではのもの。

みちくさ情報

買う

金指ウッドクラフト

主人の金指勝悦さんは寄木細工の種板のブロックをくりぬいてアクセサリーや器を作るムク作りのパイオニア。作品は木工のコンテストで数々の賞を受けている。店内ではキーホルダー 525円、リンゴの器 4725 円〜などの製品を展示販売しているほか、コースター制作体験 800 円に挑戦もできる。

☎ 0460-85-8477
9 時 30 分〜 16 時 30 分、不定休

食べる

甘酒茶屋

江戸時代の休憩所として４軒あったという茶屋の一軒が今も営業。茅葺きの建物は旧街道のランドマークとして親しまれている。当時の製法そのままに砂糖を使わず、麹のみで作る上品な甘みの甘酒 400 円に江戸の旅人をしのび、エネルギーを補給しよう。力餅 500 円、味噌おでん 450 円などのメニューもある。

☎ 0460-83-6418
7 時〜 17 時 30 分、無休

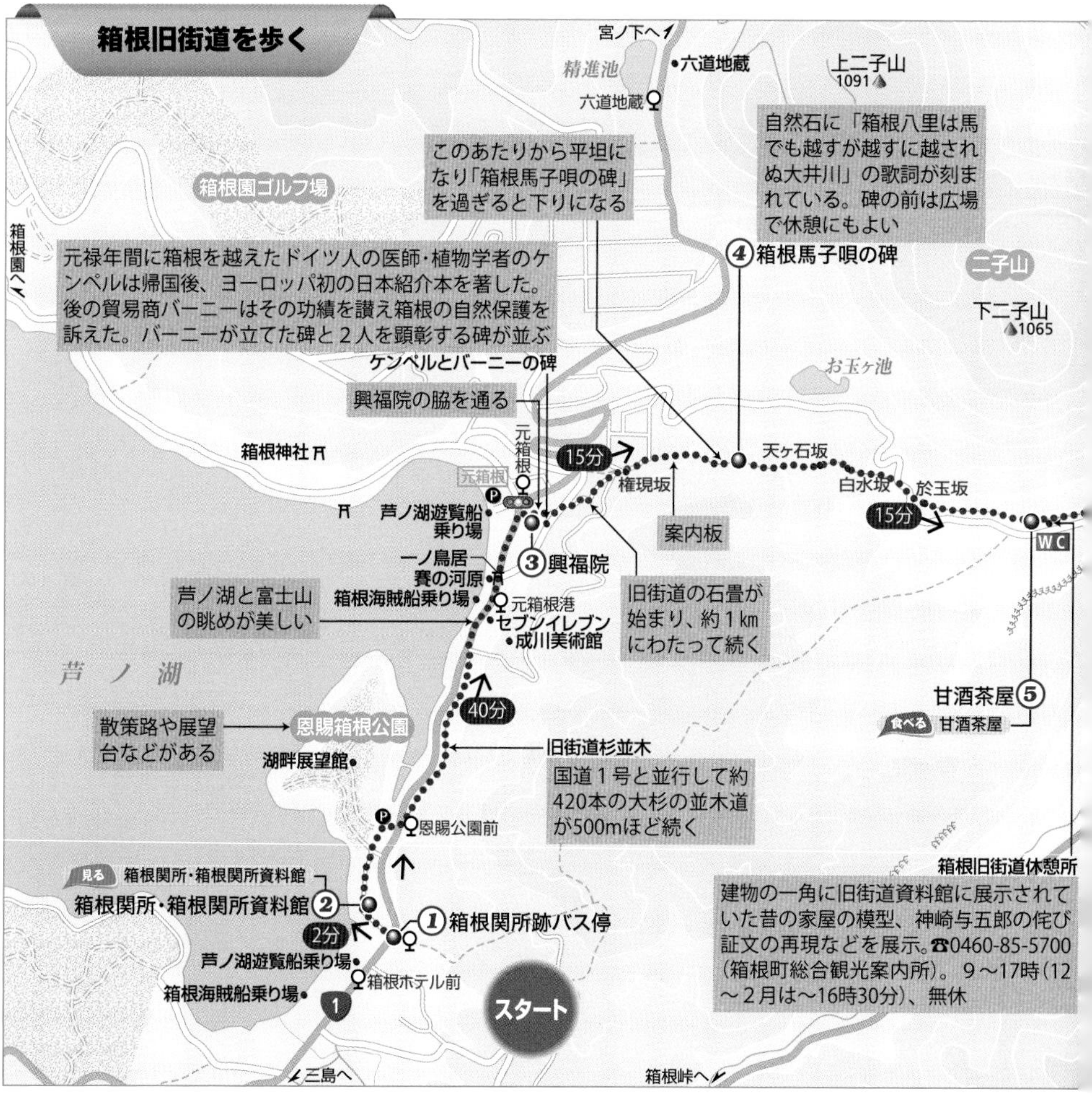
箱根旧街道を歩く
宮ノ下へ
精進池
•六道地蔵
六道地蔵
上二子山
1091
自然石に「箱根八里は馬でも越すが越すに越されぬ大井川」の歌詞が刻まれている。碑の前は広場で休憩にもよい
このあたりから平坦になり「箱根馬子唄の碑」を過ぎると下りになる
箱根園ゴルフ場
箱根園へ
④箱根馬子唄の碑
二子山
下二子山
1065
元禄年間に箱根を越えたドイツ人の医師・植物学者のケンペルは帰国後、ヨーロッパ初の日本紹介本を著した。後の貿易商バーニーはその功績を讃え箱根の自然保護を訴えた。バーニーが立てた碑と２人を顕彰する碑が並ぶ
ケンペルとバーニーの碑
お玉ヶ池
興福院の脇を通る
元箱根
箱根神社
15分
天ヶ石坂
権現坂
白水坂
於玉坂
元箱根
芦ノ湖遊覧船乗り場
15分
案内板
WC
③興福院
一ノ鳥居
賽の河原
芦ノ湖と富士山の眺めが美しい
箱根海賊船乗り場
元箱根港
セブンイレブン
•成川美術館
旧街道の石畳が始まり、約１㎞にわたって続く
芦ノ湖
40分
甘酒茶屋⑤
食べる 甘酒茶屋
散策路や展望台などがある
恩賜箱根公園
旧街道杉並木
湖畔展望館
国道１号と並行して約420本の大杉の並木道が500mほど続く
恩賜公園前
箱根旧街道休憩所
見る 箱根関所・箱根関所資料館
箱根関所・箱根関所資料館②
建物の一角に旧街道資料館に展示されていた昔の家屋の模型、神崎与五郎の侘び証文の再現などを展示。☎0460-85-5700（箱根町総合観光案内所）。９〜17時（12〜２月は〜16時30分）、無休
2分
①箱根関所跡バス停
芦ノ湖遊覧船乗り場
箱根ホテル前
箱根海賊船乗り場
1
スタート
三島へ
箱根峠へ

［箱根湿生花園］仙石原の湿原を利用した植物園。春のミズバショウは人気の花の一つ

Course Number 24

箱根仙石原自然探勝歩道

中央火口丘と外輪山にはさまれたカルデラ原を歩いて湿生花園へ

［神奈川県箱根町］

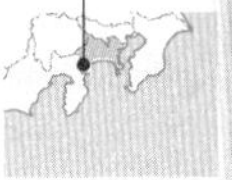

箱根のハイキングは山に登るコースがほとんどだが、仙石原《せんごくはら》～湖尻《こじり》自然探勝歩道は外輪山と中央火口丘にはさまれたカルデラの平原を歩くコース。全体になだらかだが、芦ノ湖と仙石の標高差は90mほどあり、仙石付近のほうが店や温泉が多いので、芦ノ湖から仙石へ下るプランで案内しよう。

①**桃源台《とうげんだい》バス停《てい》**から芦ノ湖沿いの遊歩道を西へ。芦ノ湖キャンプ村を通り抜け、早川の②**湖尻新橋《こじりしんばし》**を渡って、北へ分かれる自然探勝歩道に入る。車道だが、車の通行が制限されているので、静かでのんびり歩ける。しばらくはヒノキの植林などで展望のない一本道を

アクセス
往路／新宿駅から箱根小田急山のホテル・箱根園・桃源台行き高速バス約２時間20分、箱根桃源台下車。復路／仙郷楼前バス停から新宿行き高速バス、箱根湯本行きバス利用。

問合せ先
箱根町総合観光案内所 ☎ 0460-85-5700
小田急箱根高速バス ☎ 03-3427-3160
箱根登山バス湯本営業所 ☎ 0460-85-5583
伊豆箱根バス小田原駅前案内所 ☎ 0465-22-3166

歩行時間
約2時間30分
約9km
約1万8000歩

難易度
★★

Start ①桃源台バス停 → 徒歩10分 → ②湖尻新橋 → 徒歩25分 → ③耕牧舎跡 → 徒歩60分 → ④早川に架かる橋 → 徒歩25分 → ⑤箱根湿生花園 → 徒歩10分 → ⑥仙石案内所バス停 → 徒歩20分 → ⑦仙郷楼前バス停 Goal

[桃源台〜湖尻新橋] 緑陰が心地よい芦ノ湖畔の遊歩道をたどり、芦ノ湖キャンプ村を抜けて湖尻新橋を目指す

[桃源台] 箱根ロープウェイや海賊船も発着する芦ノ湖北岸の観光基地

[早川] 早川を対岸へ渡るあたりはアシが茂り、金時山を望める

[長尾峠] 耕牧舎跡から長尾峠トンネルまで登ると神山や仙石原のパノラマが広がる

[湖尻水門] 湖尻水門付近は林が開けて、芦ノ湖と湖を囲む外輪山を見渡せる

たどる。③**耕牧舎跡**《こうぼくしゃあと》は明治時代に牧場があったところで解説板と石碑が立ち、長尾峠へ登る登山道が分かれている。長尾トンネル前は神山や芦ノ湖の眺めがよいが、急な山道で往復1時間ほどかかる。

耕牧舎の少し先で左へ分かれる道に入る。坂道はひと上りでなだらかになり、神山や大涌谷の展望地を経て、下りとなる。先ほどの車道と合流して、指導標に従って仙石原方面への細い道に入り、早川に沿って歩く。④**早川**《はやかわ》**に架**《か》**かる橋**《はし》を渡り、車道に出れば⑤**箱根湿生花園**《はこねしつせいかえん》までは10分ほど。園内には湿地や高山の植物約1700種が集められ、花好きなら見逃せない。

箱根湿生花園から箱根施設めぐりバスに乗れるが、⑥**仙石案内所**《せんごくあんないしょ》**バス停**《てい》まで出るとバス便が多い。さらに⑦**仙郷楼前**《せんきょうろうまえ》**バス停**《てい》まで歩けば店や温泉も楽しめる。

[箱根湿生花園〜仙石案内所バス停] 仙石まで来ると早川の水量も増す

[箱根湿生花園] 園内から隣接する湿原と台ヶ岳を眺める

食べる

カフェ・レストランLYS《りす》

箱根ラリック美術館の敷地内にあるカジュアルフレンチ（入館料不要）。店名のLYSはラリックが作品のモチーフとして好んだユリのこと。日替わりのランチプレート2035円、スイーツメニューも揃う。

☎0460-84-2255（箱根ラリック美術館）
朝食9～10時LO、ランチ11～16時LO、ティータイム11時～16時30分LO、無休

買う

松月堂菓子舗

伝統の技と素材を大切にした和菓子を作り続ける、昭和初め創業の老舗。粒餡を薄皮で包んだ公時山（きんときやま）饅頭、皮に黒砂糖が入った湯立て饅頭などが人気だ。

☎0460-84-8526
8～18時、水曜休（祝日の場合は翌日）

食べる

レストラン ル・プチ・プランス

星の王子さまミュージアムのレストラン（入園料不要）。「ウワバミのオムライス」「砂漠の井戸のスパイシーカレー」など童話『星の王子さま』の世界をイメージした料理が楽しい。「Le Petit Prince ふわふわパンケーキ」（写真）750円も人気。

☎0460-86-3707
スイーツ11～17時LO、フード11時30分～17時LO、第2水曜休（3・8月は無休）

みちくさ情報

［箱根湿生花園の花］春一番に咲く花、フクジュソウ。花期は3月中旬～下旬

［箱根湿生花園の花］高原では盛夏に咲くニッコウキスゲは5月下旬～6月下旬ごろが見頃

［箱根湿生花園の花］ミズバショウが終わる4月上旬～中旬ごろ林間に咲くカタクリ

［箱根湿生花園の花］山に夏の終わりを告げるマツムシソウ。8月下旬～10月中旬

［箱根湿生花園の花］仙石原湿原を代表する6月の花、ノハナショウブ。花期は6月上旬～下旬

箱根湿生花園の花ごよみ

標高600mに位置する箱根湿生花園では、オープンする3月下旬ではまだ草木の芽が固いが、春一番の花、フクジュソウやセツブンソウが咲く。3月下旬から4月上旬は2万株のミズバショウが見頃を迎え、4月中旬ごろにはリュウキンカが、5月に入るとクロユリ、アズマシャクナゲ、マメザクラなどが迎えてくれる。6月は最も花が多い時期で、ニッコウキスゲ、コマクサ、サンショウバラなど100種類以上が咲く。6月下旬ごろには仙石原湿原の花ノハナショウブが見頃となり、7月にかけてヤナギランやヒメユリも咲く。8月はすでに秋めいてオミナエシ、カワラナデシコ、エゾリンドウなど、下旬から9月にかけてマツムシソウ、ホトトギス、ツリフネソウなどが咲く。9月下旬ごろから10月には花ごよみの最後を飾るヤマトリカブトやリンドウが咲き、紅葉が終われば湿生花園は冬の眠りにつく。

箱根仙石原自然探勝歩道

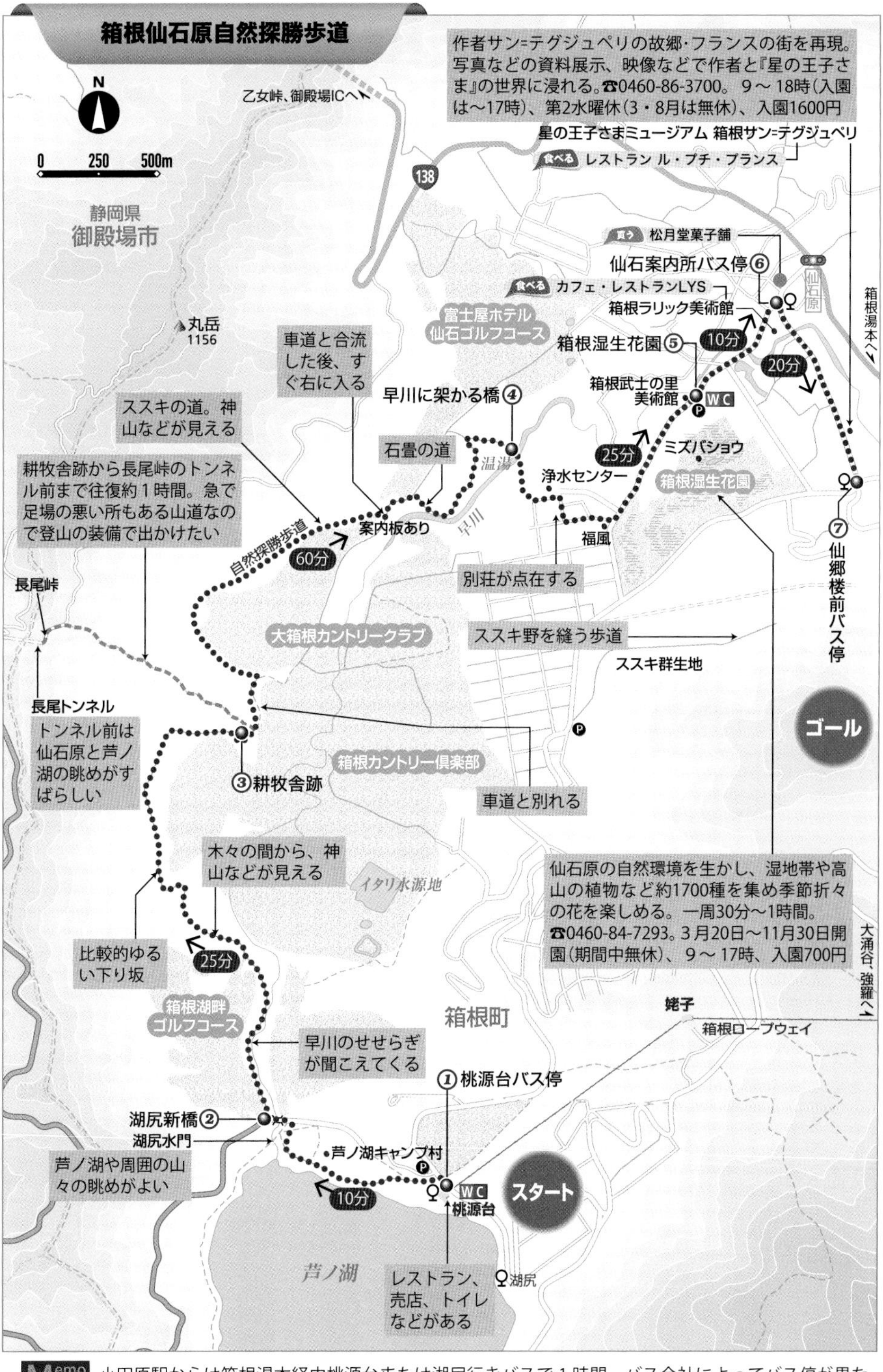
作者サン=テグジュペリの故郷・フランスの街を再現。写真などの資料展示、映像などで作者と『星の王子さま』の世界に浸れる。☎0460-86-3700。 9～18時（入園は～17時）、第2水曜休（3・8月は無休）、入園1600円
星の王子さまミュージアム 箱根サン=テグジュペリ
食べる レストラン ル・プチ・プランス
乙女峠、御殿場ICへ
N
0 250 500m
138
静岡県
御殿場市
買う 松月堂菓子舗
仙石案内所バス停⑥
仙石原
箱根湯本へ
食べる カフェ・レストランLYS
箱根ラリック美術館
富士屋ホテル仙石ゴルフコース
丸岳 1156
車道と合流した後、すぐ右に入る
箱根湿生花園⑤
10分
20分
早川に架かる橋④
箱根武士の里美術館
WC
スズキの道。神山などが見える
石畳の道
温湯
25分
ミズバショウ
浄水センター
箱根湿生花園
耕牧舎跡から長尾峠のトンネル前まで往復約1時間。急で足場の悪い所もある山道なので登山の装備で出かけたい
案内板あり
早川
福風
自然探勝歩道
60分
⑦仙郷楼前バス停
別荘が点在する
長尾峠
大箱根カントリークラブ
ススキ野を縫う歩道
ススキ群生地
長尾トンネル
トンネル前は仙石原と芦ノ湖の眺めがすばらしい
ゴール
③耕牧舎跡
箱根カントリー倶楽部
車道と別れる
木々の間から、神山などが見える
イタリ水源地
仙石原の自然環境を生かし、湿地帯や高山の植物など約1700種を集め季節折々の花を楽しめる。一周30分～1時間。☎0460-84-7293。3月20日～11月30日開園（期間中無休）、9～17時、入園700円
比較的ゆるい下り坂
25分
大涌谷、強羅へ
箱根湖畔ゴルフコース
箱根町
姥子
箱根ロープウェイ
早川のせせらぎが聞こえてくる
①桃源台バス停
湖尻新橋②
湖尻水門
芦ノ湖キャンプ村
芦ノ湖や周囲の山々の眺めがよい
WC
スタート
10分
桃源台
芦ノ湖
レストラン、売店、トイレなどがある
湖尻

Memo 小田原駅からは箱根湯本経由桃源台または湖尻行きバスで１時間。バス会社によってバス停が異なるから注意。芦ノ湖遊覧船や伊豆箱根バスで湖尻に着いたら桃源台へ 500m ほど歩く。

［源兵衛川］豊かな水量の川が町中を流れる。セキショウなどの水草の間を小魚が泳ぐ

Course Number 25

都市の清流水辺歩き。鳥や小魚、珍しいミシマバイカモも見られる

水の都・三島めぐり

［静岡県三島市・清水町］

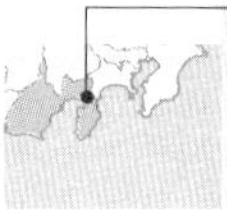

富士山の地下水が市内各所に川や池を作る三島はまさに湧水の里。清流沿いの遊歩道を歩き、さわやかさと水の恵みを感じたい。

①**三島駅**《みしまえき》を出ると目の前が三島市立の公園②**楽寿園**《らくじゅえん》の駅前入園口。園内には数寄屋造の楽寿館や湧水によってできた小浜池《こはまいけ》などの池泉がある。

その小浜池を源《みなもと》に流れ出すのが③**源兵衛川**《げんべえがわ》で、家々の間を縫って流れる川沿いに遊歩道がつけられている。飛び石や木道で川の上を歩き、カモ、ハクセキレイなどの鳥たちを見ることもある。水中にはアブラハヤなど小魚が泳いで緑の藻が生え、清流を木々が覆う場

アクセス
往路／東京駅からJR東海道新幹線こだまで約1時間、三島駅下車。復路／三島駅から往路を戻る。

問合せ先
三島市商工観光課 ☎ 055-983-2656
三島市観光協会 ☎ 055-971-5000
清水町産業観光課 ☎ 055-981-8238

歩行時間
約2時間20分
約8.7km
約1万7000歩

難易度
★★

Start
①三島駅 → 徒歩1分 → ②楽寿園 → 徒歩10分 → ③源兵衛川 → 徒歩15分 → ④水の苑緑地 → 徒歩10分 → ⑤中郷温水池 → 徒歩35分 → ⑥柿田川湧水群 → 徒歩40分 → ⑦三島梅花藻の里 → 徒歩15分 → ⑧三嶋大社 → 徒歩15分 → ⑨三島駅
Goal

[**源兵衛川**] 清流を保つためゴミを拾い集める地元の人の姿も

[**柿田川公園**] 第１展望台は柿田川の源流部を見下ろす

[**柿田川公園**] 第２展望台からは水底から水の湧く様子が見られる

所では秋の紅葉も美しい。三石神社の境内を抜けてベンチの置かれた④**水**《みず》**の苑緑地**《そのりょくち》でひと休み。カワセミが見られるかもしれない。

農業用水でもある源兵衛川は、国道1号の南で⑤**中郷温水池**《なかざとおんすいち》となって水温を上げる。温水池を一周し、国道1号を歩いて柿田川公園へ。ここは⑥**柿田川湧水群**《かきたがわゆうすいぐん》と名づけられ、一日100万tもの湧水があるところ。公園内の第1展望台では池のような柿田川源流で湧き出す水を、第2展望台では眼下の湧き間から、砂を噴き上げて水が湧く様子が見られる。

国道1号を戻り、三島玉川交差点で左折。県道51号を北上し、⑦**三島梅花藻**《みしまばいかも》**の里**《さと》でミシマバイカモを観察してから⑧**三嶋大社**《みしまたいしゃ》へ。権現造の社殿が見事な伊豆国一宮《いずのくにいちのみや》だ。参拝後、湧水地の白滝公園を経由して⑨**三島駅**《みしまえき》へ戻る。

[**時の鐘**] 三石神社の境内に復元。時報などに使われた

[**三嶋大社**] 境内の樹齢1200年といわれるキンモクセイ

[**三嶋大社**] 入母屋造の拝殿。参拝者が後を絶たない

買う

福太郎本舗 ふくたろうほんぽ

三嶋大社の境内にある茶店。名物は福太郎餅。三嶋大社の祭りの際に福の種をまく福太郎にちなんだ縁起餅だ。烏帽子をかたどったこし餡によもぎ餅をのせた形がユニーク。12 個入り 1 箱 1000 円。店内では福太郎餅 2 個とお茶付きセット 200 円が食べられる。

☎ 055-981-2900
8 ～ 17 時、無休

みちくさ情報

食べる

柿田川湧水の道

柿田川公園の隣にある観光施設。柿田川百年水豆腐を使った冷奴や麻婆豆腐など豆腐料理が自慢のレストラン「キッチンかわせみ」、古民家を利用した食事処「かわせみ本館」（予約制）のほか茶房、カフェ、売店などが軒を並べ、湧水が自由に飲める水くみ場もある。

☎ 055-973-7700
9 ～ 17 時、無休（季節・店舗により異なる）

[中郷温水池] 富士山を背景にカモが遊ぶのどかな眺め

[楽寿園] ケヤキや紅葉が風情を添える正門前

[水辺の文学碑] 白滝公園近くの柳並木に点在。写真は太宰治の碑

[水の苑緑地] 源兵衛川の中流域にあり、ひと休みにいい

ミシマバイカモ

梅の花に似た白く小さな花をつける藻なので「梅花藻《ばいかも》」。ミシマの名は昭和5年（1930）に楽寿園の小浜池で発見されたから。きれいな水の中でしか育たないため水質汚染のバロメーターになる。三島梅花藻の里では柿田川から移植して育てており一年中花が見られるが、自然のままの柿田川のミシマバイカモの花期は5～9月。

隆泉苑

三島梅花藻の里そばの御殿川の流域にある庭園。約2000坪の敷地に富士の湧水を取り入れた池泉回遊式庭園と和風の建物があり、庭園は自由に見学できる。湧き間の底から砂を噴き上げて水が湧く様子が面白い。もとは実業家・佐野隆一の所有していた屋敷と庭園で、庭園の名称は隆一の「隆」と湧き出る「泉」からつけられた。佐野美術館に隣接している。

水の都・三島めぐり

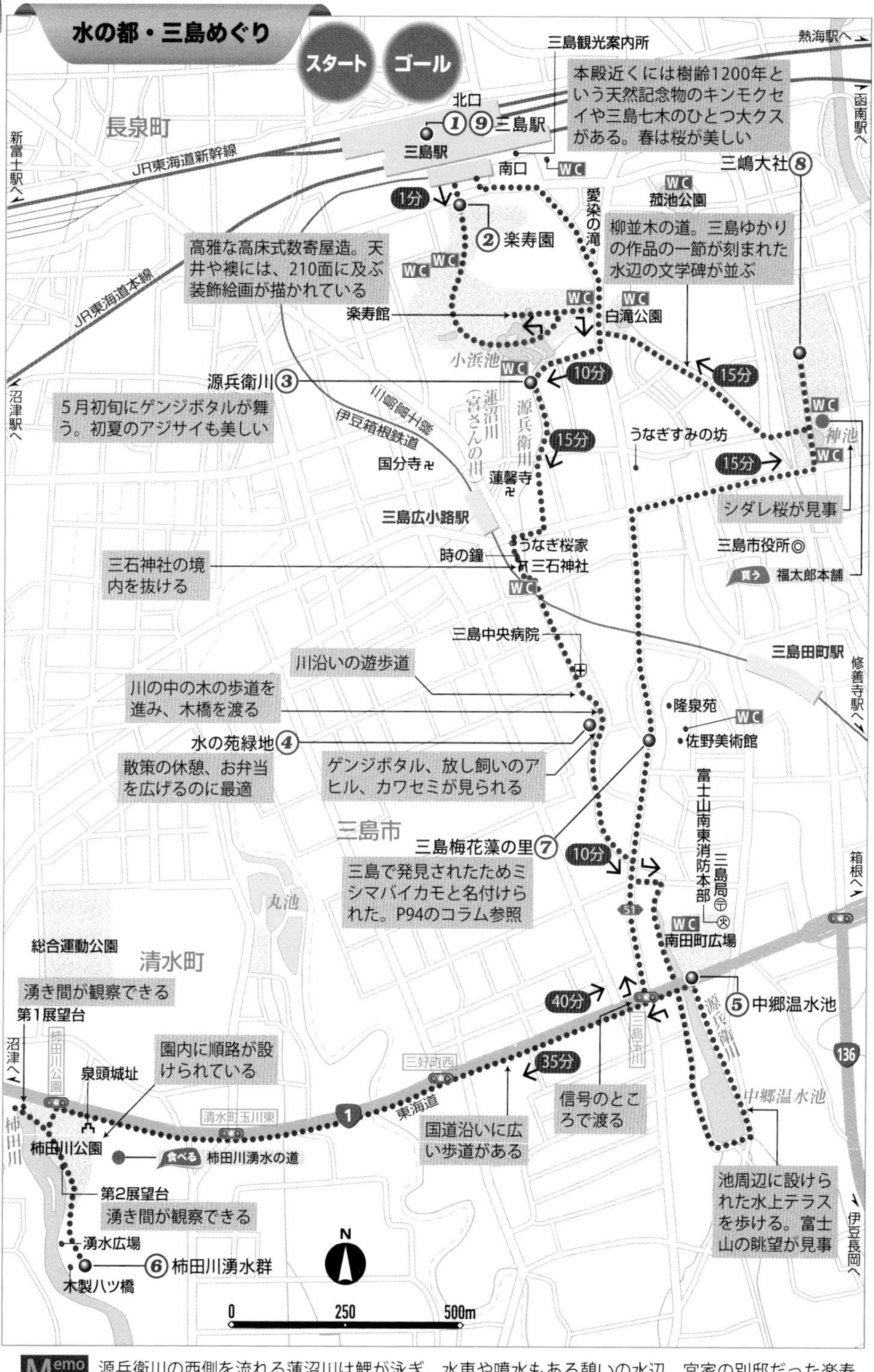
スタート
ゴール
三島観光案内所
本殿近くには樹齢1200年という天然記念物のキンモクセイや三島七木のひとつ大クスがある。春は桜が美しい
熱海駅へ
函南駅へ
北口
①⑨三島駅
三島駅
長泉町
新富士駅へ
JR東海道新幹線
南口
三嶋大社⑧
1分
②楽寿園
愛染の滝
菰池公園
高雅な高床式数寄屋造。天井や襖には、210面に及ぶ装飾絵画が描かれている
柳並木の道。三島ゆかりの作品の一節が刻まれた水辺の文学碑が並ぶ
JR東海道本線
楽寿館
白滝公園
小浜池
源兵衛川③
10分
15分
沼津駅へ
5月初旬にゲンジボタルが舞う。初夏のアジサイも美しい
蓮沼川（宮さんの川）
源兵衛川
伊豆箱根鉄道
15分
うなぎすみの坊
神池
15分
国分寺
蓮馨寺
三島広小路駅
シダレ桜が見事
うなぎ桜家
時の鐘
三石神社
三島市役所
三石神社の境内を抜ける
福太郎本舗
三島中央病院
三島田町駅
修善寺駅へ
川沿いの遊歩道
川の中の木の歩道を進み、木橋を渡る
隆泉苑
佐野美術館
水の苑緑地④
散策の休憩、お弁当を広げるのに最適
ゲンジボタル、放し飼いのアヒル、カワセミが見られる
富士山南東消防本部
三島市
三島梅花藻の里⑦
10分
三島で発見されたためミシマバイカモと名付けられた。P94のコラム参照
箱根へ
丸池
三島局
南田町広場
総合運動公園
清水町
湧き間が観察できる
第1展望台
40分
⑤中郷温水池
沼津へ
柿田川公園
三島玉川
源兵衛川
園内に順路が設けられている
泉頭城址
三好町西
35分
中郷温水池
信号のところで渡る
清水町玉川東
東海道
国道沿いに広い歩道がある
柿田川
柿田川公園
柿田川湧水の道
第2展望台
湧き間が観察できる
池周辺に設けられた水上テラスを歩ける。富士山の眺望が見事
伊豆長岡へ
湧水広場
⑥柿田川湧水群
木製ハツ橋
N
0
250
500m

Memo 源兵衛川の西側を流れる蓮沼川は鯉が泳ぎ、水車や噴水もある憩いの水辺。宮家の別邸だった楽寿園を水源とすることから「宮さんの川」ともよばれている。

[**門脇つり橋**] 門脇埼の断崖を結び、はるか足下に荒波が漂う

Course Number 26

スリリングなつり橋を渡り、断崖の続く海岸と原生林の中をハイキング

城ヶ崎シーサイドウォーク

［静岡県伊東市］

噴火した大室山《おおむろやま》の溶岩が相模灘へ流れ落ちてできた城《じょう》ヶ《が》崎海岸《さきかいがん》。岩肌もあらわな城ヶ崎ピクニカルコースと、海岸性植物の茂る城ヶ崎自然研究路を歩く。白波と海原、大島の島影が印象的な海辺コースだ。

①城《じょう》ヶ《が》崎海岸駅《さきかいがんえき》からバス道の県道109号を北東へ歩き、**②城《じょう》ヶ《が》崎《さき》ピクニカルコース入口《いりぐち》**へ。すぐ海岸となり、左手に茅葺き屋根の海鮮料理店ぼら納屋がある。幕末の海防施設である**③江《え》川《がわ》太《た》郎《ろう》左《ざ》衛《え》門砲台跡《もんほうだいあと》**などを過ぎればコースハイライトの**④門脇《かどわき》つり橋《ばし》**。海面から高さ約23mの空中を揺れながら歩く。対岸の門脇埼灯台には展望室があり、天城山《あまぎさん》など伊豆の山々

アクセス
往路／東京駅からJR東海道本線・伊東線特急で約1時間50分、伊東駅下車。伊豆急行線に乗り換え約20分、城ヶ崎海岸駅下車。復路／伊豆高原駅から伊豆急行線約20分で伊東駅。以降は往路を戻る。

問合せ先
伊東市観光課 ☎ 0557-36-0111
伊東観光協会 ☎ 0557-37-6105

歩行時間
約2時間5分
約7.7km
約1万6000歩

難易度
★★

Start
①城ヶ崎海岸駅
徒歩25分
②城ヶ崎ピクニカルコース入口
徒歩5分
③江川太郎左衛門砲台跡
徒歩10分
④門脇つり橋
徒歩20分
⑤ニューヨークランプミュージアム&フラワーガーデン
徒歩5分
⑥蓮着寺
徒歩25分
⑦いがいが根
徒歩10分
⑧とよ
徒歩25分
⑨伊豆高原駅
Goal

[**門脇埼の南付近**] 整備された城ヶ崎ピクニカルコースを歩く

[**門脇埼灯台展望室**] 大島など伊豆諸島や天城の山々の眺めがいい

[**門脇埼灯台**] 展望室は9～17時（夏期）、入場無料

[**俎岩**] 日蓮上人が置き去りにされたと伝わる岩

[**蓮着寺**] 伊豆に流された日蓮上人にちなんで創建。ヤマモモ、ヤブツバキなど境内には樹齢を重ねた大樹が多い

[**ニューヨークランプミュージアム＆フラワーガーデン**] 9～17時（11～2月は～16時）、無休、入園1200円

も見える。

「びしゃご」「しんのり」といった独特の地名を過ぎ、江戸城石切り場跡の岩場を過ぎると⑤**ニューヨークランプミュージアム＆フラワーガーデン**に着く。海を見下ろすガーデンにマーガレット、アジサイなど季節ごとの花が咲く。

⑥**蓮着寺**《れんちゃくじ》から城ヶ崎自然研究路を歩く。蓮着寺には日蓮上人袈裟《にちれんしょうにんけさ》掛《か》けの松があり、奥の院を過ぎると断崖上の灯明台へ出る。眼下の波に洗われる岩が日蓮が置き去りにされたと伝わる俎岩《まないたいわ》だ。

左手に大島、利島などを見て、小さな登降を繰り返しながら樹林の中を行く。ヒメユズリハ、タブノキなどの高木の間を縫い、ときおり樹間から遠笠山《とおがさやま》や八筈山《やはずやま》が見える。⑧**とよ**で海岸を離れて樹林の中をゆるく上る。車道に出たら⑨**伊豆高原駅**《いずこうげんえき》まで15分ほどだ。

いがいが根

城ヶ崎では「もすがね」「かどかけ」など、岬に風変わりな名前がたくさんついている。これは複雑で見分けにくい起伏に富んだ海岸線の地形をわかりやすく覚えるために、ボラ漁の漁師たちがつけた呼び名。城ヶ崎自然研究路の「いがいが根」（写真）はごつごつとした形状から「いがいが」と名づけられたようで、「根」は付け根の意で魚が集まりやすい。

食べる

ティファニーミュージアム別館＆カフェ

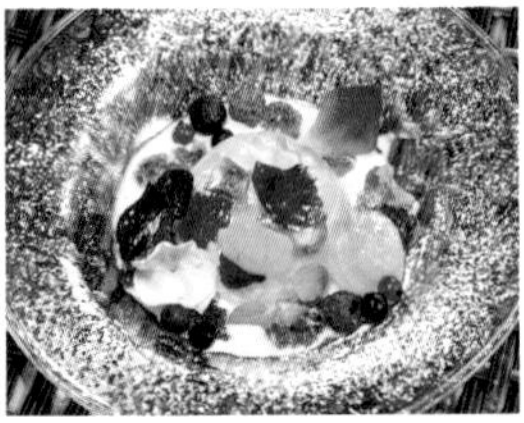

ニューヨークランプミュージアム＆フラワーガーデンの敷地内にある。アップルパイやチーズケーキなど本物の花びらをちりばめた自家製デザートが美しい。写真はエディブルフラワームースゼリー900円（ドリンクセット1300円）。

☎0557-51-1128（代）

飲み物9時30分～16時30分LO、デザート10時30分～16時30分LO、ランチ11時30分～15時30分LO（季節により変動あり）、無休

みちくさ情報

食べる

ぼら納屋

ぼら納屋

ぼら漁に使った小屋を復元した料理店。茅葺き屋根の建物は、漁師小屋らしく店内は簡素で造りはしっかりしている。伊豆の近海でとれたキンメダイの料理が自慢で、金目鯛の煮付け定食と金目鯛の刺身定食がどちらも1800円。煮付けと刺身の両方食べられる金目鯛定食2800円。

☎0557-51-1247

10時30分ごろ～15時ごろ（変更あり）、木曜休（8月は無休）

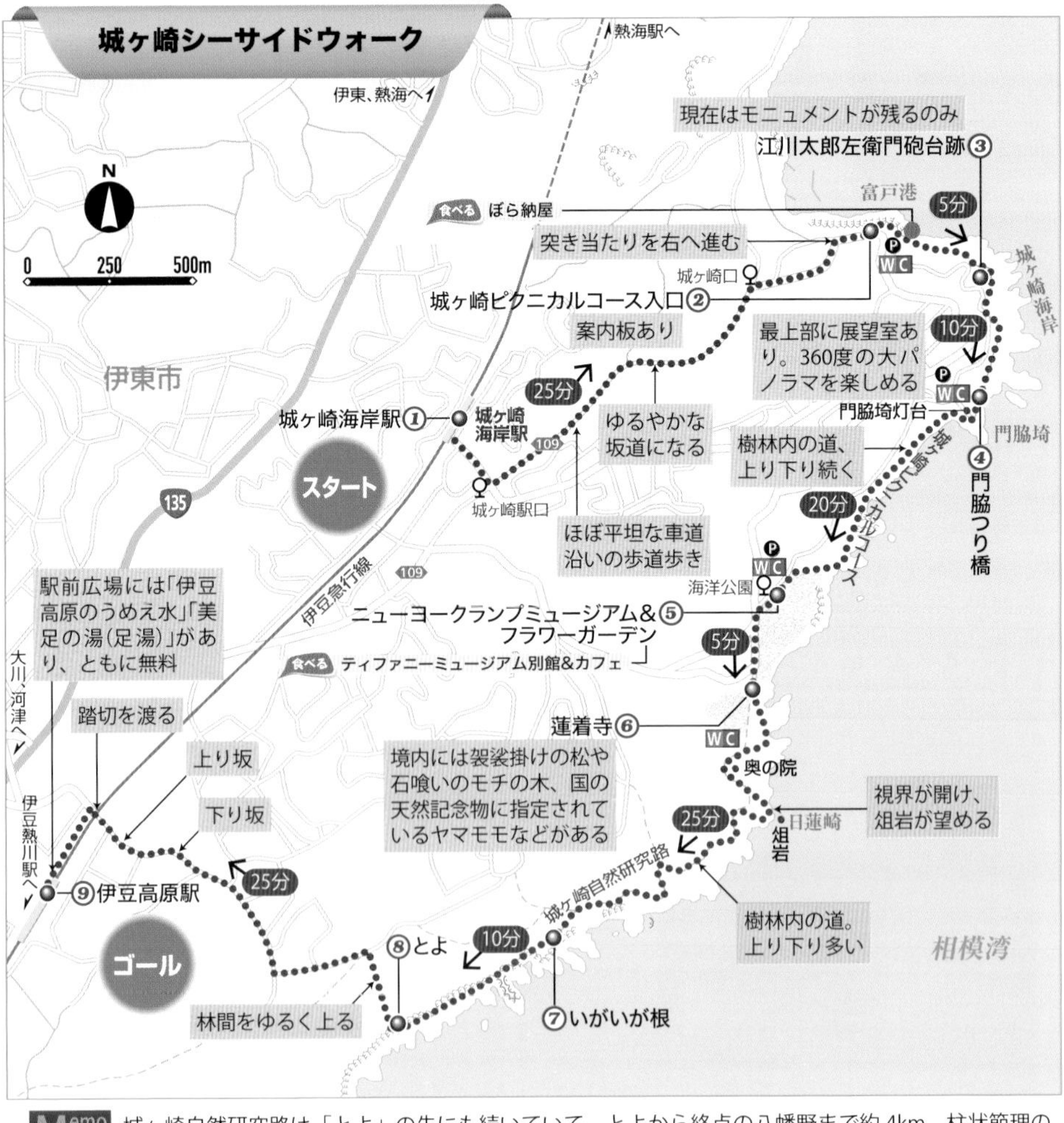

城ヶ崎シーサイドウォーク
熱海駅へ
伊東、熱海へ
N
0 250 500m
現在はモニュメントが残るのみ
江川太郎左衛門砲台跡③
富戸港
食べる ぼら納屋
5分
突き当たりを右へ進む
城ヶ崎口
城ヶ崎ピクニカルコース入口②
城ヶ崎海岸
案内板あり
最上部に展望室あり。360度の大パノラマを楽しめる
10分
伊東市
25分
門脇埼灯台
門脇埼
城ヶ崎海岸駅①
城ヶ崎海岸駅
ゆるやかな坂道になる
樹林内の道、上り下り続く
④門脇つり橋
109
スタート
城ヶ崎駅口
城ヶ崎ピクニカルコース
135
20分
ほぼ平坦な車道沿いの歩道歩き
伊豆急行線
109
駅前広場には「伊豆高原のうめえ水」「美足の湯（足湯）」があり、ともに無料
海洋公園
ニューヨークランプミュージアム＆フラワーガーデン⑤
5分
食べる ティファニーミュージアム別館＆カフェ
大川、河津へ
踏切を渡る
蓮着寺⑥
WC
上り坂
境内には袈裟掛けの松や石喰いのモチの木、国の天然記念物に指定されているヤマモモなどがある
奥の院
下り坂
視界が開け、俎岩が望める
日蓮崎
25分
俎岩
伊豆熱川駅へ
25分
城ヶ崎自然研究路
⑨伊豆高原駅
樹林内の道。上り下り多い
ゴール
⑧とよ
10分
相模湾
林間をゆるく上る
⑦いがいが根

Memo 城ヶ崎自然研究路は「とよ」の先にも続いていて、とよから終点の八幡野まで約4km。柱状節理の橋立や、海上を渡るつり橋などがある。

Course Number 27

里見公園から堀之内貝塚へ

縄文時代から戦国時代まで。市川市北部の歴史を探索

［千葉県市川市］

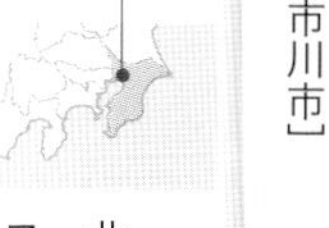

［**江戸川土手**］大きな眺望が楽しめる川沿いを歩く。前方に見える小山が里見公園

　長い歴史を持つ市川市《いちかわし》北部の台地を歩くコース。①**国府台駅**《こうのだいえき》前の通りを北上し松戸《まつど》街道との合流地点で信号を左に。②**水神宮**《すいじんぐう》を右に見ながら階段で江戸川の土手に上り、見晴らしのいい景色を楽しもう。15分ほど遊歩道を歩いた先の、緑に囲まれた高台が③**里見公園**《さとみこうえん》だ。太田道灌《おおたどうかん》の弟・資忠《すけただ》が現在の佐倉《さくら》市にあった臼井城《うすいじょう》を攻めるため文明《ぶんめい》11年（１４７９）に築いた国府台城の跡地で、土塁などが残る。

　階段を上って公園に入ると、目の前に北原白秋《きたはらはくしゅう》の旧邸を復元した紫烟草舎《しえんそうしゃ》が、さらに奥に進むと、古墳時代後期に造られた明戸古墳《あけどこふん》の石棺があり、この地の歴史の厚

アクセス　往路／京成上野駅から京成本線で約35分、国府台駅下車。復路／北国分駅から北総線で約10分、京成高砂駅で下車。京成本線に乗り換え約25分、京成上野駅下車。

問合せ先　市川市経済部観光プロモーション課
☎ 047-711-1142

歩行時間　約1時間35分
約6.3km
約1万3000歩
難易度　★

Start ①国府台駅 → 徒歩5分 → ②水神宮 → 徒歩15分 → ③里見公園 → 徒歩25分 → ④じゅん菜池緑地 → 徒歩20分 → ⑤小塚山公園 → 徒歩10分 → ⑥堀之内貝塚 → 徒歩20分 → ⑦北国分駅 Goal

［じゅん菜池緑地］かつて「国分沼」とよばれた池の周りに遊歩道が続く

［里見公園芝生広場］中央には花壇が設けられ、四季を通じて彩りを添える

［堀之内貝塚］土に混じった縄文時代の貝殻。もちろん持ち出しは厳禁だ

［明戸古墳］古墳時代後期の豪族の墓と推定されている石棺。天保7年（1836）刊行の『江戸名所図会』でも紹介されている

［紫烟草舎］北原白秋が大正5年（1916）の夏から1年間使った離れを小岩から移築した

みを感じさせる。

芝生広場に面した入口から公園を出て東へ進む。国府台と国分の台地に挟まれた窪地にある④じゅん菜池緑地《さいいけりょくち》は、梅や紅葉の名所として人気。ベンチのある東屋が各所に設置されているから、休憩をはさみながらコースを進もう。

北側から緑地を出て⑤小塚山公園《こづかやまこうえん》へ。さらに東京外環自動車道に架かるタカの森歩道橋を渡ると、国指定史跡の⑥堀之内貝塚《ほりのうちかいづか》のある高台が目の前にある。約4000年前の縄文時代後期前半から約2500年前の晩期にかけて形成された遺跡で、出土した土器は「堀之内土器」と名付けられている。興味があれば隣接して立つ市川歴史博物館と考古博物館を見学しよう。貝塚から道なりに進み、ゆるやかな坂を上りきったところで右折すれば⑦北国分駅《きたこくぶえき》に到着する。

国府台合戦と夜泣き石

地政学的な要衝だった国府台は戦国時代、たびたび争いの舞台となった。とくに永禄《えいろく》7年（1564）1月の合戦では、2万の兵を率いる小田原北条《おだわらほうじょう》軍と1万2000の里見《さとみ》軍が激突。このとき討ち死にした里見弘次《ひろつぐ》の娘は、父の霊を弔おうと国府台に来たが凄惨な光景に心を痛め、近くの石にもたれ三日三晩泣き続け息絶えた。その後、夜になると石から泣き声が聞こえたという。これが、明戸古墳石棺の蓋を台座に公園内に置かれている「夜泣き石」だが、史実では弘次は当時15歳。あくまでも伝説だろう。写真は夜泣き石（左奥）と里見軍の死者の霊を弔う里見群亡の碑（手前右）。

食べる
カフェテラス回向院

回向院市川別院では、モダンな客殿の2階大広間で一般参拝者向けにカフェを開いている。室内は全面ガラス張り。庭園を眺めながら静かなひとときを過ごせる。ハンドドリップで丁寧にいれる特選ホットコーヒー500円はおかわり自由。写経体験500円のほか、カルチャー教室も開催。

☎ 047-372-2427

10～17時、木曜休（行事・法事の際は臨時休業。事前にHPで確認を）

みちくさ情報

見る
市川考古博物館

先史時代から古代までの市川の文化財を収集・展示する博物館。吹き抜けの入口ホールではコククジラの骨格展示が迎えてくれる。60に及ぶ市川の遺跡や貝塚から発掘された土器・石器などを展示し、模型なども用いて当時の人々の暮らしを解説する。中世以降の文化財は市川歴史博物館で展示。

☎ 047-373-2202

9時～16時30分、月曜休（祝日の場合は翌日）、入館無料

里見公園から堀之内貝塚へ

Memo
体力に自信がない場合は、じゅん菜池緑地を抜けたあと、そのまま10分ほど北上して矢切駅をゴールとしてもいい。

Course Number 28

雑木林の中の遊歩道で古墳を巡り、江戸時代の暮らしの技を体験

房総のむら歴史散歩

［千葉県栄町・成田市］

［房総のむら］ ふるさとの技体験エリア。千葉県立房総のむらは9時～16時30分、月曜休（祝・休日の場合は翌日）、入場300円

JR成田線①**下総松崎《しもうさまんざき》駅《えき》**は昔懐かしい木造平屋の駅。プラットホームの向こうにはのどかな田園風景が広がる。改札をくぐり、左へ進む。線路と並んで歩き、T字路に出たら道標に従い右へ。ゆるやかな坂道を上り、分岐を左に入ると②**坂《さか》田ヶ池公園《たがいけこうえん》**は近い。

約5haの池を囲むように、釣りエリア、水生・湿生植物園、野鳥観察所、芝生広場などを整備。池の浮橋の両側はハスの群生地で、毎年7月中旬から8月中旬に美しいピンクや白色の花を咲かせる。

ここから少し先に③**房総《ぼうそう》のむら入口《いりぐち》**がある。広大な敷地は風土記の丘エリアとふるさとの技体験エ

問合せ先
栄町産業課 ☎ 0476-33-7713
坂田ヶ池総合公園管理事務所 ☎ 0476-29-1161
千葉県立房総のむら ☎ 0476-95-3333

アクセス
往路／上野駅からJR常磐線快速・成田線で約1時間20分、下総松崎駅下車。復路／安食駅からJR常磐線快速・成田線に乗車。以降は往路と同じ。

歩行時間 約2時間30分
約9km
約1万8000歩
難易度 ★★

Start
①下総松崎駅
徒歩27分
②坂田ヶ池公園
徒歩5分
③房総のむら入口
徒歩5分
④旧学習院初等科正堂
徒歩10分
⑤風土記の丘資料館
徒歩8分
⑥房総のむら総合案内所
徒歩10分
⑦上総の農家
徒歩12分
⑧安房の農家
徒歩50分
⑨白山大橋
徒歩20分
⑩安食駅
Goal

［安房の農家］主屋、馬小屋、灰小屋の３棟で構成されている

［101 号古墳］発掘調査をもとに当時の様子を復元している

［商家］土蔵造りが多いのは火災による類焼を防ぐため

［上総の農家］名主クラスの農家を再現。重厚な長屋門もある

［岩屋古墳］古墳時代終末期の方墳としては最大の規模

リアからなる。風土記の丘には史跡岩屋古墳をはじめとする総数94基の古墳群があり、**⑤風土記《ふどき》の丘《おか》資料館《しりょうかん》**で出土品も見学できる。

明治時代築の**④旧学習院初等科《きゅうがくしゅういんしょとうか》正堂《せいどう》**を過ぎ、**⑥房総《ぼうそう》のむら総合案《そうごうあん》内所《ないじょ》**からふるさとの技体験エリアへ。江戸後期の旅館を模した総合案内所、土蔵造りの菓子の店やお茶の店、木造平屋の鍛冶屋など17軒の商家が通りの両側に並び、時代劇のセットの中にいるようだ。

体験エリアの近くには武家屋敷が、北側には水田や畑とともに**⑦上総《かずさ》の農家《のうか》**、**⑧安房《あわ》の農家《のうか》**が復元されている。これらの商家や農家では江戸時代の暮らしぶりや文化・産業を体験できる多彩なプログラムが用意されている。**⑩安食《あじき》駅《えき》**へは成田安食バイパスを70分歩く。途中**⑨白山大橋《しらやまおおはし》**でＪＲ成田線を渡る。バスも利用できる。

年間約400種類の体験・実演プログラム

房総のむらの魅力といえば、商家や武家屋敷、農家で実施する体験・実演プログラムだ。当日の演目は総合案内所前の掲示板に張り出される。代表的なところでは、商家では小刀や草取り鎌（鍛冶屋）、千代紙ろうそく（酒・燃料の店）、紙漉き（紙の店）、七味唐辛子（薬の店）、べっこう飴（菓子の店）などが製作できる。農家ではわらじ作りや機織りなど、武家屋敷では甲冑や打掛が試着できる。プログラムは予約制が多く、月替わりもあるので訪問前に確認するとよい。

食べる

そば屋いんば

房総のむら内。商家の町並みにある「そば屋いんば」では、ランチタイムに限り、店内で食事ができる。4～10月はざるそば500円、とろろそば700円など。冬期は江戸時代の味を再現したかみなりうどん（写真）600円が登場。豆腐、キクラゲ、干し椎茸が入ったヘルシーな一品だ。

☎ 0476-95-3333（千葉県立房総のむら）
11時30分～13時45分（品切れ次第閉店）、月・火曜休（祝・休日の場合は営業）

食べる

おまつり広場前の茶店

房総のむら内。成田安食バイパスに架かる「むらのかけ橋」を渡ると農村歌舞伎舞台を中心としたおまつり広場に出る。その一角に立つ木造平屋建ての茶店では、きんつば、栗蒸しようかん、栗どら焼きなど季節替わりの甘味とお茶のセット300円が味わえる。冬期は甘酒（写真）200円、夏期はかき氷300円～も。

☎ 0476-95-3333（千葉県立房総のむら）
9時30分～15時45分、月曜休（祝・休日の場合は営業）

温泉

大和の湯

小学生未満は入場できない、大人のための温泉リゾート施設。毎分120ℓ以上をくみ上げる茶褐色の湯泉は、神経痛、筋肉痛などに効能がある。男女別の大浴場と露天風呂のほか、展望サウナ、個室付き露天風呂、タイルのベッドで体を伸ばすラディアントバス（輻射熱温浴）などがある。湯上がりは、和風創作ダイニングや寿司バーでゆっくりくつろげる。全館禁煙。

☎ 0476-28-8111
10～22時、無休、入浴850円（土・日曜、祝日は1000円）

［旧学習院初等科正堂］ 明治32年（1899）築の国の重要文化財

［管理棟］ 明治13年（1880）に建てられた千葉県議会議事堂を再現

［農村歌舞伎舞台］ 催事日以外は自由に太鼓を叩いて遊べる

農村入口に吊るされた藁細工の正体は？

房総のむらの農村エリアを歩くと、入口に藁《わら》細工が飾られている。木更津市金田中島に伝わる「綱つり」で、商売繁盛と、災いが村に入らないようにという願いが込められている。吊るされる藁細工は、かしま人形（男女一対）、タコ、エビ、束子、木札、サイコロなど。

房総のむら歴史散歩

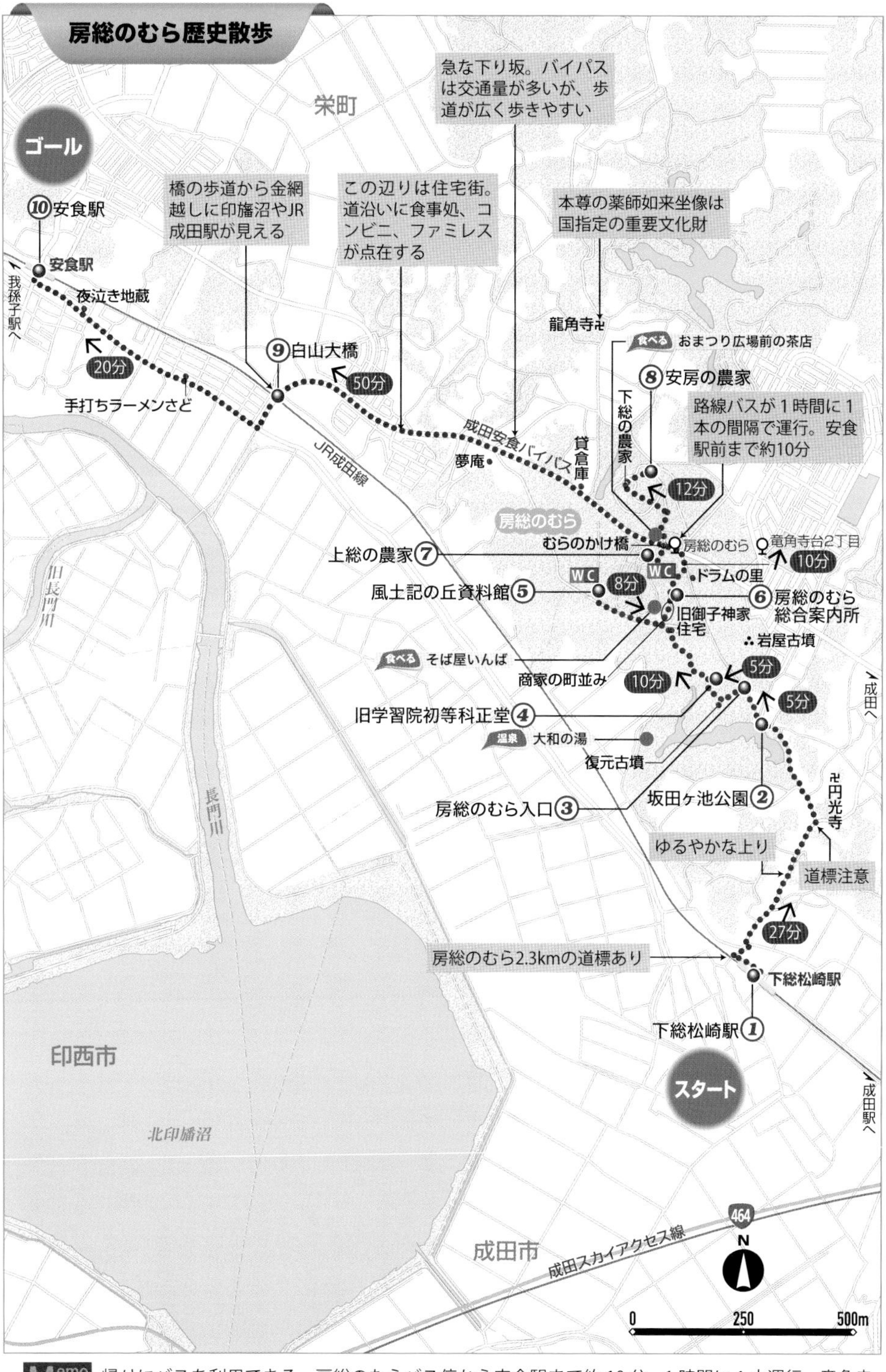
ゴール
⑩安食駅
安食駅
我孫子駅へ
夜泣き地蔵
20分
手打ちラーメンさど
橋の歩道から金網越しに印旛沼やJR成田駅が見える
⑨白山大橋
50分
この辺りは住宅街。道沿いに食事処、コンビニ、ファミレスが点在する
急な下り坂。バイパスは交通量が多いが、歩道が広く歩きやすい
栄町
本尊の薬師如来坐像は国指定の重要文化財
龍角寺
食べる おまつり広場前の茶店
⑧安房の農家
下総の農家
貸倉庫
路線バスが1時間に1本の間隔で運行。安食駅前まで約10分
12分
成田安食バイパス
夢庵
JR成田線
房総のむら
むらのかけ橋
房総のむら
竜角寺台2丁目
10分
上総の農家⑦
WC
WC
ドラムの里
風土記の丘資料館⑤
8分
⑥房総のむら総合案内所
旧御子神家住宅
岩屋古墳
食べる そば屋いんば
商家の町並み
10分
5分
5分
成田へ
旧学習院初等科正堂④
温泉 大和の湯
復元古墳
坂田ヶ池公園②
房総のむら入口③
円光寺
ゆるやかな上り
道標注意
27分
房総のむら2.3kmの道標あり
下総松崎駅
下総松崎駅①
スタート
成田駅へ
旧長門川
長門川
印西市
北印旛沼
成田市
464
成田スカイアクセス線
N
0
250
500m

Memo 帰りにバスを利用できる。房総のむらバス停から安食駅まで約 10 分、1 時間に 1 本運行。竜角寺台 2 丁目バス停から成田駅西口まで約 20 分、1 時間に 1 〜 2 本運行。

［**手賀沼**］水鳥が休む手賀沼。一時期、水質の悪化が問題となったが、近年はトライアスロン大会が開かれるまで改善された

Course Number 29

大正の文人たちが愛した水辺をぶらり散歩。夏のハス群生地も見事

手賀沼遊歩道

［千葉県我孫子市・柏市］

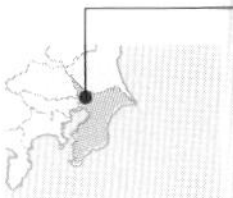

大正時代、志賀直哉《しがなおや》、武者小路実篤《むしゃこうじさねあつ》、柳宗悦《やなぎむねよし》ら白樺派の文人たちを居を構えるほどに魅了した手賀沼を歩く。**①我孫子駅南口《あびこえきみなみぐち》**から真っ直ぐに通りを進み、住宅街に入る。柳宗悦邸跡の三樹荘（非公開）前から、竹林の中の天神坂を下り、東に進むと杉村楚人冠《そじんかん》記念館、白樺文学館、志賀直哉邸跡などがある。

手賀沼を周回する遊歩道は一周約20Km。今回は半周する。**②手賀《てが》沼公園《ぬまこうえん》**から遊歩道に入り、**③手賀《てが》沼親水広場《ぬましんすいひろば》・水《みず》の館《やかた》**へ。屋外にはじゃぶじゃぶ池、水の広場などが、水の館には農産物直売場やレストラン、プラネタリウムなどがある。手賀沼とその周辺の景色が一望で

問合せ先
我孫子市商業観光課 ☎ 04-7185-1475
柏市商工振興課 ☎ 04-7167-1141

アクセス
往路／上野駅からJR常磐線快速で約35分、我孫子駅下車。復路／北柏駅からJR常磐線で上野駅まで約30分。

歩行時間
約3時間
約12km
約2万4000歩
難易度
★★

Start
①我孫子駅南口
徒歩27分
②手賀沼公園
徒歩30分
③手賀沼親水広場・水の館
徒歩3分
④我孫子市鳥の博物館
徒歩11分
⑤手賀大橋
徒歩10分
⑥道の駅しょうなん
徒歩15分
⑦ハスの群生地
徒歩40分
⑧ヒドリ橋
徒歩30分
⑨柏ふるさと大橋
徒歩15分
⑩北柏駅
Goal

[杉村楚人冠記念館] 戦前の朝日新聞社最高幹部だった杉村楚人冠邸の母屋を公開

[志賀直哉邸跡] 写真は書斎。土・日曜の 10 ～ 14 時に公開、雨天中止

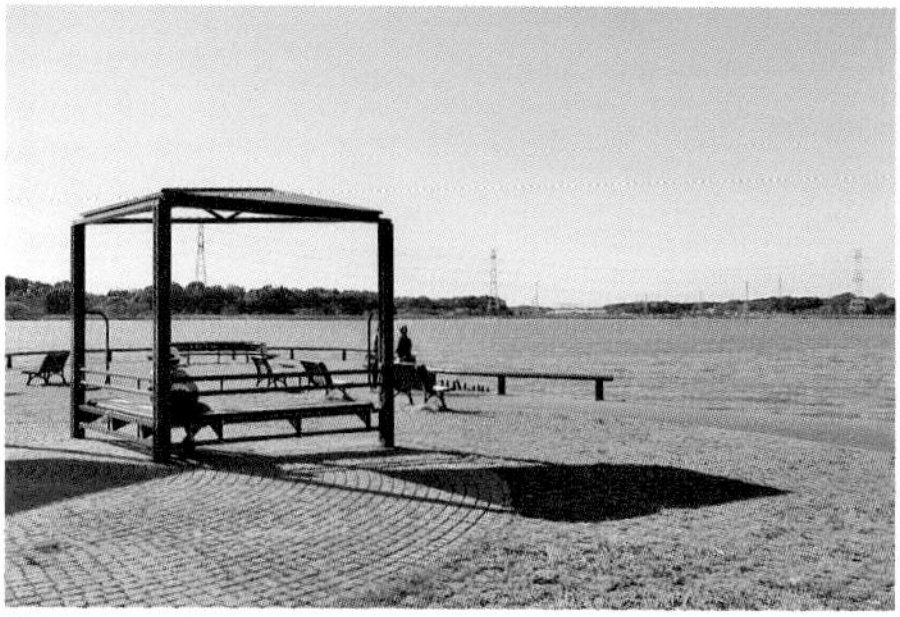

[手賀沼公園] ゆったり水面を眺めるのに最適な公園

[手賀沼親水広場・水の館] 写真は水の館。手賀沼に関する展示コーナーもある。9 ～ 17 時、第 4 水曜休（祝日の場合は第 3 水曜）、入場無料。☎ 04-7184-0555

[手賀沼] 南岸のハスの群生地には木道が整備されている

きる地上25mのパノラマ展望室にも上ってみたい。

④我孫子市鳥《あびこしとり》の博物館《はくぶつかん》から**⑤手《て》賀《が》大橋《おおはし》**を渡って柏市へ。橋のたもとにある**⑥道《みち》の駅《えき》しょうなん**では新鮮な農産物を販売。土・日曜、祝日には7カ所のサイクルステーションで乗り捨てできるレンタサイクルも借りられる。

ここから遊歩道を東へ15分歩くと**⑦ハスの群生地《ぐんせいち》**がある。花の見頃は例年7月中旬から8月上旬。木道から間近に眺めたり、ハス見台からの眺望も楽しめる。オフシーズンもサギなどが小魚を補食するシーンが観察できるので、双眼鏡を持参するのもおすすめだ。

手賀大橋まで遊歩道を戻る。さらに進むと**⑧ヒドリ橋《はし》**、**⑨柏《かしわ》ふるさと大橋《おおはし》**を経て**⑩北柏駅《きたかしわえき》**に出る。土手の上から水面を横目に見て歩くので、開放的な気分に浸れる。

戦後の干拓事業により手賀沼は2つに分断

昭和20年ごろまで手賀沼は「つ」の形をした大きな沼だった。戦後、食糧増産を目的に本格的な干拓が始まり、現在のような手賀川が結ぶ大小の沼になった。大きな沼を手賀沼、南東にある小さな沼は下手賀沼と呼ばれている。手賀沼では冬に2000羽以上のカモが飛来するのをはじめ、カイツブリ、オオバン、オオヨシキリなど年間約100種類の野鳥が観察できる。写真は手賀沼親水広場・水の館の展望室からの眺め。

食べる

ヴィアッヂオ

道の駅しょうなん内のレストラン。四川風辛口の麻婆豆腐、焼きアゴと羅臼昆布を使った和風のラーメン、鶏肉とカシューナッツ炒めなどの中華料理のほか、月ごとにおすすめ野菜を使ったランチ850円〜が楽しめる。写真は手賀沼セット1200円。クロワッサン110円〜など店内で焼くパンはテイクアウトOK。

☎ 04-7192-3277

8〜19時（9〜3月は〜18時）、無休

みちくさ情報

見る

我孫子市鳥の博物館

日本初の鳥類専門博物館として平成2年（1990）に開館。手賀沼の自然や鳥たちの生態を解説したジオラマ、始祖鳥の化石レプリカ、絶滅鳥エピオルニスの世界一大きな卵などが見られる。全26目約500羽の実物剥製を展示する世界の鳥コーナーは圧巻だ。

☎ 04-7185-2212

9時30分〜16時30分、月曜休（祝日の場合は翌日）、入館300円

手賀沼遊歩道
ゴール
裸足で遊べるじゃぶじゃぶ池は子どもに人気。手賀沼の水辺を模した自然観察池もある
我孫子市
志賀直哉や武者小路実篤など大正時代に我孫子に住んだ作家の原稿や書簡を展示
⑩北柏駅
北柏駅
6
水戸街道
スタート
取手駅へ
白樺文学館
①我孫子駅南口
柏駅へ
JR常磐線
15分
我孫子駅
イトーヨーカドー
356
27分
成田駅へ
武者小路実篤邸跡
公園坂通り
嘉納治五郎別荘跡地
杉村楚人冠記念館
志賀直哉邸跡
天神坂
JR成田線
我孫子市鳥の博物館
旧村川別荘
我孫子市役所
⑨
北柏ふるさと公園
柏ふるさと大橋
柏ふるさと公園
松屋
②手賀沼公園
ボート乗り場
WC
30分
30分
我孫子高
④
柏駅へ
手賀沼
文学の広場
手賀沼遊歩道
3分
11分
WC
手賀大橋⑤
③手賀沼親水広場・水の館
10分
手賀沼サイクリングロード
ヒドリ橋⑧
手賀沼ふれあい緑道
40分
道の駅⑥しょうなん
WC
北千葉導水ビジターセンター
導水路の仕組みや利根川、手賀沼の自然をパネル、模型、図書などで解説する
食べる ヴィアッヂオ
15分
柏市
ハスの群生地⑦
福満寺
二松学舎大
満天の湯
大津川
16
10種類の風呂が楽しめる。露天の岩風呂、つぼ風呂、あつ湯は源泉かけ流し
N
沼南高
0 500 1km
千葉へ

[三陽メディアフラワーミュージアム 千葉市花の美術館] 屋外庭園では四季さまざまな花が咲く

Course Number 30

幕張新都心から稲毛海浜公園へ

総延長日本一の3つの人工海浜をたどり、花いっぱいの美術館へ

[千葉県千葉市]

ショッピングモールやオフィスビルが立ち並ぶ幕張新都心から海岸沿いに稲毛《いなげ》海浜公園《かいひんこうえん》まで歩くコース。

①海浜幕張駅《かいひんまくはりえき》の改札を出たら、幕張メッセ方面へ。高層オフィスビルや高層ホテルが並び立つ国際大通を歩き、突き当たりの**②幕張《まくはり》海浜公園交差点《かいひんこうえんこうさてん》**で海浜大通りに架かる歩道橋を渡る。右手にZOZOマリンスタジアムが見える。

ジョギングやサイクリングを楽しむ人の姿が多く、海外のリゾート地のような趣が漂う海浜大通りの歩道を歩き、花見川に架かる**③美浜大橋《みはまおおはし》**を渡るとすぐ右に**④検見《けみ》川《がわ》の浜《はま》**の入口がある。ここから階段で砂浜に下りよう。

問合せ先 千葉市観光協会 ☎ 043-242-0007
三陽メディアフラワーミュージアム 千葉市花の美術館 ☎ 043-277-8776

アクセス 往路／東京駅から JR 京葉線快速で約 30 分、海浜幕張駅下車。復路／稲毛海岸駅から JR 京葉線快速で東京駅まで約 40 分。

歩行時間 約2時間
約8km
約1万6400歩

難易度 ★★

Start
①海浜幕張駅
徒歩15分
②幕張海浜公園交差点
徒歩25分
③美浜大橋
徒歩10分
④検見川の浜
徒歩30分
⑤稲毛記念館
徒歩10分
⑥三陽メディアフラワーミュージアム 千葉市花の美術館
徒歩10分
⑦管理事務所入口交差点
徒歩20分
⑧稲毛海岸駅
Goal

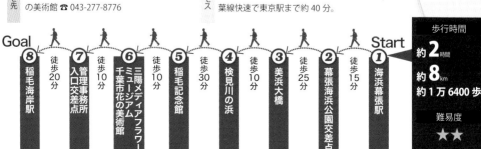

［稲毛記念館］ 9～17時、月曜休（祝日の場合は翌日）、無休、入館・展望室無料。日本庭園には貸し茶室がある

［海浜大通り］ 海外のリゾート地を思わせる並木が続く

［検見川の浜］ 堤防には釣りを楽しむ人々の姿が

［検見川の浜］ サーファーたちの姿を眺めながら砂浜を歩く

［美浜大橋］ 幕張の浜と検見川の浜の間を流れる花見川に架かる橋

検見川の浜はウインドサーフィンのメッカ。冬でもサーファーの姿が見られる。海洋教室やジュニアヨット教室も開かれているヨットハーバーの敷地を回り込むように歩いて、稲毛海浜公園へ。日本庭園（無料）と茶室を有する**⑤稲《いな》毛《げ》記念館《きねんかん》**の1階には無料で利用できる休憩室があり、稲毛の浜の歴史・文化を紹介する資料も展示されている。3階の総ガラス張りの展望室からは東京湾の眺めがよく、東京スカイツリーも望める。

稲毛海浜公園にあるもうひとつのみどころが**⑥三陽《さんよう》メディアフラワーミュージアム 千葉《ちば》市《し》花《はな》の美《び》術館《じゅつかん》**だ。温室棟、展示棟のほか屋外には前庭花壇が広がり、約1600種4万8000株の植物が植栽されている。花々を楽しんだあとは住宅街を抜けて**⑧稲毛海岸駅《いなげかいがんえき》**へ。約20分の道のりだ。

日本一の長さを誇る人工海浜

幕張の浜、検見川の浜、いなげの浜の総延長は4・3㎞。これは人工海浜としては日本一を誇る長さだ。野球場もある幕張の浜は千葉県民の憩いの場。検見川の浜（写真）はウインドサーフィンのメッカとして親しまれている。いなげの浜は2019年に1・2㎞の白砂のビーチに生まれ変わった。

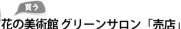

食べる

ホテルスプリングス幕張 ティーラウンジブローニュ

海浜幕張駅から近く、幕張メッセやディズニーリゾートへのアクセスも抜群のホテルスプリングス幕張の新館1階にある。席数120席とゆったりした空間が広がり、夜はライトアップされる噴水を眺めながらコーヒーやパティシエ特製のスイーツが味わえる。季節のケーキセット1600円（税・サ込）がおすすめ（写真はイメージ）。

☎ 043-296-0194

10～19時（18時30分LO）、無休

みちくさ情報

買う

花の美術館 グリーンサロン「売店」

千葉市花の美術館の売店では、季節の草花の鉢植えが購入できるほか、花をモチーフとした雑貨・文房具・みやげ物など約300品目を販売。花柄のクリアファイル、せっけんやフレグランスミスト、バラ柄のキッチングッズなど、女性に人気のグッズが並んでいる。

☎ 043-277-8776（代）

10～17時、月曜休（祝日の場合は翌日）

幕張新都心から稲毛海浜公園へ

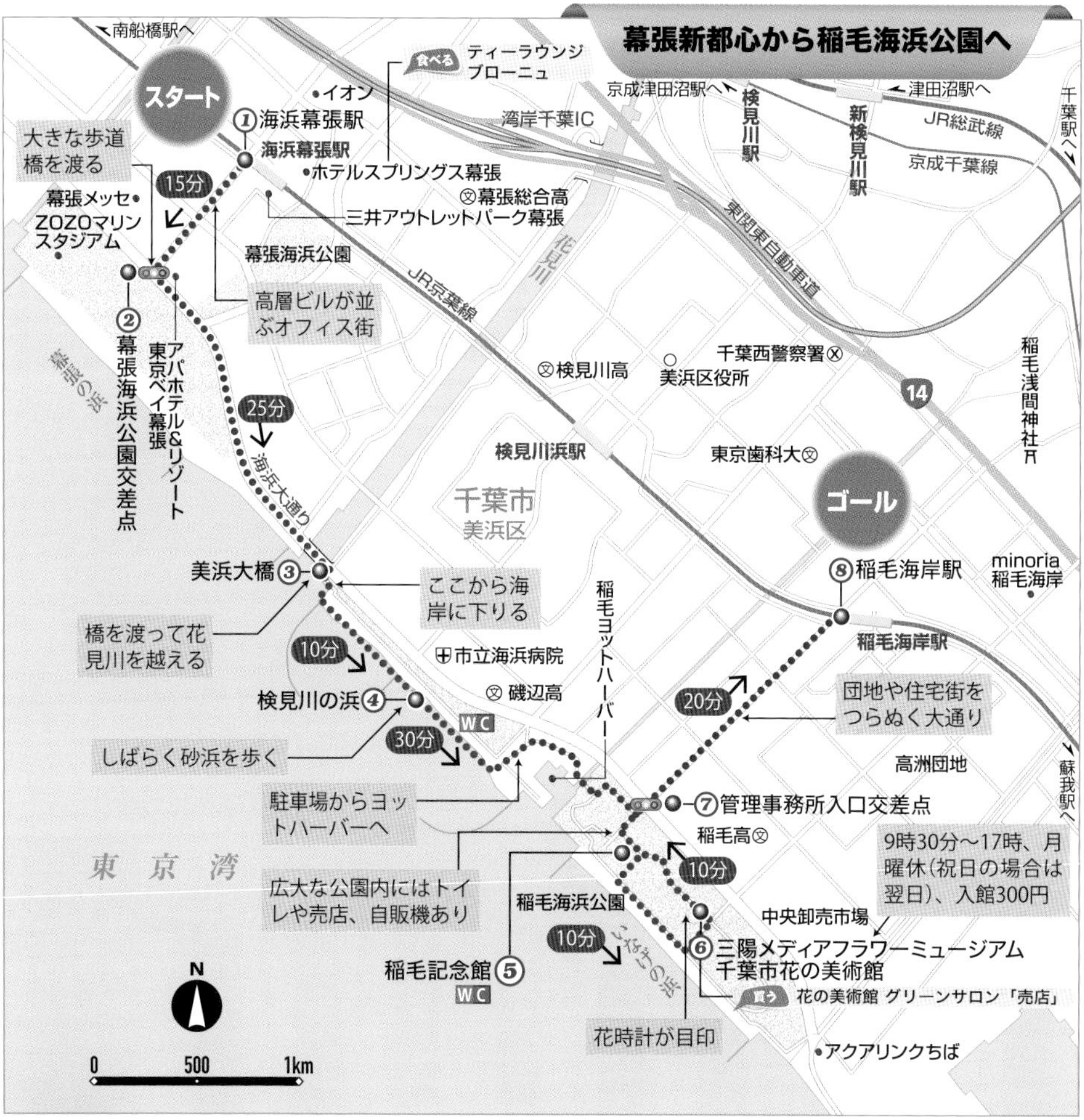
南船橋駅へ
スタート
①海浜幕張駅
海浜幕張駅
イオン
食べる ティーラウンジ ブローニュ
湾岸千葉IC
京成津田沼駅へ
検見川駅
新検見川駅
津田沼駅へ
JR総武線
京成千葉線
千葉駅へ
大きな歩道橋を渡る
15分
幕張メッセ
ZOZOマリンスタジアム
ホテルスプリングス幕張
幕張総合高
三井アウトレットパーク幕張
幕張海浜公園
東関東自動車道
花見川
JR京葉線
高層ビルが並ぶオフィス街
②幕張海浜公園交差点
アパホテル&リゾート東京ベイ幕張
幕張の浜
検見川高
美浜区役所
千葉西警察署
14
稲毛浅間神社
25分
海浜大通り
検見川浜駅
東京歯科大
千葉市
美浜区
ゴール
美浜大橋③
ここから海岸に下りる
⑧稲毛海岸駅
minoria稲毛海岸
稲毛ヨットハーバー
稲毛海岸駅
橋を渡って花見川を越える
10分
市立海浜病院
磯辺高
団地や住宅街をつらぬく大通り
20分
検見川の浜④
WC
30分
しばらく砂浜を歩く
高洲団地
蘇我駅へ
駐車場からヨットハーバーへ
⑦管理事務所入口交差点
稲毛高
9時30分～17時、月曜休（祝日の場合は翌日）、入館300円
東京湾
10分
広大な公園内にはトイレや売店、自販機あり
稲毛海浜公園
中央卸売市場
10分
いなげの浜
⑥三陽メディアフラワーミュージアム 千葉市花の美術館
稲毛記念館⑤
WC
N
買う 花の美術館 グリーンサロン「売店」
花時計が目印
アクアリンクちば
0 500 1km

Memo 海沿いのエリアには飲食店が少ない。昼食は持参しよう。

［小野川］川岸には、舟運で栄えた佐原を象徴する町並みが残されている

Course Number 31

重要伝統的建造物群保存地区に選定された古い町並みと古社寺をウォッチング

〝江戸優り〟佐原の歴史散歩

［千葉県香取市］

江戸時代、利根川の舟《しゅう》運《うん》で栄えた佐《さ》原《わら》の街には、今も現役の古い商家が小野川沿いや香取街道沿いに立ち並ぶ。平成8年（1996）12月に関東地方初の重要伝統的建造物群保存地区に選定され、〝江戸優《まさ》り〟〝北総の小江戸〟と謳われた郷愁を誘うたたずまいが残る。また、佐原は日本初の実測地図を製作した伊能忠敬《いのうただたか》の出身地でもある。

①**佐原駅**《さわらえき》を出たら、駅正面の鳥居の先にある、伊能忠敬像が立つ小公園に立ち寄る。②**諏訪神社**《すわじんじゃ》の一直線の階段を上り、社殿に参拝したら、そのまま左手に歩いて境内を抜け、丘陵上の静かな道へ。諏訪山展望台から佐原の街を見下

アクセス
往路／東京駅からJR総武線快速エアポート成田で約1時間10分、成田駅下車。JR成田線普通に乗り換え約30分、佐原駅下車。復路／佐原駅から往路を戻る。

問合せ先
香取市商工観光課 ☎ 0478-50-1212
水郷佐原観光協会駅前案内所 ☎ 0478-52-6675
佐原町並み交流館 ☎ 0478-52-1000

歩行時間
約1時間30分
約5.5km
約1万1000歩

難易度
★

Start
① 佐原駅
徒歩7分
② 諏訪神社
徒歩18分
③ 与倉屋大土蔵
徒歩13分
④ 観福寺
徒歩15分
⑤ 水郷佐原山車会館
徒歩5分
⑥ 忠敬橋
徒歩2分
⑦ 樋橋
徒歩7分
⑧ 中橋
徒歩13分
⑨ 佐原駅
Goal

［**伊能忠敬像**］諏訪神社下の小公園に立つ佐原の偉人の銅像

［**諏訪神社**］一直線の急な石段を上った丘の上に鎮座。秋の佐原大祭はこの神社の例祭

［**観福寺**］広大な境内に伽藍が立ち並ぶ佐原きっての大寺で、伊能忠敬の墓もある

［**忠敬橋**］古い民家が集中する佐原の街の中心、香取街道の小野川に架かる橋。向こうに見える旧家は中村屋商店

［**水郷佐原山車会館**］夏の佐原大祭を司る八坂神社の境内にあり、常時展示されている２基の山車がみものだ

ろしたら、法界寺の境内を巻くような形で丘を下る。

香取街道に出て左へ。次第に古い建物が目立つようになる通りには醸造元が2軒並ぶ。そのうちの一軒、馬場本店酒造の先で右折して直進。突き当たりを**③与倉屋大《よくらやおお》土蔵《どぞう》**に沿って左折。その先を左折すると小野川沿いに出られるが、ここは直進して**④観福寺《かんぷくじ》**へ。広大な敷地に堂宇が立ち並ぶ境内を一周して、次は八坂神社に参拝し、**⑤水郷《すいごう》佐原《さわら》山車《だし》会館《かいかん》**を見学。

古い建物が立ち並ぶ市街地を**⑥忠敬橋《ちゅうけいばし》**まで歩いて小野川沿いに左折。伊能忠敬旧宅と伊能忠敬記念館の間に架かる**⑦樋橋《とよはし》**を渡って折り返す。重要伝統的建造物群保存地区の中心部である小野川沿いの建築ウォッチングを楽しみながら**⑧中橋《なかばし》**まで歩き、ここから街中を西北へ抜けて**⑨佐原駅《さわらえき》**へ戻る。

観福寺の懸仏

佐原きっての古刹・観福寺には収蔵庫に収められた懸仏《かけぼとけ》4体（国の重文）があり、拝観（志納）も可能だ。この懸仏は香取神宮の本地仏として祀られていたが、明治の神仏分離令によって流出。数奇な運命をたどって、ようやくこの寺に安息の場を得たという。本格的な鋳銅仏で、鎌倉時代の作。写真は十一面観世音（右）と地蔵菩薩（左）。拝観9時～16時ごろ、無休。

食べる

麻生屋 本橋元店

忠敬橋のすぐ近くにあり、炭火で焼くウナギ料理が名物。すずめ焼の実演販売や佃煮を販売するみやげ店の奥がモダンな食事処だ。名物のうな重は並3400円・上4000円(価格変動あり)。手頃なな丼定食もある。

☎ 0478-79-0508
11 ～ 18 時、木曜休

食べる

遅歩庵いのう

伊能忠敬記念館前にあるお休み処で、店主は伊能家本家17代目。店内には旧家の欄間などが装飾として再利用され、江戸時代の収蔵品も展示。夏場は大納言あづきアイスクリーム(写真)550円、冬場は田舎しる粉650円が人気だ。

☎ 0478-54-2335
10 ～ 17 時、水曜休

買う

馬場本店酒造

忠敬橋の西約300m、香取街道に面して立つ天和年間(1681～83)創業の清酒と白味醂の醸造元。勝海舟が逗留したことにちなんで命名した「海舟散人」大吟醸が代表銘柄。江戸時代から続く製法で最上白味醂も醸造している。

☎ 0478-52-2227
9 ～ 17 時、不定休

みちくさ情報

[福新呉服店と小堀屋本店] 忠敬橋のすぐ西側には福新呉服店（左）、小堀屋本店（右）などの旧家が立ち並ぶ

[樋橋] 元は農業用水を送った大樋。落下する水音から“じゃあじゃあ橋”の愛称でよばれる街のシンボル

[伊能忠敬旧宅] 伊能忠敬が江戸に出る前まで住んでいた住居兼店舗

生活感あふれる古建築

佐原の古い商家は、そのほとんどが今でも住居兼店舗として使われているのが特徴で、「生きている町並み」と評される。千葉県有形文化財に指定されているのは三菱館、中村屋乾物店（写真右）、中村屋商店、福新呉服店、小堀屋本店、正文堂、旧油惣商店、正上（写真左）の8棟。また、伊能忠敬旧宅は国の史跡に指定されている。

“江戸優り”佐原の歴史散歩

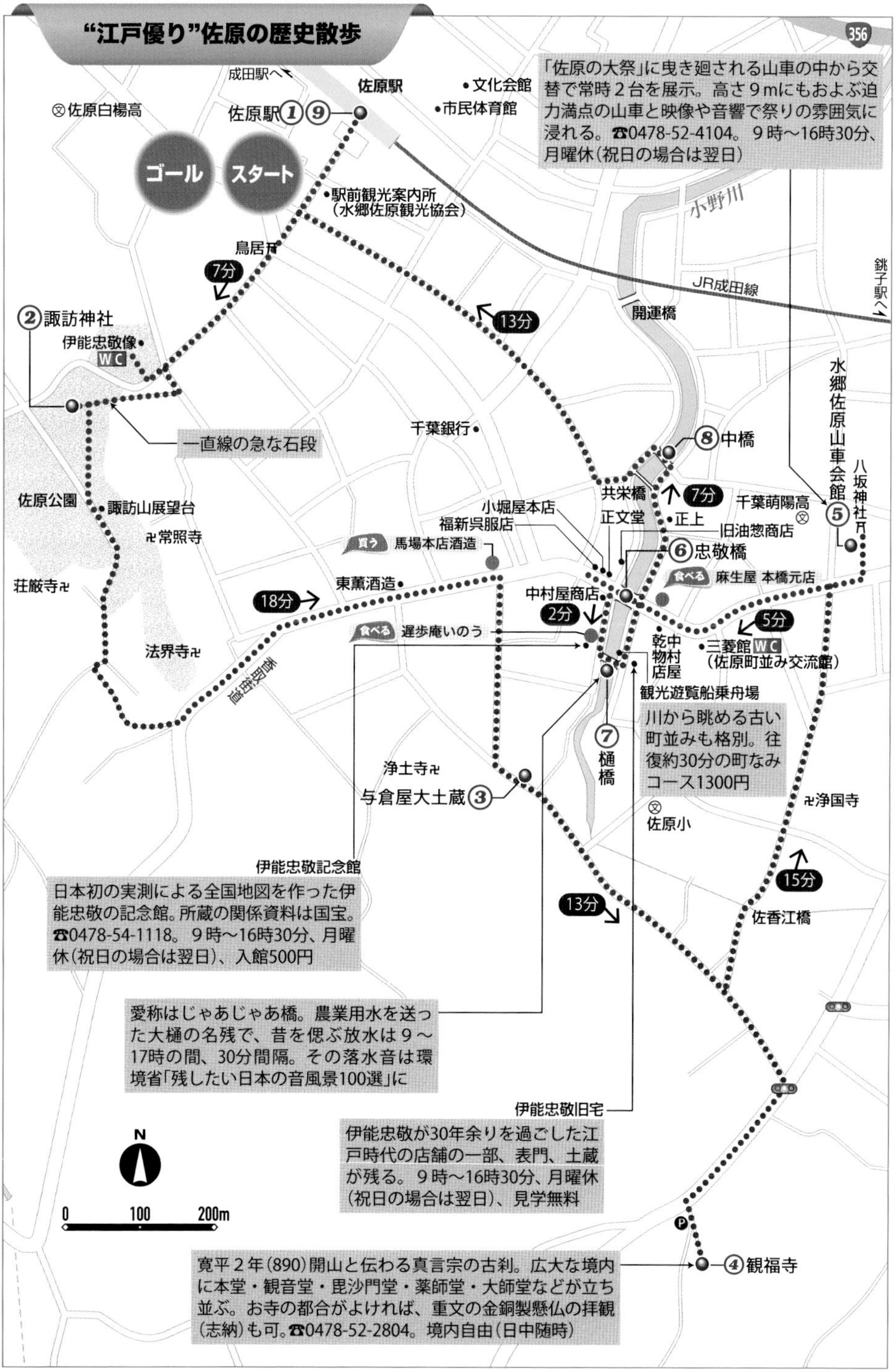
356
成田駅へ
佐原駅
佐原駅①⑨
文化会館
市民体育館
佐原白楊高
ゴール
スタート
駅前観光案内所
（水郷佐原観光協会）
「佐原の大祭」に曳き廻される山車の中から交替で常時２台を展示。高さ９mにもおよぶ迫力満点の山車と映像や音響で祭りの雰囲気に浸れる。☎0478-52-4104。９時～16時30分、月曜休（祝日の場合は翌日）
小野川
鳥居
7分
JR成田線
銚子駅へ
②諏訪神社
伊能忠敬像
WC
13分
開運橋
水郷佐原山車会館
一直線の急な石段
千葉銀行
⑧中橋
八坂神社
佐原公園
諏訪山展望台
共栄橋
7分
千葉萌陽高
常照寺
小堀屋本店
福新呉服店
正文堂
正上
⑤
旧油惣商店
買う 馬場本店酒造
⑥忠敬橋
荘厳寺
東薫酒造
食べる 麻生屋 本橋元店
中村屋商店
18分
2分
5分
食べる 遅歩庵いのう
乾物屋
中村屋
三菱館 WC
（佐原町並み交流館）
法界寺
香取街道
観光遊覧船乗舟場
川から眺める古い町並みも格別。往復約30分の町なみコース1300円
⑦樋橋
浄土寺
与倉屋大土蔵③
佐原小
浄国寺
伊能忠敬記念館
日本初の実測による全国地図を作った伊能忠敬の記念館。所蔵の関係資料は国宝。☎0478-54-1118。９時～16時30分、月曜休（祝日の場合は翌日）、入館500円
15分
13分
佐香江橋
愛称はじゃあじゃあ橋。農業用水を送った大樋の名残で、昔を偲ぶ放水は９～17時の間、30分間隔。その落水音は環境省「残したい日本の音風景100選」に
伊能忠敬旧宅
伊能忠敬が30年余りを過ごした江戸時代の店舗の一部、表門、土蔵が残る。９時～16時30分、月曜休（祝日の場合は翌日）、見学無料
N
0
100
200m
P
④観福寺
寛平２年（890）開山と伝わる真言宗の古刹。広大な境内に本堂・観音堂・毘沙門堂・薬師堂・大師堂などが立ち並ぶ。お寺の都合がよければ、重文の金銅製懸仏の拝観（志納）も可。☎0478-52-2804。境内自由（日中随時）

Memo 呼び物の「佐原の大祭」は、7月10日以降の金・土・日曜開催の八坂神社祇園祭（山車10台）と、10月第2土曜日を中日とする金・土・日曜開催の諏訪神社秋祭り（山車15台、現在は14台）。

Course Number 32

地球が丸く見える町、銚子・外川

活気あふれる漁港から灯台経由で絶景の展望館へ。海を満喫する一日散歩

［千葉県銚子市］

［**犬吠埼**］真っ青な海、岩場に波濤が砕ける。潮風に吹かれながら歩こう

関東の最東端に位置する銚子《ちょうし》は目の前に太平洋が広がり、水平線の果てが地球の丸みに沿って見えるところから「地球の丸く見えるまち」がキャッチフレーズ。長い距離を歩くので、犬吠埼《いぬぼうさき》と地球の丸く見える丘展望館だけに絞ってもいい。

①**銚子駅**《ちょうしえき》から大通りを抜け、商店や銀行が並ぶココロード銚子（銚子銀座）を進むと、突き当たりに飯沼観音《いいぬまかんのん》こと円福寺《えんぷくじ》がある。立派な五重塔と大仏を見てから②**銚子漁港**《ちょうしぎょこう》へ。日本屈指の年間水揚げ量を誇る市場では、生マグロをはじめさまざまな魚の水揚げやセリ風景が見られる。

③**観音駅**《かんのんえき》から銚子電鉄に乗って

アクセス
往路／東京駅から JR 総武本線特急で約 1 時間 50 分、銚子駅下車。復路／犬吠駅から銚子電鉄で銚子駅まで 16 分。銚子駅から往路を戻る。

問合せ先
銚子市観光商工課 ☎ 0479-24-8707
銚子市観光協会 ☎ 0479-22-1544
銚子電気鉄道 ☎ 0479-22-0316

歩行時間
約 1時間 50分
約 7km
約 1 万 5000 歩
難易度
★★

Start
①銚子駅
徒歩20分
②銚子漁港
徒歩10分
③観音駅
銚子電鉄8分
④君ヶ浜駅
徒歩20分
⑤犬吠埼灯台
徒歩10分
⑥犬吠駅
銚子電鉄2分
⑦外川駅
徒歩20分
⑧渡海神社
徒歩10分
⑨地球の丸く見える丘展望館
徒歩15分
⑩犬吠駅
Goal

［**君ケ浜しおさい公園**］「関東舞子」ともよばれる白砂青松の海岸は日本の渚百選に選ばれている。日の出のビュースポット

［**犬吠埼灯台**］すっくと立つ白亜の姿が凛々しい

［**円福寺（飯沼観音）**］9世紀初めごろの創建と伝える古刹

［**犬吠駅**］観音駅で40年にわたって親しまれたたい焼き店が移転。たい焼き1個100円

［**銚子電鉄**］キャベツ畑の中を走るローカル線。海沿いの小さな町によく似合う

5駅目の**④君ヶ浜駅**《きみがはまえき》で下車。防潮林を抜けると目の前に太平洋が広がる。約1kmにわたって白砂の浜が続く君ケ浜しおさい公園を歩き、犬吠埼に立つ**⑤犬吠埼灯台**《いぬぼうさきとうだい》へ。完成は明治7年（1874）、国産レンガが使われているなど歴史的価値も高い。九十九里《くじゅうくり》にちなんだ99段のらせん階段を上れば絶景が待っている。

⑥犬吠駅《いぬぼうえき》から銚子電鉄で終点の**⑦外川駅**《とかわえき》へ。のどかな駅舎や坂道の多い静かな漁師町外川は昭和60年（1985）放映のテレビドラマ「澪《みお》つくし」のロケ地にもなった。

タブやツバキの木々に覆われた**⑧渡海神社**《とかいじんじゃ》へ歩き、さらに愛宕山《あたごやま》頂上にある**⑨地球**《ちきゅう》**の丸**《まる》**く見**《み》**える丘**《おか》**展望館**《てんぼうかん》へ向かう。はるかな水平線が弧を描く眺めに地球の丸さが実感できる。坂道を下り、**⑩犬吠駅**《いぬぼうえき》でゴール。

東日本有数の水揚げ 銚子漁港

江戸時代以降、利根川の水運の発展とともに漁業と醤油醸造が盛んになった銚子。江戸末期にはイワシの豊漁により、東日本を代表する漁港として整備が進んだ。現在ではイワシ、サバ、サンマ、カツオ、マグロ、イカ類など年間20万t以上の水揚げがある。事前に申し込めば魚市場の見学もできる。銚子魚市場 ☎0479-22-3200

買う

元祖今川焼 さのや

飯沼観音からすぐの明治40年（1907）創業の老舗。一日に1000個以上売れる日もあるという今川焼1個150円は、薄い皮にぎっしり詰まった餡のボリュームにびっくり。餡は自家製で黒あんと白あんの2種類ある。店内で食べる場合は1個153円。

☎0479-22-0150
9時～16時30分ごろ、水曜休・日曜不定休

食べる

勝の家

銚子の地魚をにぎる江戸前寿司の店。写真はサバのにぎり（時価）。おすすめは地魚にぎりが3～4カン入った地魚入り上寿司2300円。

☎0479-22-0980
11時30分～21時30分、火・水曜休（祝日の場合は営業）

食べる

しまたけ水産

休日は行列ができる回転寿司店。銚子で水揚げされた新鮮な魚を1皿2カン108～540円とリーズナブルに味わえる。大きさに驚かされる自家製の伊達巻（写真）は絶品。2階で定食も食べられる。

☎0479-22-2862
11～15時、17～20時（土・日曜、祝日は11～20時）、火曜休（祝日の場合は翌日）

みちくさ情報

［渡海神社］こんもりと繁るツバキやタブノキに覆われて鎮座する

［外川駅］ローカルムードいっぱいの木造駅舎

［地球の丸く見える丘展望館］気持ちが清々する絶景をほしいままに

温暖な気候が生んだ醤油の町・銚子

夏涼しく、冬暖かい気候風土に加え、大豆や小麦などの原料を運んだり、できあがった製品を江戸へ運ぶなど利根川の水運にも恵まれた銚子は、古くから醤油造りで栄えてきた。ヒゲタ醤油とヤマサ醤油の2大工場があり、どちらも見学できる（要予約）。ヒゲタ醤油☎0479-22-0080、ヤマサ醤油☎0479-22-9809

ミネラル豊富な美人の湯 犬吠埼温泉

太平洋に突き出した犬吠埼は、海のミネラルを豊富に含んだ良質な湯が湧く温泉郷としても知られている。保温性がよく、肌がツルツルになるため「肌美人の湯」として評判。太平洋を眺めながら入浴できる風呂自慢のホテルが5軒あり、そのほとんどで日帰り入浴（1000円～）も受け付けている。

地球が丸く見える町、銚子・外川

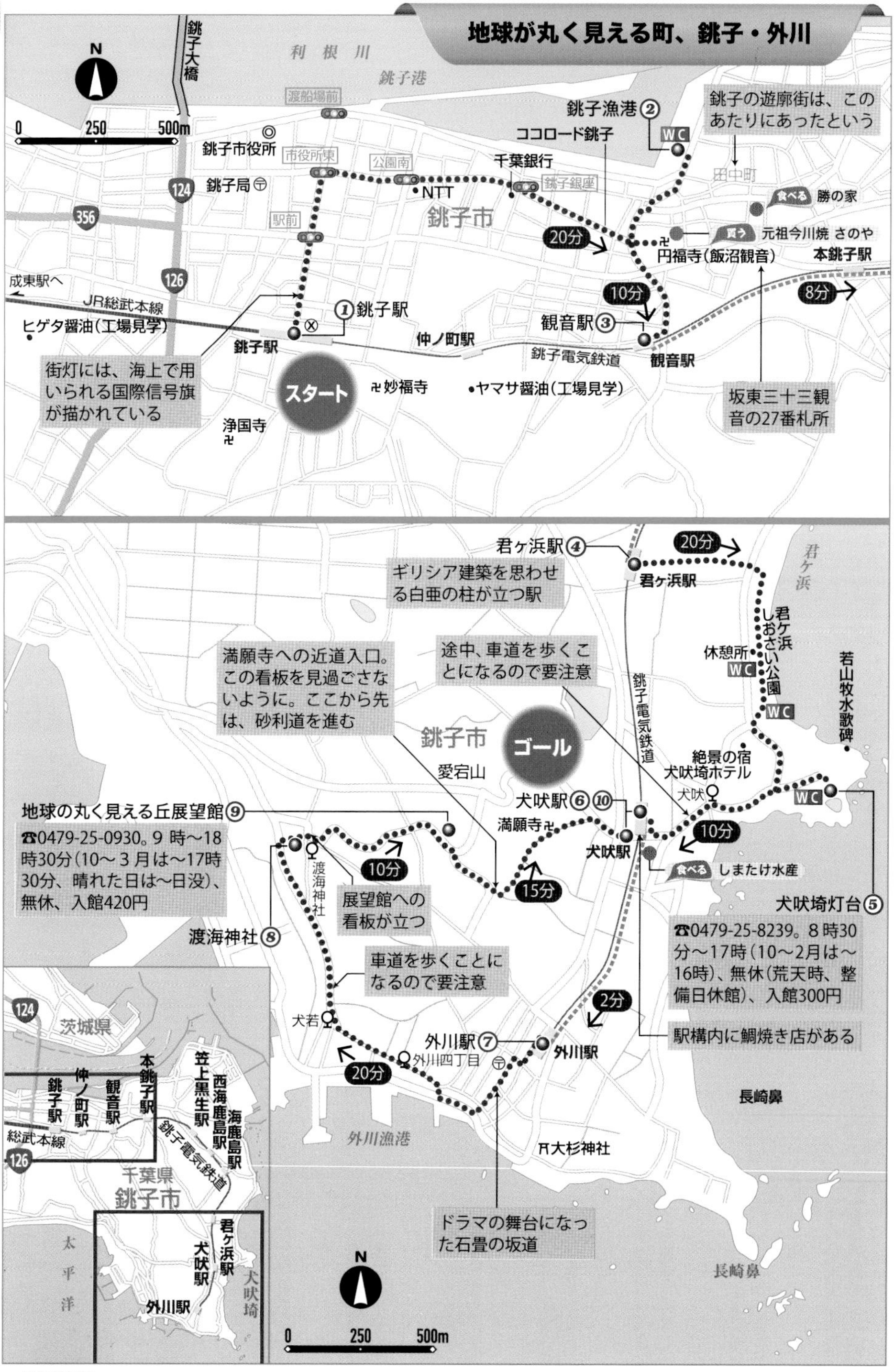
利根川
銚子港
銚子大橋
渡船場前
0 250 500m
銚子市役所
市役所東
公園南
銚子局
銚子銀座
千葉銀行
NTT
銚子市
駅前
銚子漁港②
ココロード銚子
銚子の遊廓街は、このあたりにあったという
田中町
食べる 勝の家
買う 元祖今川焼 さのや
円福寺（飯沼観音）
本銚子駅
20分
10分
8分
成東駅へ
JR総武本線
ヒゲタ醤油（工場見学）
①銚子駅
銚子駅
仲ノ町駅
観音駅③
観音駅
銚子電気鉄道
街灯には、海上で用いられる国際信号旗が描かれている
スタート
妙福寺
ヤマサ醤油（工場見学）
浄国寺
坂東三十三観音の27番札所
君ヶ浜駅④
君ヶ浜駅
20分
君ヶ浜
ギリシア建築を思わせる白亜の柱が立つ駅
君ケ浜しおさい公園
休憩所
WC
若山牧水歌碑
満願寺への近道入口。この看板を見過ごさないように。ここから先は、砂利道を進む
途中、車道を歩くことになるので要注意
銚子電気鉄道
銚子市
ゴール
愛宕山
絶景の宿 犬吠埼ホテル
犬吠
犬吠駅⑥⑩
満願寺
犬吠駅
10分
地球の丸く見える丘展望館⑨
☎0479-25-0930。9時～18時30分（10～3月は～17時30分、晴れた日は～日没）、無休、入館420円
渡海神社
10分
15分
食べる しまたけ水産
犬吠埼灯台⑤
展望館への看板が立つ
渡海神社⑧
☎0479-25-8239。8時30分～17時（10～2月は～16時）、無休（荒天時、整備日休館）、入館300円
車道を歩くことになるので要注意
2分
犬若
外川駅⑦
外川駅
駅構内に鯛焼き店がある
外川四丁目
20分
長崎鼻
外川漁港
大杉神社
ドラマの舞台になった石畳の坂道
長崎鼻
0 250 500m
124
茨城県
銚子駅
仲ノ町駅
観音駅
本銚子駅
笠上黒生駅
西海鹿島駅
海鹿島駅
総武本線
126
銚子電気鉄道
千葉県
銚子市
太平洋
君ヶ浜駅
犬吠駅
外川駅
犬吠埼

Memo 銚子電鉄のおみやげならオリジナルの「ぬれ煎餅」がおすすめ。鉄道収入の減少を補うために鉄道員が考案、大ヒットした。鰹だしのきいた地元の特製醤油を使っている。5枚入り450円～。

[旧堀田邸] 最後の佐倉藩主・堀田正倫が明治23年（1890）に建てた邸宅

Course Number 33

国重文の旧藩主邸、生け垣に囲まれた武家屋敷など、城下町の面影を残す美しい町

佐倉で歴史散歩

[千葉県佐倉市]

慶長15年（1610）に土井利勝《どいとしかつ》が城を築いて以来、堀田家、松平家など譜代大名9家20代が治めた11万石の城下町・佐倉《さくら》。落ち着いた町中に史跡が点在する。

①**佐倉駅《さくらえき》**前の観光情報センターでガイドマップを手に入れてから国道296号を歩き、②**旧堀田邸《きゅうほったてい》**へ。最後の佐倉藩主・堀田正倫《ほったまさとも》の別邸で、玄関棟や居間棟など7棟が国の重要文化財に指定されている。前庭のさくら庭園はバランスよく配された古木が美しい。

成田街道まで進み、右折して③**佐倉順天堂記念館《さくらじゅんてんどうきねんかん》**を目指す。江戸時代のイギリス製顕微鏡や外科道具など貴重な品々がみもの。来た

アクセス　往路／東京駅からJR総武本線快速で約1時間、佐倉駅下車。復路／京成佐倉駅から京成本線特急で京成上野駅まで約55分。

問合せ先　佐倉市観光協会 ☎ 043-486-6000

Start
① 佐倉駅
徒歩30分
② 旧堀田邸
徒歩25分
③ 佐倉順天堂記念館
徒歩20分
④ 佐倉新町おはやし館
徒歩15分
⑤ 武家屋敷
徒歩20分
⑥ 佐倉城址公園
徒歩5分
⑦ 国立歴史民俗博物館
徒歩15分
⑧ 京成佐倉駅
Goal

歩行時間
約2時間10分
約7.5km
約1万5000歩
難易度
★★

［佐倉新町おはやし館］ 佐倉の伝統行事について解説・展示

［佐倉城址公園］ 空堀や曲輪、本丸跡などが残っている

［ひよどり坂］ 武家屋敷近くの、竹林に囲まれた坂

［武家屋敷］ 旧但馬家住宅は3棟の中で唯一、もともとこの場所にあった屋敷。庭園も当時のままに保存されている

［武家屋敷］ 旧但馬家住宅の門構え。土塁と生け垣が往時をしのばせる

道を戻り、鉤《かぎ》の手《て》に折れ曲がった成田街道を進むと、**④佐倉新町《さくらしんまち》おはやし館《かん》**や佐倉市立美術館がある。さらに街道を西へ歩いて、新町交差点を左折。坂道を下り、右に分かれる細い道が**⑤武家屋敷《ぶけやしき》**へ続く鏑木小路《かぶらぎこうじ》だ。美しい生け垣に囲まれて並んでいる旧河原家・旧但馬家・旧武居家の3棟が公開され、質素だった武士の暮らしぶりがうかがえる。

竹林のひよどり坂を上り、市民体育館の交差点を左折すると**⑥佐倉城址公園《さくらじょうしこうえん》**が広がる。50種1100本が咲く桜の名所として有名だ。**⑦国立歴史民俗博物館《こくりつれきしみんぞくはくぶつかん》**はさまざまな展示物で先史から現代までの歴史を紹介。ゆっくり見てまわると半日以上かかる充実ぶりだ。帰りは**⑧京成佐倉駅《けいせいさくらえき》**まで徒歩約15分。歩き疲れた場合は、博物館前からバスに乗れば約5分で着く。

堀田正睦とハリス

幕末の佐倉藩主・堀田正睦《ほったまさよし》は幕府の老中職を兼務し、安政3年（1856）に来日したアメリカ初代駐日領事タウンゼント・ハリスと通商修好条約締結交渉を行った人物。文政8年（1825）に藩主になった正睦は西洋の学問を積極的に取り入れた開明派で、かねてから開国の必要性を朝廷や諸大名に説いていた。ハリスと交渉を重ね、条約調印へ積極的に動いたが攘夷派に阻まれ、ついには謹慎処分とされて佐倉城に蟄居。2年後に死去した。佐倉城址公園には正睦とハリスの像が隣り合って立っている。

買う

こば屋 佐倉店

千葉名産の落花生と新潟のあられを水飴でからめて煎餅状にした銘菓「轟太鼓」で知られる店。甘口、辛口、ごま、緑茶、揚げめんが各162円。濃厚な味わいのチョコレートは216円。静岡産の一番茶を加えて上品な味に仕上げた緑茶162円、千葉産ピーナツだけで作った千葉の豆216円など、食べくらべも楽しい味が揃っている。

☎043-485-2653
10～18時、水曜休（臨時休あり）

みちくさ情報

[佐倉順天堂記念館] 安政5年（1858）に建てられた建物を記念館として公開

京成成田駅へ
京成本線
N
0
250
500m
道幅狭く車に注意
順天堂病院
20分
妙経寺
本町
成田街道
佐倉順天堂記念館③
☎043-485-5017。9時～16時30分、月曜休（祝日の場合は翌日）、入館100円
25分
旧堀田邸②
佐倉ゆうゆうの里
WC
WC
さくら庭園
296
さくら庭園奥にある小道を上る
成田駅へ

日本の医学近代化に貢献した順天堂

佐倉順天堂記念館は天保14年（1843）、西洋好きだった当時の藩主・堀田正睦に招かれた蘭方医・佐藤泰然《さとうたいぜん》が開いた外科医院と蘭学塾の跡。泰然は塾生に、オランダ語の習得と書物だけの勉学に偏ることなく、実際の診療に役立つ知識と技術を学ばせた。ここから多くの人材が育ち、日本近代医学の発展に貢献した。泰然の養子・佐藤尚中《たかなか》が明治8年（1875）に東京に開いたのが順天堂大学である。写真は泰然の胸像。

日本の歴史・民俗を総合的に学べる博物館

大学の共同利用研究機関として昭和56年（1981）に開館した国立歴史民俗博物館は、考古学・歴史学・民俗学の三分野の資料を総合的に研究・展示する施設。先史・古代から現代に至る日本文化に関する資料などを6つの展示室で展示している。実物や模型、パネル、ビデオを駆使した解説はわかりやすく、見ごたえがある。

食べる

レストランさくら

国立歴史民俗博物館内にあるレストラン。佐倉城址公園を眺めながら食事ができる。夏はテラス席が気持ちいい。古代米を使った古代カレー、古代ハヤシ各 820 円、ドリンク付きのおろし豚カツセット 1230 円がおすすめ。山菜かき揚げあんかけ蕎麦やジャジャ麺など麺類も好評だ。

☎ 043-483-4077

10〜16 時 LO（10〜2 月は〜15 時 30 分 LO）、11 時までは喫茶メニューのみ、月曜休（祝日の場合は翌日）

みちくさ情報　買う

木村屋

蔵六餅
蔵六餅

酒種あんぱんで有名な銀座木村屋の 2 号店として明治 15 年（1882）に創業した和菓子店。名物の蔵六餅は、佐倉藩主堀田家に伝わる亀甲模様の蔵六石にちなんだ餅入り最中で、お湯を注ぎお汁粉にして食べてもいい。1 個 150 円。店の奥には江戸後期に建てられた蔵があり、古美術品を展示した内部が見学できる（550 円、お菓子・お茶付き）。

☎ 043-484-0021

9 〜 18 時、無休

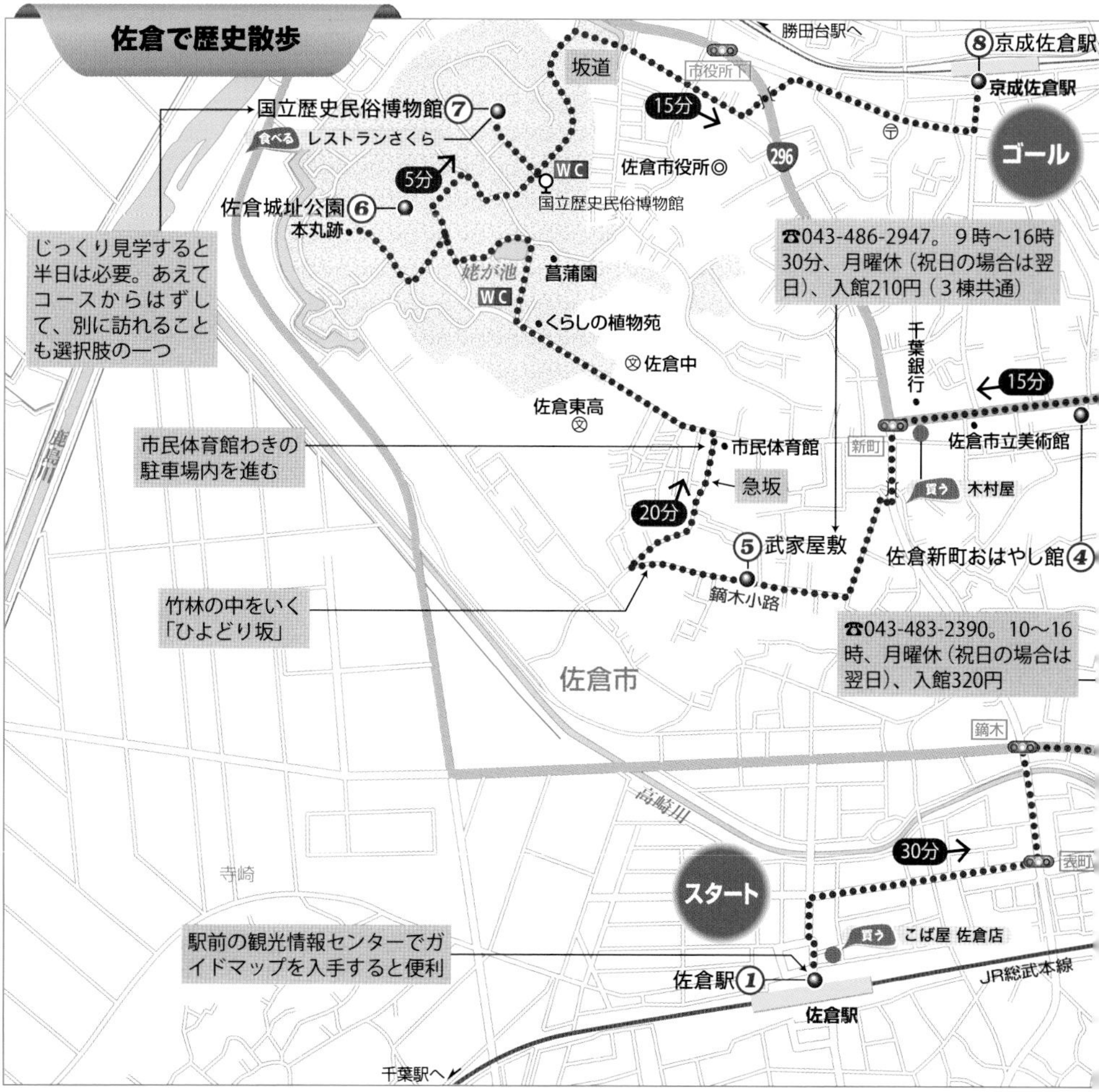
佐倉で歴史散歩
勝田台駅へ
⑧京成佐倉駅
京成佐倉駅
ゴール
坂道
市役所下
15分
296
国立歴史民俗博物館⑦
食べる レストランさくら
5分
WC
佐倉市役所◎
国立歴史民俗博物館
佐倉城址公園⑥
本丸跡
☎043-486-2947。9 時〜16 時30分、月曜休（祝日の場合は翌日）、入館210円（3 棟共通）
じっくり見学すると半日は必要。あえてコースからはずして、別に訪れることも選択肢の一つ
姥が池
菖蒲園
WC
くらしの植物苑
佐倉中
千葉銀行
15分
佐倉東高
市民体育館わきの駐車場内を進む
市民体育館
新町
佐倉市立美術館
急坂
買う 木村屋
20分
⑤武家屋敷
佐倉新町おはやし館④
鏑木小路
竹林の中をいく「ひよどり坂」
☎043-483-2390。10〜16時、月曜休（祝日の場合は翌日）、入館320円
鹿島川
佐倉市
鏑木
高崎川
寺崎
30分
表町
スタート
買う こば屋 佐倉店
駅前の観光情報センターでガイドマップを入手すると便利
佐倉駅①
JR総武本線
佐倉駅
千葉駅へ

Memo　国立歴史民俗博物館は 9 時 30 分〜 17 時（10 〜 2 月は〜 16 時 30 分、いずれも入館は 30 分前まで）、月曜休（祝・休日の場合は翌日）、入館 600 円。☎ 03-5777-8600（ハローダイヤル）

[**明治百年記念展望塔**] 砂嘴の向こう、東京湾をはさんで横浜方面が望める

Course Number 34

浦賀水道に面した漁港から雄大な景色が広がる岬の先端へ

緑の絨毯と展望の富津岬

[千葉県富津市]

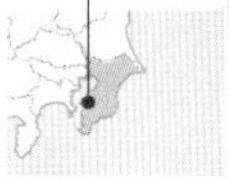

「関東の天《あま》の橋立《はしだて》」と称されるとおり、富津岬《ふっつみさき》は細長く延びて東京湾に突き出ている。夏はプール、海水浴、潮干狩りなどに訪れるファミリーで賑わうほか、ジョギングコースが整備されていることから学生の合宿やマラソン大会の開催などスポーツも盛んだ。

①青堀駅《あおほりえき》から富津公園行きのバスに乗り**②大乗寺前《だいじょうじまえ》バス停《てい》**で降りる。来た道を少し戻って交差点を右へ、国道465号を南下した後、さらに直進する。周囲に松が見えてくると**③下洲漁港《したずぎょこう》**に到着。遠く房総半島鹿野山《かのうざん》方面の山並みが望める。漁港を進んだ先のきれいな砂浜が下洲海岸だ。道が大きく右

アクセス 往路／東京駅からJR内房線特急で約70分、青堀駅下車。富津公園行き日東交通バスに乗り換え12分、大乗寺前下車。復路／青堀駅から往路を戻る。

問合せ先 富津市観光協会富津支部 ☎0439-87-2565
日東交通バス富津運輸営業所 ☎0439-87-5400

歩行時間 約2時間5分
約8.8km
約1万7600歩

難易度 ★★

Start ①青堀駅 → バス12分 → ②大乗寺前バス停 → 徒歩25分 → ③下洲漁港 → 徒歩15分 → ④弟橘姫領布漂着碑 → 徒歩15分 → ⑤富津公園入口 → 徒歩35分 → ⑥明治百年記念展望塔 → 徒歩35分 → ⑦富津公園入口バス停 → バス15分 → ⑧青堀駅 Goal

[**弟橘姫領布漂着碑**] 布が流れ着いた所を昔は布流津（ふるつ）といい、これが転訛して富津になったという

[**富津公園**] 富津岬の先端にあるキャンプ、プール、釣りなどが楽しめる広大なレジャーゾーン。写真は大池

[**富津岬**] 東京湾に細長く突き出た約5㎞の砂洲。その姿から「関東の天の橋立」ともよばれる

[**明治百年記念展望塔**] 五葉松を模したというデザインが目を引く

[**富津海水浴場**] 波が穏やかで家族連れに人気がある

[**下洲漁港**] 海の向こうには房総の山が連なる

に曲がったところに④**弟橘姫領布漂着碑**《おとたちばなひめりょうふひょうちゃくひ》がある。日本武尊《やまとたけるのみこと》の東征の折に、海を静めるために入水した弟橘姫の身につけていた布の一部が流れ着いた所と言い伝えられている。

⑤**富津公園入口**《ふっつこうえんいりぐち》から園内に入ったら、中の島を眺めながら、ひたすら富津岬の先端を目指して歩く。岬の幅が徐々にせまくなってくるとまもなく終点だ。

突端に立つ⑥**明治百年記念展望塔**《めいじひゃくねんきねんてんぼうとう》からは東京湾と横浜・横須賀方面の大パノラマが楽しめ、また沖合に明治時代の第一海堡《かいほう》（洋上の要塞）も望める。関東富士見百景にも選ばれており、海を隔てた富士山が美しい。展望を満喫したら公園入口まで往路を戻ろう。駐車場の先で信号を渡れば、観光案内所の脇に⑧**青堀駅**《あおほりえき》と木更津《きさらづ》駅に向かうバス停がある。

富津の潮干狩りと海苔

富津岬の北岸は遠浅の海が広がり、3月から8月下旬まで潮干狩りが楽しめる。また富津の名産品は「海苔」。文政5年（1822）小糸川河口で近江屋甚兵衛は海苔の養殖に成功、その後近隣の村々に普及して「上総海苔《かずさのり》」が誕生した。新海苔は毎年12月下旬ごろから店頭で販売される。

青堀駅周辺の古墳群

青堀駅を中心にした約2㎞四方のエリアには古墳が点在している。古墳時代の中期から終末期（5～7世紀）に造られた古墳群で、最近では「内裏塚《だいりづか》古墳群」とよばれている。南関東最大規模の内裏塚古墳をはじめ47基が確認されており、そのうち25基が現存している。

みちくさ情報

見る

古墳の里 ふれあい館

青堀駅の改札を出たら右手の階段を上り、駅の反対側へ。広いロータリーの左側にある、地域の人により運営されている休憩スペース。室内には古墳群の地図やパネルが展示されており、コラムで紹介した内裏塚古墳群の詳細を知ることができる。配布用の内裏塚古墳群マップを入手できるので、古墳を見学する前に立ち寄ってみたい。

☎ 0439-80-1342（富津市生涯学習課）

9～17時、不定休、入館無料

食べる

江戸前磯料理 大定

富津漁港の近くにある、富津名物・江戸前のアナゴ料理が食べられる店。ふっくらした焼き穴子重1950円、白身が美しい穴子の刺身1700円、ボリューム満点の穴子天丼1750円など。穴子づくし膳（写真）4200円なら、穴子料理が堪能できる。季節の魚介をたっぷりのせた海鮮丼も人気。

☎ 0439-87-2021

11～21時（20時30分LO）、月曜（祝日の場合は翌日）・第1火曜休

緑の絨毯と展望の富津岬

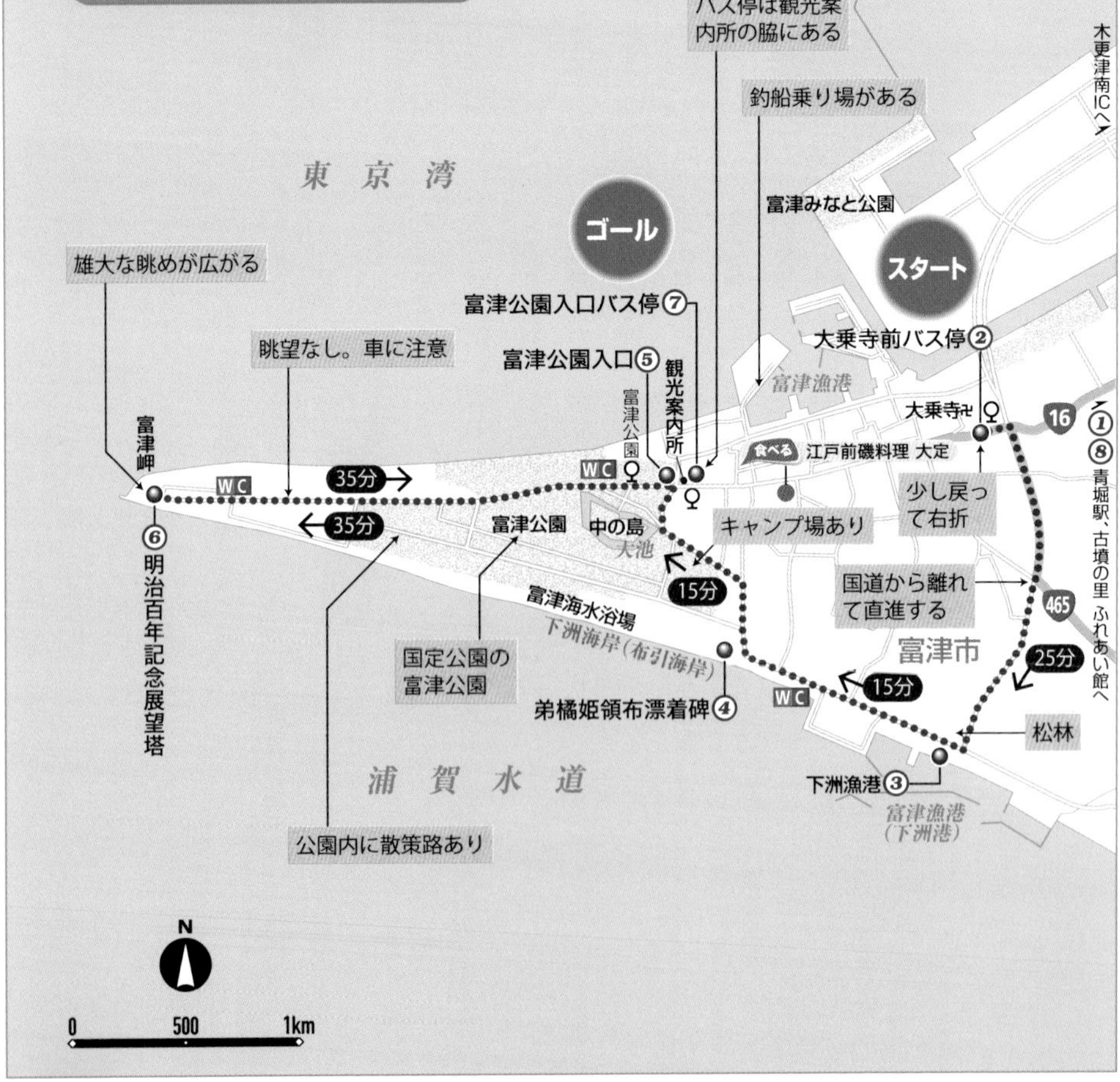

Memo 歩く距離を短くしたい場合は、終点の富津公園バス停で降りて富津公園内だけを歩けば70分ほどのコースになる。また、青堀駅からは東京方面への長距離バスも運行されている。

［粟来渓谷］深山幽谷の趣が濃い谷底を清流が静かに流れる

Course Number 35

秘境の趣を残す養老渓谷を歩く

ローカル線の車窓風景と、川辺の遊歩道の渓谷美を満喫

［千葉県市原市・大多喜町］

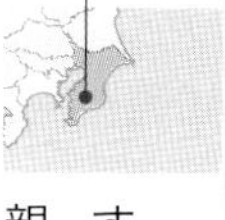

房総半島の中央に位置する養老渓谷は古くから親しまれてきた景勝地。春は新緑、夏はキャンプと水遊び、秋は紅葉の美しさを求めて多くの人が訪れる。養老温泉はラジウム鉱泉を加熱した黒い湯が特徴だ。

養老渓谷の入口はローカル線の小湊《こみなと》鉄道《てつどう》**①養老渓谷駅《ようろうけいこくえき》**。JR内房線五井《ごい》駅《えき》で乗り換えて、車窓の田園風景を楽しみながら約1時間の列車旅だ。レトロなたたずまいの養老渓谷駅を出発、案内板に従って線路を渡り、梅ケ瀬《うめがせ》方面へ進む。

ゆるやかな坂道を下って**②宝衛《ほうえい》橋《ばし》**を渡り、ほどなく梅ヶ瀬渓谷への分岐に出たら左へ。ゆるやかな坂を上り、突き当たりを右に進み、

問合せ先
養老渓谷駅前観光案内所 ☎ 0436-96-0055
大多喜町観光本陣 ☎ 0470-82-2196
小湊鉄道 ☎ 0436-21-6771

アクセス
往路／東京駅から JR 内房線特急で 41 分、五井駅下車。小湊鉄道に乗り換え 1 時間、養老渓谷駅下車。復路／養老渓谷駅から往路を戻る。

Start
①養老渓谷駅 → 徒歩10分 → ②宝衛橋 → 徒歩40分 → ③粟来渓谷 → 徒歩40分 → ④弘文洞跡 → 徒歩20分 → ⑤二階建てトンネル → 徒歩15分 → ⑥観音橋 → 徒歩10分 → ⑦白鳥橋 → 徒歩30分 → ⑧養老渓谷駅
Goal

歩行時間
約 2時間 45分
約 7.1 km
約 1 万 5000 歩
難易度
★★

[**白鳥橋**] 養老川に架かる吊橋。この橋を渡り、車道を進めば養老渓谷駅だ

[**二階建てトンネル**] 全長110m。新旧2つのトンネルの構造が面白い

[**観音橋**] 養老渓谷のシンボルとなっている朱塗りの太鼓橋

[**道沿いに咲く花**] 地元の人が育てている季節の花が目を楽しませてくれる

[**小湊鉄道**]クリームと赤のツートンカラーの車両が旅情を誘う

[**養老渓谷駅**] 雰囲気のあるレトロな駅舎

集落を抜けると夕木駐車場だ。この先で車道を離れ、細い急な坂道を下る。田んぼを回り込んだところに奥養老バンガロー村に通じる階段があり、上ると管理棟の前に出る。敷地内を通り、下りながら進むと③**蕪来渓谷**《かぶらいけいこく》だ。

蕪来川《かぶらいがわ》を渡り、再び車道に出たらしばらく道なりに歩く。やがて養老川に架かる共栄橋に到着。橋の手前から養老川の川辺に整備された中瀬遊歩道《なかせゆうほどう》が始まる。江戸時代の隧道《ずいどう》跡で、養老渓谷随一の景勝地④**弘文洞跡**《こうぶんどうあと》から遊歩道を共栄橋まで戻り、⑤**二階建《にかいだ》てトンネル**をくぐる。旅館や食堂の並ぶ養老温泉街をのんびり歩くと左手に大きな朱塗りの太鼓橋が見えてくる。養老渓谷のシンボル、⑥**観音橋**《かんのんばし》だ。

温泉街を抜けて吊橋の⑦**白鳥橋**《しらとりばし》を渡り、行きに通った道を⑧**養老**《ようろう》**渓谷駅**《けいこくえき》まで戻る。

みちくさ情報

食べる

大新

地元の素材を使った山菜・川魚料理が味わえる、養老温泉街の食事処。独特の風味と食感が楽しめる名物の鯉こく定食880円。鮎塩焼き定食（写真）1100円もおすすめ。春の山菜定食、晩秋にはむぎとろ定食も。

☎ 0436-96-0862
11～15時、不定休

温泉

養老渓谷駅足湯

駅構内にあり、鉄道を利用する人は無料で楽しめる。養老温泉は黒湯と無色の2種類があるが、こちらは黒湯。神経痛や筋肉痛に効能があるそうだ。駅オリジナルのタオル1本100円も販売している。

☎ 0436-96-1609（養老渓谷駅）
12時～16時30分（土・日曜、祝日は11～17時）、悪天候休

秘境の趣を残す養老渓谷を歩く

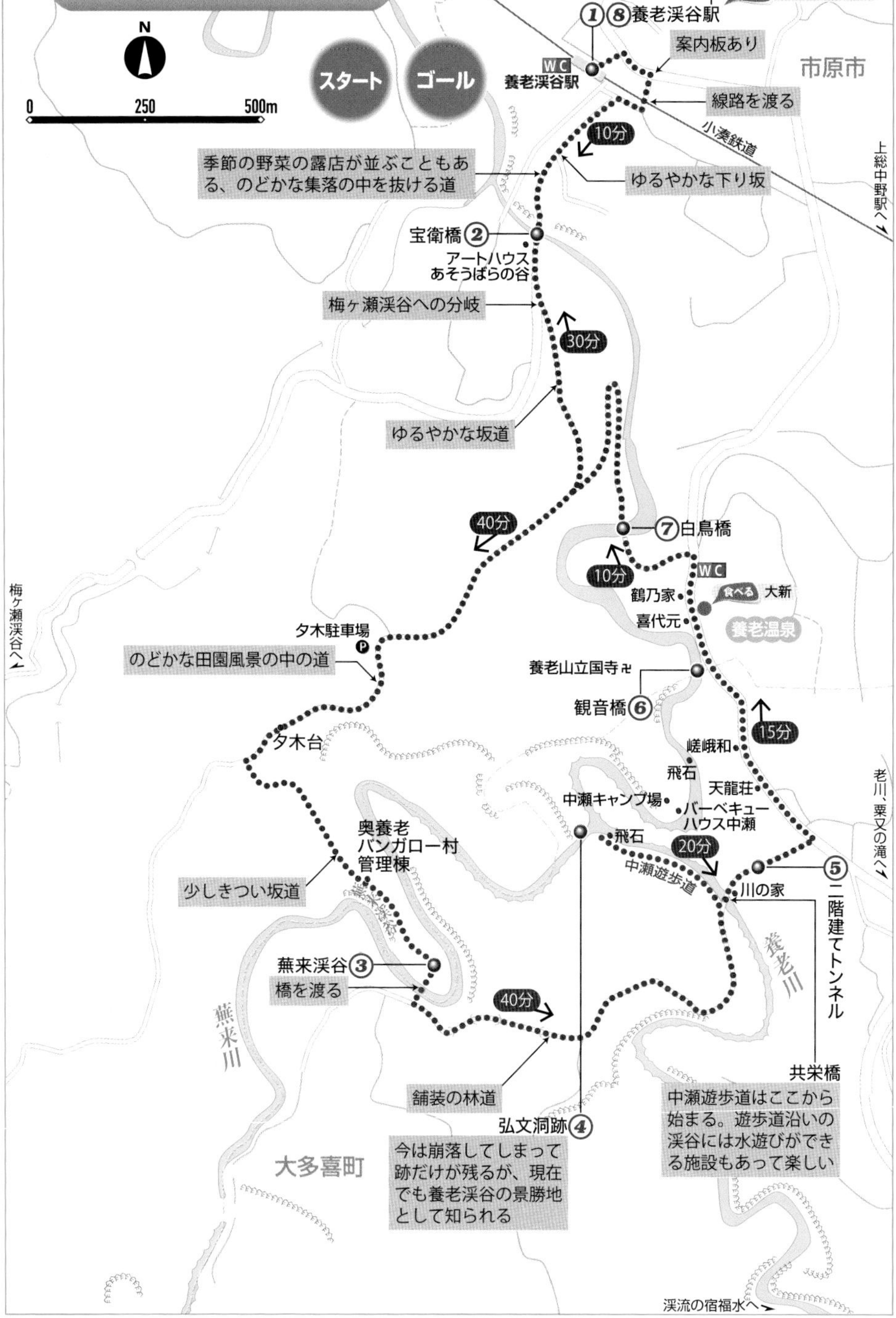
スタート
ゴール
N
0
250
500m
五井駅、千葉駅へ
温泉 養老渓谷駅足湯
①⑧養老渓谷駅
案内板あり
WC
養老渓谷駅
市原市
線路を渡る
小湊鉄道
10分
季節の野菜の露店が並ぶこともある、のどかな集落の中を抜ける道
ゆるやかな下り坂
上総中野駅へ
宝衛橋②
アートハウスあそうばらの谷
梅ヶ瀬渓谷への分岐
30分
ゆるやかな坂道
40分
⑦白鳥橋
10分
WC
鶴乃家
食べる 大新
喜代元
養老温泉
梅ヶ瀬渓谷へ
夕木駐車場
のどかな田園風景の中の道
養老山立国寺
観音橋⑥
15分
夕木台
嵯峨和
飛石
天龍荘
中瀬キャンプ場
バーベキューハウス中瀬
老川、粟又の滝へ
奥養老バンガロー村管理棟
飛石
20分
中瀬遊歩道
⑤
川の家
少しきつい坂道
二階建てトンネル
養老川
粟来渓谷
粟来渓谷③
橋を渡る
40分
粟来川
共栄橋
舗装の林道
中瀬遊歩道はここから始まる。遊歩道沿いの渓谷には水遊びができる施設もあって楽しい
弘文洞跡④
今は崩落してしまって跡だけが残るが、現在でも養老渓谷の景勝地として知られる
大多喜町
渓流の宿福水へ

Memo 小湊鉄道は本数が少ない。事前に時刻を確認して出かけよう。

［南房総白浜温泉郷］野島埼灯台の展望台から来た道を眺める

Course Number 36

房総半島最南端の野島崎へ

白亜の灯台を目指して陽光輝く海岸線を歩く

［千葉県南房総市］

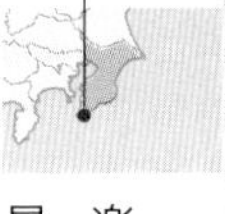

雄大な太平洋の景色を楽しみながら、房総半島最南端の海岸沿いを歩くコース。

館山駅《たてやまえき》から乗ったバスを**①フラワーパークバス停《てい》**で降りると、目の前には季節の花が楽しめる白浜フラワーパークの広大な敷地が広がっている。10分ほどで海水浴場やキャンプ場がある**②根本海岸《ねもとかいがん》**に到着。大海原を一望する雄大な景色がすばらしい。海岸にはこの地を愛した歌人・若山牧水《わかやまぼくすい》の短歌を刻んだ碑が立っている。

眺めを楽しみながら1時間ほど歩き、長尾川に架かる**③銀鱗橋《ぎんりんはし》**を渡る。ここから500m上流には明治21年（1888）に石積み工

アクセス 往路／東京駅からJR内房線特急で約2時間、館山駅下車。安房神戸経由安房白浜行きJRバスに乗り換え23分、フラワーパークバス停下車。復路／野島埼灯台口バス停からJRバス30分で館山駅。以降は往路を戻る。

問合せ先 南房総市観光協会白浜支部 ☎ 0470-38-5307

歩行時間 約2時間25分
約9.6km
約1万9400歩

難易度 ★★

Start ①フラワーパークバス停 → 徒歩10分 → ②根本海岸 → 徒歩60分 → ③銀鱗橋 → 徒歩20分 → ④ポケットパーク → 徒歩20分 → ⑤野島崎公園入口 → 徒歩10分 → ⑥野島埼灯台 → 徒歩5分 → ⑦朝日と夕陽の見える岬 → 徒歩20分 → ⑧野島埼灯台口バス停 Goal

［**ポケットパーク近くの岩礁**］見えるのは海ばかりという贅沢な風景

［**白浜フラワーパーク近くの海**］きらきら輝く海を見ながら歩こう

［**ポケットパーク**］ちょっとした休憩に格好のスポット。ウミウの姿も

［**銀鱗橋**］下立松原神社から長尾川沿いはウォーキングコースになっている

［**野島埼灯台**］目指すはこの白い灯台

法で造られた三重橋の「めがね橋」が架かっている。ウォーキングコースが整備されているから、余裕があれば足を延ばしてみよう。

④ポケットパークとよばれる休憩場所を過ぎると旅館やホテルが増えて、観光地らしい雰囲気になってくる。20分ほどで**⑤野島崎《のじまざき》公園入口《こうえんいりぐち》**に到着。遊歩道を歩いて高台に立つ**⑥野島埼灯台《のじまさきとうだい》**へ。77段の階段を上り、さらに梯子《はしご》のような急な階段を上りきれば外に出られる。眼前に太平洋の大海原が広がり、なんともいえず気分がいい。

灯台から半島の先端へ。房総半島最南端の地碑が立ち、海に突き出た岩の**⑦朝日《あさひ》と夕陽《ゆうひ》の見《み》える岬《みさき》**にはベンチが1脚だけ置かれている。ここに座ればその名に恥じない眺めが独占できる。帰りは房総フラワーラインにある**⑧野島埼灯《のじまさきとう》台口《だいぐち》バス停**から館山駅へ戻ろう。

奉納の道

治承4年（1180）、安房に滞在していた源頼朝は下立松《しもたてまつ》原《ばら》神社に太刀《たち》を奉納。のちに房総を治めた初代里見義実《さとみよしざね》も頼朝にならい、武運長久を祈って太刀を奉納したという。この故事から、下立松原神社から野島崎に至る海岸線の道は「奉納の道」とよばれている。

見学できる野島埼灯台

房総半島の最南端に立つ野島埼灯台は、東京湾に出入りする船舶にとってなくてはならない存在だ。観音崎灯台に次いで明治2年（1869）に完成した当時は白色八角形のレンガ造りだった。現在の灯台は大正14年（1925）の再建。見学は9～16時、300円。

食べる

磯料理 せと食堂

野島崎公園入口にあり、手頃な値段で新鮮な磯料理を味わえる家庭的な店。ぜひ食べたいのが、地元の漁師が船の上で作っていた「さんが焼き」（写真手前）と「なめろう」（写真奥）各 800 円。新鮮な青魚に味噌やネギ、シソを加えて作る房総の郷土料理だ。白浜産のアワビを贅沢に使ったあわびラーメン 900 円とあわび丼 1000 円も人気がある。

☎ 0470-38-3313
9 ～ 18 時、不定休

みちくさ情報

［**野島埼灯台**］灯台の上から見た野島崎の先端と太平洋。水平線が丸く見える

南房総市
下立松原神社
長尾川
めがね橋
城山
144
房総フラワーライン
長尾橋
白浜小
白浜中
加茂神社
花の南望
東横渚
8 野島埼灯台口バス停
七島橋
七島橋
道の駅白浜野島崎
ゴール
410
千倉へ
右側の歩行者用の橋を渡る
20分
白浜フローラルホール
食べる 見晴亭
20分
WC
5 野島崎公園入口
銀鱗橋 3
山下港
20分
野島埼灯台
食べる 磯料理 せと食堂
10分
ポケットパーク 4
白浜海洋美術館
5分
房総半島最南端の地碑
2・3月限定のバス停
6 野島埼灯台
朝日と夕陽の見える岬 7
太平洋を一望
野島崎
一帯に旅館やホテルが並ぶ

見る
白浜の屏風岩

根本海岸西端の波打ち際で見られる、洗濯板のような岩が屏風のように直立する奇観。約2500万年～500万年前に、太平洋プレートがユーラシアプレートに押し寄せる力によって曲がり、大きくうねった地層の一部で、波の浸食に強い泥板岩と弱い砂岩が交互に堆積した様子が観察できる。隠れていた岩が姿を現す干潮時がおすすめ。県指定天然記念物。白浜フラワーパークバス停から徒歩2分。
☎ 0470-33-1091（南房総市観光プロモーション課）

みちくさ情報

食べる
見晴亭

野島崎公園入口の公共駐車場の向かい側にあり、灯台と太平洋が見渡せる眺望を楽しみながら海鮮料理が食べられる。刺身付きの各種定食があり、なかでも新鮮なアジを使ったフライ、さんが焼き、タタキがセットになったアジづくし定食1600円が人気。うどん、そば、ラーメンなどの軽食も揃う。
☎ 0470-38-2248
8～17時（冬期は～16時）、不定休

房総半島最南端の野島崎へ

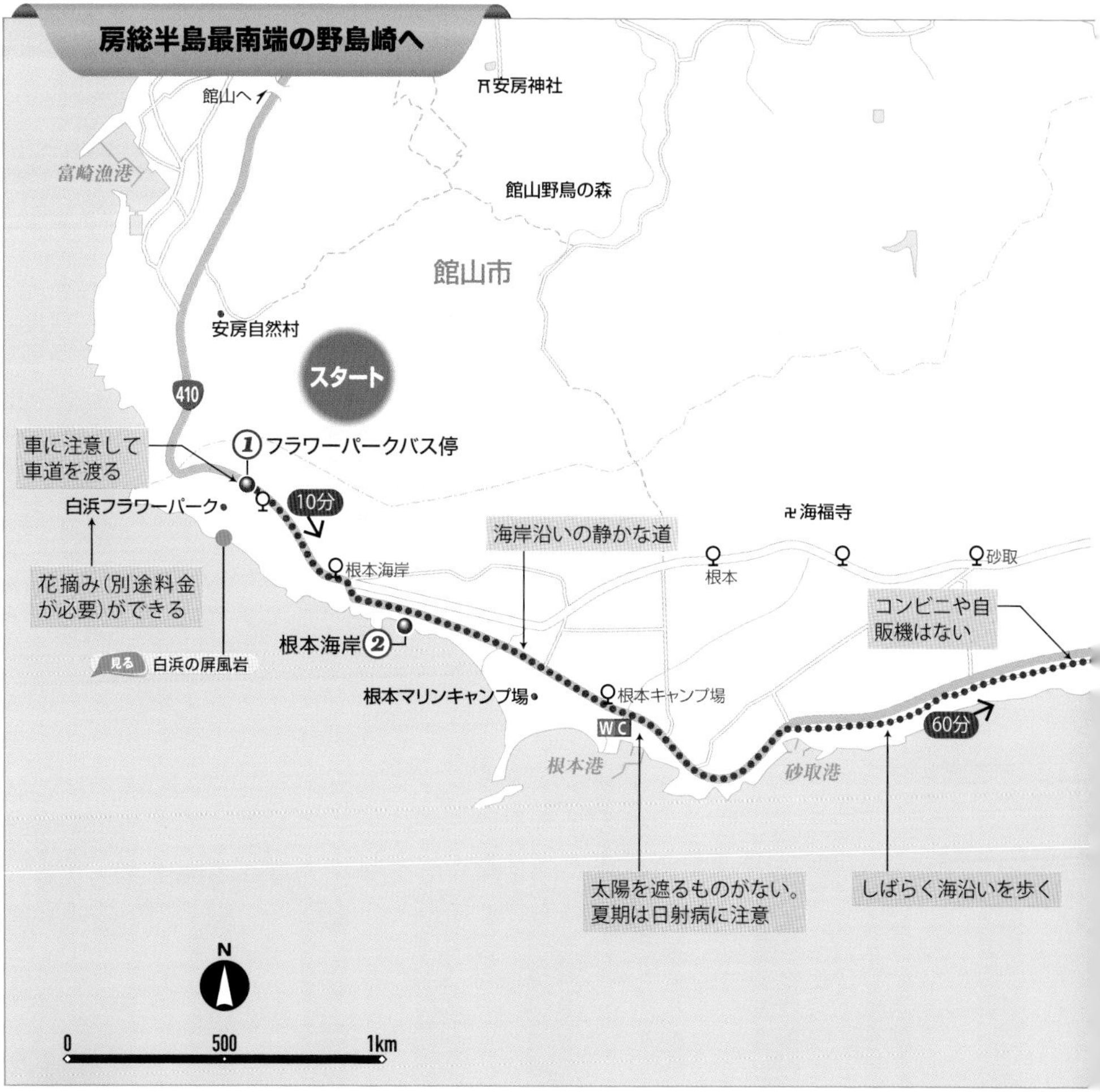
館山へ
安房神社
富崎漁港
館山野鳥の森
館山市
安房自然村
スタート
410
車に注意して車道を渡る
①フラワーパークバス停
白浜フラワーパーク
10分
海福寺
海岸沿いの静かな道
根本海岸
根本
砂取
花摘み(別途料金が必要)ができる
コンビニや自販機はない
根本海岸②
見る 白浜の屏風岩
根本マリンキャンプ場
根本キャンプ場
WC
60分
根本港
砂取港
太陽を遮るものがない。夏期は日射病に注意
しばらく海沿いを歩く
N
0
500
1km

Memo 帰りは少し離れているが野島埼灯台口バス停を利用しよう。野島崎公園入口にある野島埼灯台バス停は2・3月限定の運行で本数も少ない。

［**勝浦灯台**］高さ 70m の断崖上に立ち、40km 先まで光が届くという。日の出の名所としても知られている

Course Number 37

漁港と朝市の町・勝浦散策

活気あふれる朝市を楽しみ、太平洋一望の八幡岬公園へ

［千葉県勝浦市］

房総では銚子《ちょうし》に次ぐ漁獲高を誇る港町・勝浦を歩く。420年以上の歴史を誇る朝市《あさいち》や勝浦城跡がある八《はち》幡岬《まんみさき》公園を訪ねよう。

①**勝浦駅**《かつうらえき》から国道297号を歩き、国道128号を越えて商店街に入る。路地の奥にある②**高照寺**《こうしょうじ》の門前には「勝浦朝市発祥之地」と書かれた標柱が立ち、境内には推定樹齢1000年以上のイチョウの大木がある。太い乳柱が多数垂れ下がる様子から「乳公孫樹《ちちいちょう》」とよばれ、お乳の出がよくない母親の参詣が多いという。近くの③**覚翁寺**《かくおうじ》は勝浦城主植村《うえむら》氏代々の菩提寺。勝浦の朝市の歴史を示す定書が奉納されている。

アクセス 往路／東京駅から JR 外房線特急で 1 時間 30 分、勝浦駅下車。復路／勝浦駅から往路を戻る。

問合せ先 勝浦市観光協会 ☎ 0470-73-2500

歩行時間 約 1時間 18分
約 5.4km
約 1 万 800 歩
難易度 ★★

Start
① 勝浦駅 — 徒歩10分 —
② 高照寺 — 徒歩3分 —
③ 覚翁寺 — 徒歩3分 —
④ 下本町朝市通り — 徒歩5分 —
⑤ 遠見岬神社 — 徒歩20分 —
⑥ 八幡岬公園 — 徒歩7分 —
⑦ 与謝野晶子の歌碑 — 徒歩30分 —
⑧ 勝浦駅
Goal

[覚翁寺] 勝浦城内にあった浄林寺を寛永11年（1634）、現在地に移し覚翁寺とした

[朝市（下本町朝市通り）] 細い路地の両側に露店が並び、とれたての野菜や魚介、みやげ物などが売られている。地元の人や味との出会いを楽しみたい

[八幡岬公園] 起伏に富んだ地形を生かした自然公園。勝浦城跡、お万の方の像が立つ展望広場がある

[高照寺] 門前に勝浦朝市発祥の地の碑が立っている

[遠見岬神社]「かつうらビッグひな祭り」期間中は石段に雛人形が飾られる

勝浦の朝市は昭和30年代半ばまで旧朝市通りで開かれていたが、自動車の交通量に押されて移動を余儀なくされ、現在は月の前半は**④下本町朝市通り**《しもほんちょうあさいちどお》、後半は仲本町朝市通りで開催されている。下本町朝市通りの中央にある**⑤遠見岬**《とみさき》**神社**《じんじゃ》の石段は「かつうらビッグひな祭り」の際に約1800体の雛人形が飾られることで有名だ。

市街地を抜けて八幡岬の突端にある**⑥八幡岬公園**《はちまんみさきこうえん》まで歩く。散策路をたどり、太平洋の大海原を見渡す絶景の待つ展望広場へ。勝浦城主正木頼忠《まさきよりただ》の娘で徳川家康の側室、水戸光圀《みとみつくに》の祖母でもあるお万《まん》の方《かた》の像が立っている。

余裕があれば10分ほどの勝浦灯台に寄り、植村記念公園の**⑦与謝**《よさ》**野晶子**《のあきこ》**の歌碑**《かひ》を見たらそのまま車道を下り勝浦港へ。港から徒歩15分ほどで**⑧勝浦駅**《かつうらえき》に着く。

歴史ある勝浦朝市

勝浦朝市の歴史は豊臣秀吉が天下をとった安土桃山時代までさかのぼる。天正19年（1591）、当時の勝浦城主植村土佐守泰忠が産業振興のため、領民に魚介類と農産物を物々交換させたのが始まりと伝えられている。現在は2カ所に分かれ、毎月1～15日は下本町朝市通り、16日～月末は仲本町朝市通りが会場になる。6時ごろ～11時ごろ、水曜休。

[遠見岬神社] 高台にあり、境内からは勝浦の町を一望

食べる

ニュー福屋

ラーメン、そば、定食、酒の肴と何でも揃う庶民派食堂。なかでも勝浦のご当地グルメ、タンタンメン700円はちぢれ麺を使い、ほどよい辛さがクセになる味。勝浦駅から徒歩5分、国道128号沿いにあり、昼夜通しで営業しているので、散歩の帰りでも立ち寄れる。

☎ 0470-73-5128
11～22時、水曜休

買う

近江

朝市会場となる仲本町朝市通りにある老舗の佃煮店。カツオの角煮250g1080円、まぐろの角煮150g1080円、びん長まぐろの角煮150g1080円がおすすめ。店頭で試食もできる。さっぱりした味付けが、ご飯にも酒のつまみにも合う。電話注文可。

☎ 0470-73-5114
6～17時、無休

温泉

温泉ドーム・アクアパレス

勝浦港に面して立つ勝浦スパホテル三日月に併設された日帰り入浴施設。各種スパが充実している。

☎ 0470-73-1115
10～22時（受付けは～21時）、無休、入浴タオル込み平日1000円（土・日曜、祝日は1500円）

みちくさ情報

［与謝野晶子の歌碑］勝浦を訪れた際に詠んだ歌が刻まれている

［八幡岬公園］大海原が一望できる展望広場

［八幡岬公園］展望広場から勝浦灯台方面を望む

勝浦タンタンメン

漁師や海女《あま》が海仕事で冷えた体を温めるために、半世紀以上も前から食べられてきている勝浦のご当地グルメ。醤油ベースのスープにラー油をたっぷり使い、具材はタマネギのみじん切りと豚挽き肉が一般的。ピリリとした辛さの中にタマネギの甘み、肉のうまみが感じられる。ニンニク、ニラ、ネギを入れたり、味噌ベースのスープで出す店もある。「熱血!!勝浦タンタンメン船団公認店」の赤い幟旗が目印。

漁港と朝市の町・勝浦散策

スタート
ゴール
勝浦駅①⑧
勝浦駅
勝浦駅前観光案内所
御宿駅、東京駅へ
御宿へ
部原へ
安房鴨川駅へ
鵜原へ
JR外房線
128
297
車に注意
食べる ニュー福屋
商店街に入っていく。飲食店が多い
勝浦局
温泉 温泉ドーム・アクアパレス
②高照寺
10分
3分
WC
仲本町朝市通り
毎月16日～月末の朝市会場
買う 近江
3分
③覚翁寺
④下本町朝市通り
境橋
本行寺
毎月1～15日の朝市会場
5分
安立寺
⑤遠見岬神社
勝浦港
30分
勝浦漁港の横を通る
勝浦漁協魚市場
白灯台
勝浦湾
左折して恵比寿台トンネルを越える
勝浦市
赤灯台
坂道を下っていく
勝浦港の展望地
⑦与謝野晶子の歌碑
20分
鳴海神社
植村記念公園
10分
愛宕権現
漁業無線局
7分
勝浦灯台
大正6年（1917）に完成した高さ21mの灯台
八幡神社
ゆるやかな上り坂
⑥八幡岬公園
勝浦城跡
お万の方の像
展望広場
八幡岬
太平洋
N
0
250
500m

Memo 朝市の会場は2カ所あり、月の前半と後半で異なるから注意しよう（P135コラム参照）。

[月の沙漠像] 童謡「月の沙漠」はこの砂浜の景色から生まれた

Course Number 38

釣師海岸から「月の沙漠」の御宿へ

太平洋の荒波がくだける海食崖と、名曲が生まれた砂浜の海岸

[千葉県いすみ市・御宿町]

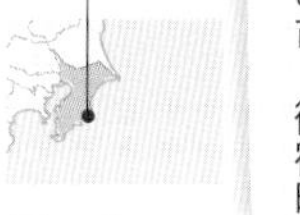

①浪花駅《なみはなえき》を出て左に進み、歩道橋で国道128号を渡ったら、田園風景の中を岩船方面へ歩く。岩船漁港に突き出た岩場が②岩船《いわふね》地《じ》蔵尊《ぞうそん》の境内だ。建治《けんじ》元年(1275)、時の中納言藤原兼貞《ふじわらのかねさだ》がこの地に堂宇を建立したと伝えられている。海岸伝いの道の先に見える迫力ある断崖が③釣師《つるし》海岸《かいがん》だ。垂直にそそり立つ高さ60mの海食崖に太平洋の荒波が打ち寄せている。やがて道は海岸から離れて山の中へ。

起伏のある山道を歩き、再び海に近づくと④ドン・ロドリゴ上陸《じょうりく》地《ち》と書かれた案内板に着く。さらに進むと⑤メキシコ記念《きねん》公園《こうえん》の駐車場に通じる分岐に出る。坂道を

アクセス
往路／東京駅から JR 外房線特急で約 1 時間 13 分、大原駅下車。各駅停車に乗り換え 4 分、浪花駅下車。復路／御宿駅から JR 外房線特急で東京駅まで 1 時間 27 分。

問合せ先
御宿町観光協会 ☎ 0470-68-2414
御宿町商工会 ☎ 0470-68-2818

歩行時間
約 2時間 35分
約 11 km
約 2 万 2000 歩

難易度
★★★

Start
①浪花駅
徒歩35分
②岩船地蔵尊
徒歩10分
③釣師海岸
徒歩65分
④ドン・ロドリゴ上陸地
徒歩15分
⑤メキシコ記念公園
徒歩10分
⑥岩和田海岸
徒歩5分
⑦月の沙漠像
徒歩15分
⑧御宿駅
Goal

［**岩和田海岸**］夏は海水浴、オフシーズンはサーファーの聖地となる

［**岩船地蔵尊**］朱色のお堂に本尊の木造地蔵菩薩坐像が祀られている

［**釣師海岸**］垂直に切り立つ断崖が迫力満点

［**ドン・ロドリゴ上陸地**］上陸地と言われる場所は海洋生物環境研究所の脇の細い道を進んだ奥にある

［**メキシコ記念公園**］日西墨三国交通発祥記念之碑が立つ

上り日西墨三国交通発祥記念之碑（メキシコ記念塔）が立つ広場へ。

慶長14年（1609）、スペイン領フィリピン総督ドン・ロドリゴの一行を乗せた帆船はフィリピンからメキシコへ帰る途中嵐に遭い、座礁・沈没。岩和田の村人は力を合わせて漂着した乗組員たちを救助した。これが日本・スペイン・メキシコ三国修好の契機となった。

公園の西側にある展望台からの眺めを楽しんだら丘を下り、白い砂浜が続く**⑥岩和田《いわわだ》海岸《かいがん》**に出る。その西に続く御宿《おんじゅく》海岸とともに夏は海水浴場として賑わう人気スポットだ。

大正時代の画家で詩人の加藤まさをは御宿海岸で着想を得て「月の沙漠」の詩を書いた。ラクダに乗った王子と姫をモチーフにした**⑦月《つき》の沙漠像《さばくぞう》**を見たら、清水川沿いを上流へ歩いて**⑧御宿駅《おんじゅくえき》**へ。

スペイン船乗組員を救った岩和田村民

フィリピン総督ドン・ロドリゴが乗った帆船サン・フランシスコ号の乗員総数は373人。そのうち317人が岩和田の村人たちに救助された。このとき活躍したのは村の海女《あま》たち。飢えと寒さで瀕死の状態にあった遭難者を素肌で温めて蘇生させたと伝えられている。写真はメキシコ記念公園にある「抱擁の像」。2009年にメキシコ政府より御宿町に寄贈された。

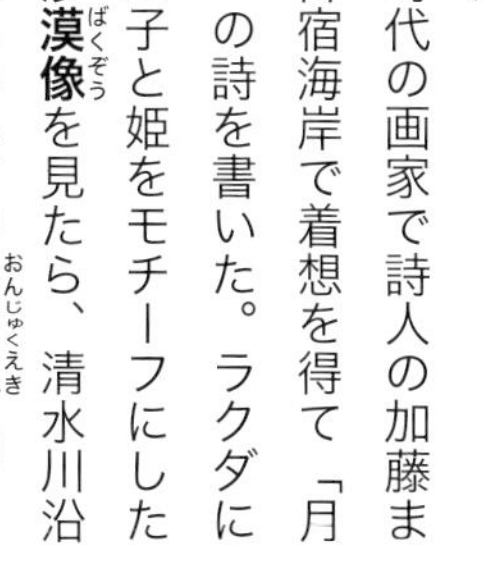

食べる

白鳥丸

御宿海水浴場の前にある、みやげと海鮮料理の店。御宿の地酒「岩の井」の酒粕を使ったチーズケーキ1300円、地魚や肉の粕漬け詰め合わせ各種1200円～。ランチには地魚を盛り合わせた鮮魚地魚の刺身御膳1750円、西京粕漬け焼き御膳1700円、トマトクリームパスタ1600円などがおすすめ。広い駐車場があり，観光客が絶えない。
☎ 0470-68-3031
8～16時（土・日曜は～17時）、不定休

みちくさ情報

買う

シーガル

ONJUKU
御宿・月の沙漠
Onjuku Tsukinosabaku

御宿駅前のみやげ専門店。食品・銘菓、海産物、御宿オリジナル商品、御宿のゆるキャラ「エビアミーゴ」のグッズと、品揃えは幅広い。おすすめは、ふんわりした生地になめらかなクリームが入った月の沙漠カスタードケーキ9個入り540円。御宿近海産の生の伊勢エビを生地に練り込んだ伊勢海老せんべい15枚入り650円も人気がある。
☎ 0470-68-3317
9～16時、水曜休

釣師海岸から「月の沙漠」の御宿へ

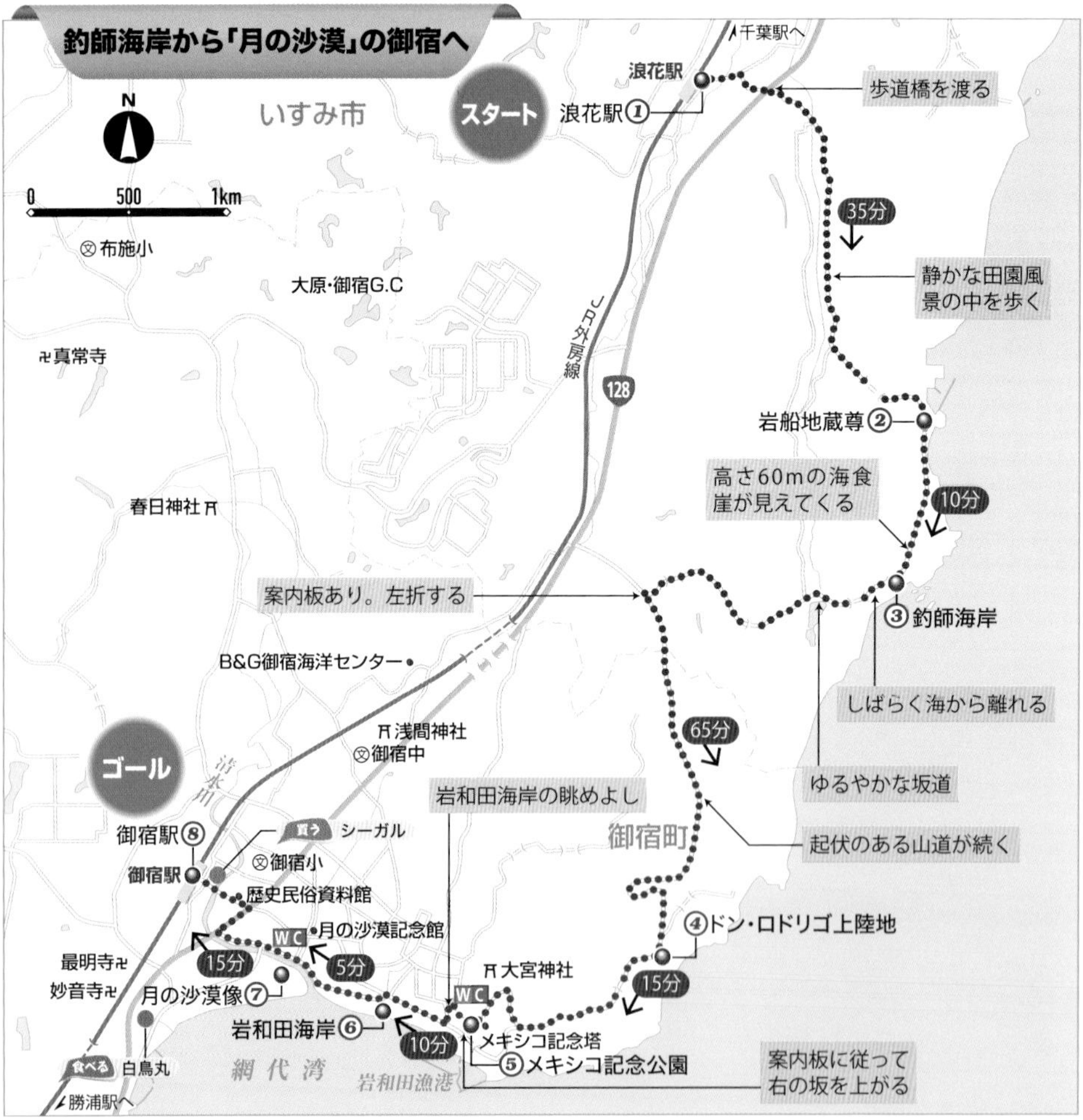

千葉駅へ
浪花駅
スタート
浪花駅①
歩道橋を渡る
いすみ市
N
0
500
1km
布施小
大原・御宿G.C
真常寺
JR外房線
128
35分
静かな田園風景の中を歩く
岩船地蔵尊②
高さ60mの海食崖が見えてくる
10分
春日神社
案内板あり。左折する
③釣師海岸
B&G御宿海洋センター
しばらく海から離れる
65分
浅間神社
御宿中
ゴール
清水川
ゆるやかな坂道
岩和田海岸の眺めよし
御宿町
起伏のある山道が続く
御宿駅⑧
買う シーガル
御宿小
御宿駅
歴史民俗資料館
WC
月の沙漠記念館
④ドン・ロドリゴ上陸地
15分
5分
最明寺
大宮神社
妙音寺
月の沙漠像⑦
15分
WC
岩和田海岸⑥
10分
メキシコ記念塔
⑤メキシコ記念公園
食べる 白鳥丸
網代湾
岩和田漁港
案内板に従って右の坂を上がる
勝浦駅へ

Memo このコースは「関東ふれあいの道」の一つ、「御宿海岸を歩くみち」を歩く。案内板があちこちに設置されているので安心して歩ける。

Course Number 39

狭山茶の名産地・金子台を歩く

入間とお茶の歴史を学び、高台に広がる茶畑へ

[埼玉県入間市]

[金子台の茶畑] 5月の新茶の時期には歩いているだけで茶葉の香りも楽しめる

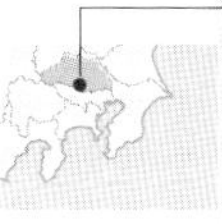

入間市や所沢市をまたぐ狭山丘陵周辺の地域は江戸時代から続く茶の産地で、今も狭山茶の主産地だ。入間市の歴史をたどりながら一面に茶畑が広がる金子台《かねこだい》を目指す。

①入間市《いるまし》博物館《はくぶつかん》バス停《てい》から高台にある**②入間市《いるまし》博物館《はくぶつかん》ALIT《アリット》**へ。入間市の自然や歴史に加え、さまざまな国や時代の茶の文化についての常設展示が充実している。

博物館から近い**③カトリック宮《みや》寺教会《でらきょうかい》**は明治43年(1910)に創立。この地域は古くから横浜との物流が活発で、狭山茶も開国後まもなく海外に輸出された。明治初期に来日した宣教師の活動により信徒が増えたことから建てられた、

アクセス
往路/池袋駅から西武池袋線急行で約40分、入間市駅下車。入間市博物館行き西武バスで約25分、終点下車。復路/金子駅からJR八高線、青梅線と乗り継ぎ新宿駅へ。

問合せ先
入間市観光協会 ☎ 04-2964-4889
狭山茶業振興協力会(埼玉県茶業研究所内)
☎ 04-2937-1657

歩行時間
約1時間50分
約7.2km
約1万4000歩

難易度
★★

Start
①入間市博物館バス停
徒歩すぐ
②入間市博物館ALIT
徒歩5分
③カトリック宮寺教会
徒歩15分
④二本木神社
徒歩40分
⑤埼玉県茶業研究所
徒歩25分
⑥馬頭坂
徒歩25分
⑦金子駅
Goal

［カトリック宮寺教会］毎週日曜日の朝にはカランカランと礼拝の鐘が響く

［入間市博物館］茶の原産地とされる中国・雲南省の古茶樹。直径は約30㎝もある

［入間市博物館］古多摩川に浸食されたハケの上に立ち、見晴らしがいい

［茶の花］9月～11月ごろに小さな花を咲かせる（写真提供：茶業研究所）

［二本木の茶畑］二本木神社の鳥居前を左に進むと茶畑が広がっている

［入間市博物館］庭園に立つ茶室「青丘庵」は一般に貸し出されている

埼玉県最初のカトリック教会だ。

かつては日光と八王子を結び千《せん》人同心《にんどうしん》が通った街道だった県道狭山下宮寺線を進み、最初の信号で右折。梅の木に囲まれた参道を上って④**二本木神社**《にほんぎじんじゃ》へ。境内の周辺にも茶畑が広がっている。

中村屋武蔵工場がある狭山台からゴルフ場を迂回するように北西に進むと、茶畑の中に立つ⑤**埼玉**《さいたま》**県茶業研究所**《けんちゃぎょうけんきゅうじょ》が見えてくる。金子台とよばれるこの地域には300haもの茶畑が広がっており圧巻。茶畑の間の土の道を、景色を楽しみながら歩こう。

⑥**馬頭坂**《ばとうざか》下の霞川を渡って青梅入間線（県道63号）に出ると、通り沿いに茶園が並んでいる。狭山茶は店舗や銘柄ごとに味が多様なので、試飲して好みに合ったお茶を探したい。八高《はちこう》線の高架が見えたら⑦**金子駅**《かねこえき》まではすぐ。

新茶時期の茶摘みフェスタ

埼玉県茶業研究所では例年6月初旬に「狭山茶摘み体験フェスタ」を開催している。研究所で育てているさまざまな種類の茶葉が摘める（写真）ほか、手揉み茶の実演や家庭でできるお茶づくり、おいしいお茶のいれ方講座、茶摘み娘衣装体験など、楽しいイベントが盛りだくさん。茶葉を使った菓子や料理の屋台も出て賑わう。茶業研究所は改修のため2021年春ごろまで閉鎖中のため、開催情報についてはHPを参照のこと。

買う

的場園

栽培から製茶、販売まで一貫して行う、4代続く老舗の狭山茶園。急須に入れたままにできる特製ティーバッグ、日本で初めて的場園が開発した食べられる茶葉「EATea」、茶の実を搾ったオイルと茶葉で作ったイタリアンソース・グリーンティージェノベーゼなど、新しいお茶文化を模索するオリジナル商品が揃う。

☎ 04-2936-0615
10〜19時、無休

みちくさ情報

食べる

お茶っこサロン一煎

入間市博物館ALIT併設のレストラン。一番人気は一風変わったお茶料理が楽しめる「彩り九鉢」1730円と「彩り六鉢」1190円（写真）。茶そばで味わうかき揚げそば850円もおすすめ。味噌かつ膳やカレーライスなど一見関係のなさそうな料理にも必ず茶葉が使われているほか、地元食材もふんだんに使用している。

☎ 04-2934-3316
10時30分〜18時、休みは博物館に準ずる

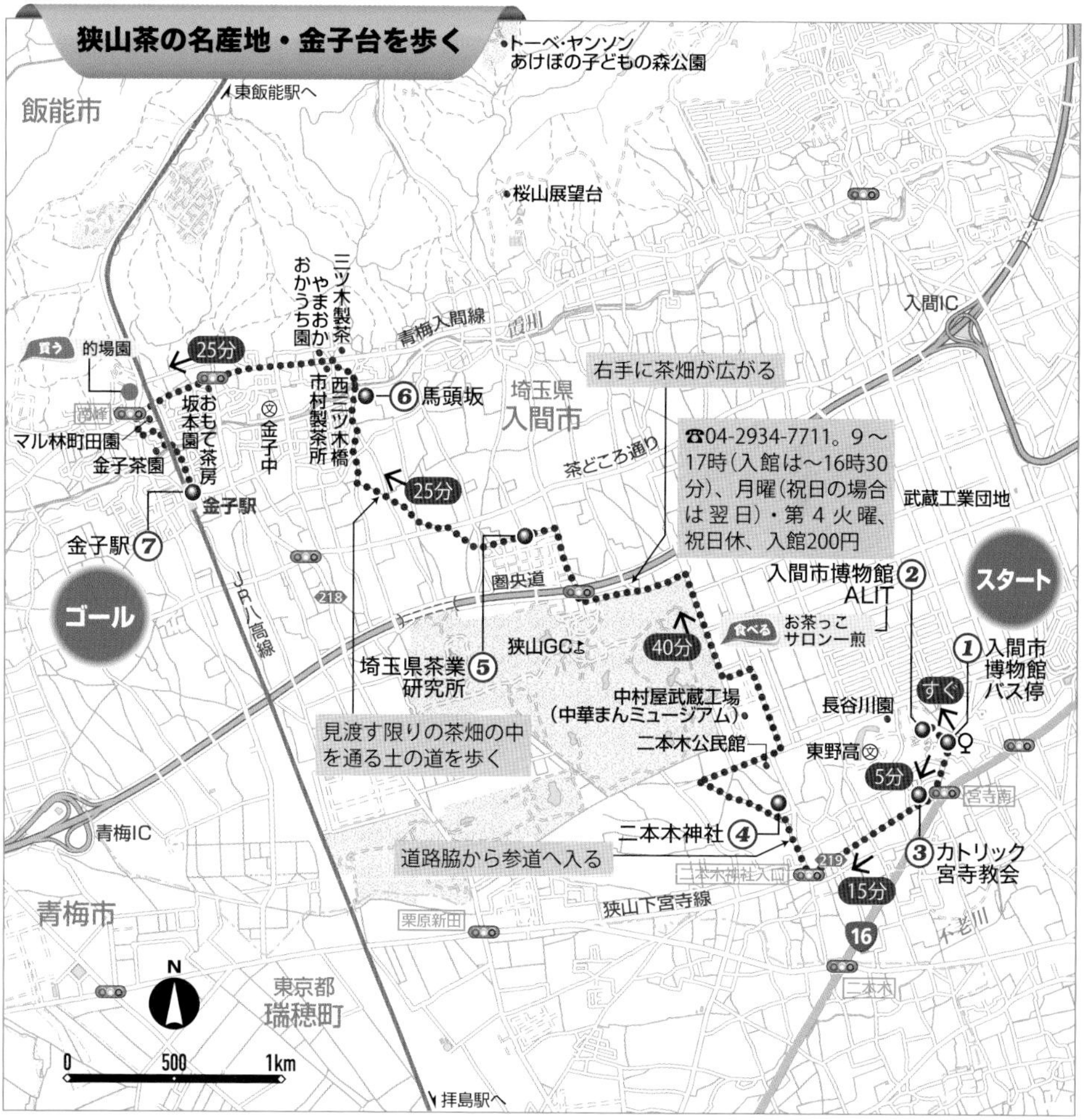

Memo 「入間市」と「狭山市」は戦後の市町村合併を経てできた新しい市名。そのため「狭山茶」の全産地は狭山市ではなく入間市であるという、逆転が起きてしまった。

[尾高惇忠生家] 前の道は旧渋沢邸「中の家」へと続く

Course Number 40

渋沢栄一ゆかりの「論語の里」

新1万円札の顔となる〝日本近代経済の父〟の故郷を訪ねる

[埼玉県深谷市]

天保《てんぽう》11年（1840）、武蔵国《むさしのくに》血洗島村《ちあらいじまむら》（現在の深谷《ふかや》市）の豪農の家に生まれた渋沢栄一《しぶさわえいいち》は、「近代日本経済の父」ともよばれる偉人。2024年度から新1万円札の〝顔〟となる栄一の足跡を訪ねる。

深谷駅から**①旧煉瓦製造施設《きゅうれんがせいぞうしせつ》**へ。栄一は西洋風の近代的なレンガ建築を造るため、明治21年（1888）、今の深谷市北部に日本煉瓦製造株式会社を設立。深谷産のレンガは東京駅、旧丸ビル、日本銀行旧本館などにも使用された。

工場は2006年に操業を終えたが、現在、旧煉瓦製造施設として、レンガ造りの「旧変電室」「備《び》前渠《ぜんきょ》鉄橋」「ホフマン輪窯6号窯

アクセス
往路／東京駅からJR高崎線で約1時間30分、深谷駅下車。タクシー約12分で旧煉瓦製造施設。復路／旧渋沢邸「中の家」からタクシー約15分で深谷駅。深谷駅から往路を戻る。

問合せ先
深谷市観光協会 ☎ 048-575-0015
深谷市文化振興課 ☎ 048-577-4501
渋沢栄一記念館 ☎ 048-587-1100

歩行時間
約1時間25分
約5.2km
約1万歩

難易度
★

Start
① 旧煉瓦製造施設（旧日本煉瓦製造株式会社）
徒歩40分
② 大寄公民館（誠之堂、清風亭）
徒歩15分
③ 尾高惇忠生家
徒歩7分
④ 鹿島神社
徒歩8分
⑤ 渋沢栄一記念館
徒歩15分
⑥ 旧渋沢邸「中の家」
Goal

[誠之堂と清風亭] 大寄公民館の敷地に移築されている渋沢ゆかりの誠之堂（右）と清風亭（左）

[小山川沿いの道] 今も自然が息づく土手沿いを歩くのは気持ちがいい

[誠之堂] 渋沢栄一の喜寿を記念して建てられた。西洋風の造りのなかに東洋的な意匠も取り入れられている

[日本煉瓦製造株式会社旧変電室] 蒸気機関から電動機に切り替えるために建てられた

[日本煉瓦製造株式会社旧事務所] 明治21年（1888）ごろの建築。現在は煉瓦史料館として公開されている

（2024年ごろまで保存修理工事のため非公開）」、木造の「旧事務所」が国の重要文化財として保存されている。旧煉瓦製造施設から利根川の支流・小山川《こやまがわ》沿いを歩く。サイクリングロードとして整備されていて歩きやすい。肥沃な関東平野の向こうに、栄一も眺めたであろう日光連山、赤城山《あかぎやま》、榛《はる》名連峰《なれんぽう》などの山並みが望める。

②大寄公民館《おおよりこうみんかん》の敷地内には、大正5年（1916）に栄一の喜寿を記念して造られた誠之堂《せいしどう》（国重文）と、大正15年（1926）築の清《せい》風亭《ふうてい》（県指定有形文化財）が保存・公開されている。いずれも世田谷区から移築されてきたものだ。

大寄公民館から小山川を渡り、西へ進むと**③尾高惇忠生家《おだかじゅんちゅうせいか》**。若いころの栄一は、いとこにあたる惇忠から論語などを学んだ。尾高惇忠生家から旧渋沢邸「中の家《なかんち》」ま

近代日本経済の父 渋沢栄一

一橋慶喜《ひとつばしよしのぶ》（のちの15代将軍徳川慶喜）に仕えた栄一は、慶応3年（1867）、慶喜の実弟・徳川昭武《とくがわあきたけ》に随行して欧州を視察。維新後、明治政府の大蔵省に出仕して新貨条例・国立銀行条例などの起草にあたる。退官後は民間の経済人として活動し、第一国立銀行を設立して拠点とした。大阪紡績会社など設立した会社は500余りといわれ、実業界の指導的役割を果たした。

引退後は教育・社会事業、国際交流にも尽力する。昭和6年（1931）、91歳にて永眠。

渋沢栄一記念館所蔵

［**旧渋沢邸「中の家」**］渋沢栄一の生誕地。栄一は東京に居を構えてからも多忙の合間を縫って、年に数回はこの家に帰郷した。その際に寝泊まりした部屋が残されている

鹿島神社

［**鹿島神社**］旧下手計村の鎮守。拝殿には栄一が揮毫した「鹿島神社」の扁額が掲げられている

［**渋沢栄一記念館**］館内には栄一直筆の書簡などの遺墨や写真をはじめ貴重な資料が展示されている

利根川
浄水場
豊里小
眺望が開け、日光連山、赤城山、榛名連峰などの山々が見渡せる
9時～15時30分、土・日曜のみ公開、見学無料
スタート
小山橋
浄化センター
WC
高塚橋
旧煉瓦製造施設①
旧事務所
ホフマン輪窯
旧変電室
備前渠用水
八号橋
備前渠鉄橋
小山川と唐沢川の合流地点。そのまま唐沢川沿いを歩くと深谷駅方面に行ってしまうので、必ず八号橋を渡り小山川に戻る
唐沢川
深谷駅へ

で約1・5㎞の道は「論語の道」とも称され、周辺は栄一に関連する史跡が多いことから「論語の里」とよばれている。途中、右手に④**鹿島神社**《かしまじんじゃ》が立つ。⑤**渋沢栄一**《しぶさわえいいち》**記念**《きねん》**館**《かん》では、栄一の生い立ちや業績を写真やパネルなどで紹介。

栄一の生誕地に立つ⑥**旧渋沢邸**《きゅうしぶさわてい》**「中の家**《なかんち》**」**の主屋は、明治28年（1895）に建てたもの。栄一をしのび、深谷駅へ戻ろう。

渋沢栄一の学問の師
尾高惇忠

天保《てんぽう》元年（1830）に血洗島村の隣、下手計村《しもてばかむら》に生まれる。雅号は藍香《らんこう》。学問に優れ、自宅で私塾を開いた。そこで学んだ栄一は大きな影響を受けたという。富岡製糸場（群馬県）の初代場長になると女子工員の教育に重点をおき、一般教養の向上を図った。生家から徒歩約5分の場所に墓があり、旧下手計村の鎮守・鹿島神社の境内には栄一らが建てた頌徳碑《しょうとくひ》がある。

見る

青淵公園

青淵とは、栄一の雅号。渋沢栄一記念館から旧渋沢邸「中の家」周辺にかけて、清水川沿いに広がる9万8000㎡の園内は芝生が敷き詰められて開放的。桜などの樹木も植えられ、小さな池もあってほっとひと息つける。ベンチやテーブルセットが随所に置かれており、お弁当などを広げるのにぴったりだ。

☎ 048-574-6657（深谷市公園緑地課）
入園自由

みちくさ情報

食べる

割烹 楓

渋沢栄一が好んで食べたという郷土料理「煮ぼうとう」750円が人気。幅広で厚みのある麺を、深谷ネギをはじめ地場産の野菜をたっぷり入れて煮込む。昔ながらのしょうゆベースの味付けは、素朴な中に深い味わいがある。深谷の新・ご当地グルメ「カレー焼きそば」550円も食べてみたい。

☎ 048-587-3260
11時～14時30分（14時LO）、17～22時（21時30分LO）、火曜休

渋沢栄一ゆかりの「論語の里」

太田へ
9～17時、無休、見学無料
ゴール
9～17時、無休、見学無料
見る 青淵公園
⑤渋沢栄一記念館
清水橋
旧渋沢邸⑥「中の家」
WC
八基小
④鹿島神社
9～17時、無休、見学無料
14
薬師堂
15分
8分
③尾高惇忠生家
尾高惇忠の墓
7分
狭い県道なので歩行時には車、自転車に要注意
45
下手計
血洗島
清水川
大塚
深谷市
食べる 割烹 楓
例年3月下旬～4月上旬にかけて、桜とナノハナの競演が見事
15分
355
堰橋
小山川
共栄橋
高橋
入川橋
大寄公民館②
誠之堂
清風亭
40分
9時～16時30分、無休、見学無料
高崎へ
14
矢島
N
17
深谷バイパス
大寄小
0 250 500m
大寄
深谷駅へ
熊谷へ

[**鹿島神宮の奥参道と樹叢**] 約21万坪の森は800種を超える植物の宝庫

Course Number 41

鹿嶋の古社と古墳をめぐる

歴史が息づく古道を歩き、里山の風景にも出合う

［茨城県鹿嶋市］

歴史ある鹿嶋《かしま》の地に残る「鹿島三社詣《まい》りの古道」を歩き、三社のうち二社を参拝。コース後半は古墳群をめぐる。鹿島神宮、坂戸《さかと》神社、沼尾《ぬまお》神社の三社を結ぶ道は、ハレの日のための神聖な道だった。今は鹿嶋神《かみ》の道《みち》運営委員会が破魔矢《はまや》型の道しるべや鳥居《とりい》型の案内板を設置。安心して歩ける上に、知識も深められる。

①**鹿島神宮駅**《かしまじんぐうえき》からレンガの坂道を上ると、右手に②**塚原卜伝像**《つかはらぼくでんぞう》が現れる。卜伝は戦国時代に活躍した鹿嶋出身の「剣聖」だ。信号機のある交差点を左へ曲がると鹿島神宮の表参道。大きな鳥居が見えてくる。常陸国一之宮の③**鹿島神**《かしまじん》

問合せ先
鹿嶋神の道運営委員会（鹿嶋人ギャラリー）
☎ 0299-77-8878
鹿嶋市観光協会 ☎ 0299-82-7730
鹿島神宮 ☎ 0299-82-1209

アクセス
往路／東京駅から高速バスかしま号で約2時間、鹿島神宮駅下車。復路／鹿島神宮駅から往路を戻る。

Start ①鹿島神宮駅 → 徒歩3分 → ②塚原卜伝像 → 徒歩7分 → ③鹿島神宮 → 徒歩60分 → ④坂戸神社 → 徒歩45分 → ⑤夫婦塚古墳 → 徒歩15分 → ⑥稲荷塚古墳 → 徒歩5分 → ⑦千年塚 → 徒歩15分 → ⑧鹿島神宮駅 Goal

歩行時間
約2時間30分
約10km
約2万歩

難易度
★★

［鹿島三社詣りの古道］手つかずの森の中を歩く

［鹿島神宮］皇紀元年（紀元前 660 年）の創建と伝わる古社。社殿は元和 5 年（1619）に 2 代将軍徳川秀忠が寄進した

［鹿島三社詣りの古道］破魔矢型の道しるべ（右）と、苔むした庚申塔（左）

［坂戸神社］一間社流造の本殿、切妻造の拝殿はいずれも江戸末期の造営と伝わる

［塚原卜伝像］剣の達人として知られる鹿島新当流の開祖

宮《ぐう》の祭神は武甕槌大神《たけみかづちのおおかみ》。広大な境内に楼門、社殿、奥宮（いずれも国の重要文化財）、さざれ石、要《かなめ》石《いし》、御手洗池《みたらしのいけ》などが点在する。

杉、ヒノキ、スダジイなどの巨木が林立する厳かな奥参道を通って神宮の境内を抜ける。赤い道しるべに従い、しばらく住宅地を歩く。鹿島中央自動車学校を右手に見て進むといよいよ「鹿島三社詣りの古道」に入る。景色は一変し、うっそうとした樹林の中の山道を上って下りると、急に視界が開けて谷津田《やつた》が広がる。

再び山道を上り、山之上《やまのうえ》の集落に鎮座する鹿島三社の一社④**坂戸**《さかと》**神社**《じんじゃ》へ。集落を抜け、下り坂を進むと、国土《こくど》神社の先にも水田が広がる。桜並木の水神川《すいじんがわ》に隣接する水《みず》神社を背に100mほど進み、Y字路を左へ。豊郷《とよさと》小学校を左手に見ながら細い坂道を上る。

『常陸国風土記』にも記載 鹿島三社とは？

鹿島神宮とその摂社である坂戸神社、沼尾神社（写真）を指す。養老《ようろう》年間（717～724）に編纂された『常陸国風土記《ひたちのくにふどき》』には、「天《あめ》の大神社《おおかみのやしろ》（鹿島神宮）、坂戸社、沼尾社、三処を合《あわ》せて、惣《す》べて香島《かしま》の大神と称《もう》す。因《よ》りて郡《こおり》に名づく」という記述が見られる。

坂戸神社は中臣《なかとみ》（藤原）氏の祖神とされる天児屋根命《あめのこやねのみこと》を、沼尾神社は経津主大神《ふつぬしのおおかみ》を祀る。三社ともに「鹿島神宮境内附郡家《ぐうけ》跡《あと》」として国の史跡に指定されている。

［**夫婦塚古墳**］全長約 108m、高さ 7.5m の大規模な前方後円墳

［**谷津田**］美しい里山の風景に心もいやされる

［**水神川の桜並木**］例年、4 月上旬に桜の花が川岸を彩る

［**稲荷塚古墳**］鶴来（かくらい）稲荷大明神の石祠が立つ、高さ 6.1m の円墳

［**千年塚**］天人、鶴の化生と尊敬された鹿島神宮の神官の霊を祀ったと伝わる

⑤**夫婦塚古墳**《めおとづかこふん》は6世紀に築造された、規模の大きな前方後円墳だ。

隣接する鹿嶋浄水場から先は、黄色の道しるべに従い、再び樹林の中へ。手つかずの原生林のような深い緑の中に6世紀ごろに造営された円墳の⑥**稲荷塚古墳**《いなりづかこふん》と長方形の⑦**千年塚**《せんねんづか》がひっそりとある。

千年塚から少し歩き住宅地へ出て、県道18号を右に。長い下り坂を進めば、⑧**鹿島神宮駅**《かしまじんぐうえき》へ戻る。

「鹿島立ち」でも知られる常陸国一之宮・鹿島神宮

神武《じんむ》天皇が即位の年に神恩感謝の意をもって使をつかわし、勅祭《ちょくさい》したと伝わる古社、鹿島神宮は古来、農漁業や商工の殖産、縁結び、安産の神様として厚く信仰されてきた。また、門出や旅立ちを「鹿島立ち」というように、交通安全・旅行安泰の御神徳でも知られる。

毎年1月の白馬祭《おうめさい》、3月の祭頭祭《さいとうさい》、9月の例祭や神幸祭《じんこうさい》、12年に一度、午《うま》年に執り行われる御船祭《みふねまつり》でも有名だ。

境内には鹿島三社の坂戸社と沼尾社の遥拝所《ようはいじょ》があり、最近ではそのすぐ近くにある境内社・須賀社《すかやしろ》の石灯籠の火袋《ひぶくろ》の穴が、ハート型をしていることから、ひそかな人気スポットとなっている（写真）。

食べる

一休

鹿島神宮境内の御手洗池の隣に立つ茶屋。神宮の天然の湧水を使った、のど越しのいいそばが評判。"将来の見通しがよい"レンコンなど、縁起のいい8種類の具材をのせた八福（はちふく）そば（写真）950円、湧水(わきみず)せいろそば780円がおすすめ。みたらしだんご、草だんご、きびだんご各400円も味わいたい。

☎ 0299-82-4393
9～17時、荒天休

みちくさ情報

買う

鹿嶋人ギャラリー

鹿島神宮の表参道にあり、アクセサリーや花器、ハンドバッグ、さらにクッキー、マドレーヌなどの菓子類まで地元の人の手作りの品を販売している。米どころならではのせんべい、かきもち100円～も人気。「鹿嶋神の道運営委員会」の事務局を兼ねており、毎月、市内各所を歩く「鹿嶋再発見まち歩きツアー」を実施している。

☎ 0299-77-8878
10～16時、木曜休

Memo 鉄道利用の場合は、JR成田線佐原駅から鹿島線に乗り換え20分、鹿島神宮駅下車。

Course Number 42

清流と石畳の城下町を歩き、豪農の屋敷や古社を訪ねる

〝常陸の小京都〟たつごの里

［茨城県高萩市］

［穂積家住宅］正面入口の長屋門。門の先にある茅葺き屋根の主屋も見事だ

応永《おうえい》年間（1394〜1428）ごろに築城されたと伝わる竜子山城《たつごやまじょう》は、江戸時代初頭に出羽国《でわのくに》の武将・戸沢《とざわ》氏が入封して城郭を整備し城下町を繁栄させ、名を松岡城と改めた。戸沢氏が転封すると水戸藩附家老《つけがろう》の中山氏が受領した。そもそもの由来から「たつごの里」とよばれるこの地域は、城下町時代の面影を残した町並みが魅力だ。

①川側《かわばた》バス停《てい》からアーチ型の川側橋を渡って**②穂積家住宅《ほづみけじゅうたく》**へ。ここは安永《あんえい》2年（1773）に建てられた豪農の屋敷で、当時の屋敷絵図の姿がほとんどそのまま残る貴重な建築。池や竹藪が見事な100坪の庭園もぜひ回ろう。

アクセス

往路／上野駅から JR 常磐線勝田行きで約 2 時間の水戸駅で高萩行きに乗り換え約 1 時間、終点下車。茨城交通バス千代田行きで約 20 分、川側バス停下車。復路／往路を戻る。

問合せ先

高萩市観光商工課 ☎ 0293-23-7316
高萩市観光協会 ☎ 0293-23-2121

歩行時間
約1時間15分
約5.1km
約1万歩

難易度
★

Start
①川側バス停 → 徒歩5分 → ②穂積家住宅 → 徒歩20分 → ③松岡城址アプローチ広場 → 徒歩5分 → ④丹生神社 → 徒歩10分 → ⑤王塚神社 → 徒歩20分 → ⑥朝香神社 → 徒歩10分 → ⑦川側バス停
Goal

[松岡城跡] アプローチ広場の手前には堀と土塁が復元されている

[大手橋] 竜子川に架かる大手橋の先には、三の丸跡に立つ松岡小学校がある

[関根川] この先で竜子川と合流する。このあたりは川水も澄み、せせらぎが心地よい

[王塚神社] 境内へ続く長い石段。急勾配で段幅も狭いので注意

[丹生神社] うっそうとした木々と竹林の中に立つ。社殿の脇には梅の木も

敷地東側の駐車場から道路に出てたつご通りへ。関根川《せきねがわ》と合流する付近のY字路は松岡八景の一つ「関根の夕照《せきしょう》」が歌われた場所だ。

石畳の通りを進み、土蔵を残す松岡小学校を左に回ると、松岡城跡に造られたアプローチ広場に到着。実際の城郭はさらに奥だが、竹が生い茂り散策は困難。右奥に進むと、江戸時代から伝わる3匹の獅子が演じる行事「棒ささら」で有名な④丹生神社《たんしょうじんじゃ》がある。

竜子川まで戻り、東へ。関根川と合流した少し先に、⑤王塚神社《おうつかじんじゃ》へ続く長い石段がある。創建は不詳だが、竜子山城を築いた中世の豪族・大塚氏と関連があるようだ。

来た道を戻りさらに西へ。畑の間を縫って再び関根川沿いを歩き、静謐な⑥朝香神社《あさかじんじゃ》へ。たつご通りに戻り、高萩インター通りを越えて10分で⑧川側《かわばた》バス停《てい》に着く。

城下の景色を称えた松岡八景

文化年間（1804～17）、当時の城主だった中山信敬《なかやまのぶゆき》は儒学者の亀里亀章に松岡城下の景勝地を選ばせ、各地に季節ごとの詩歌をつけた。これが「松岡八景」で、そのうちのいくつかが「たつごの里」にあり、案内板が立っている。

朝香神社と里見氏のルーツ

朝香神社では2016年に600年前の棟札が発見された。調査の結果「鎌倉新御堂殿、里見源基宗、寺岡平義之」と書かれていることがわかり、里見氏のルーツの一つが高萩だったことを示す史料となっている。

食べる

ら麺はちに

行列ができるラーメン店。たつご味噌の「たつごの里」を使った濃厚なスープと肉みそが自慢の「みそ火山らめん」880円（写真）は、ミズナの食感とレモンの後味が爽やかで、お年寄りにも人気。南高梅、岩海苔、大根おろしが入ったさっぱり風味の「梅のりしおらめん」820円もおすすめ。

☎ 0293-44-3328

11～14時、17時30分～19時45分（土・日曜、祝日は11～15時のみ）、月曜休

みちくさ情報

買う

たつご味噌

たつご味噌

安政元年（1854）創業の味噌醸造所。蔵は当時のまま、木桶で仕込む製法も変わらない。敷地内に直売店があり、国産大豆・国産米のみで作る「たつごの里」780円ほか、大葉と青唐辛子入りの「めしどろぼうさん」、味噌ようかんなどが並ぶ。屋敷森に囲まれた庭も見事。工場見学（要予約）や味噌づくり体験（有料）なども行っている。

☎ 0293-23-5222

8～17時、不定休

“常陸の小京都”たつごの里

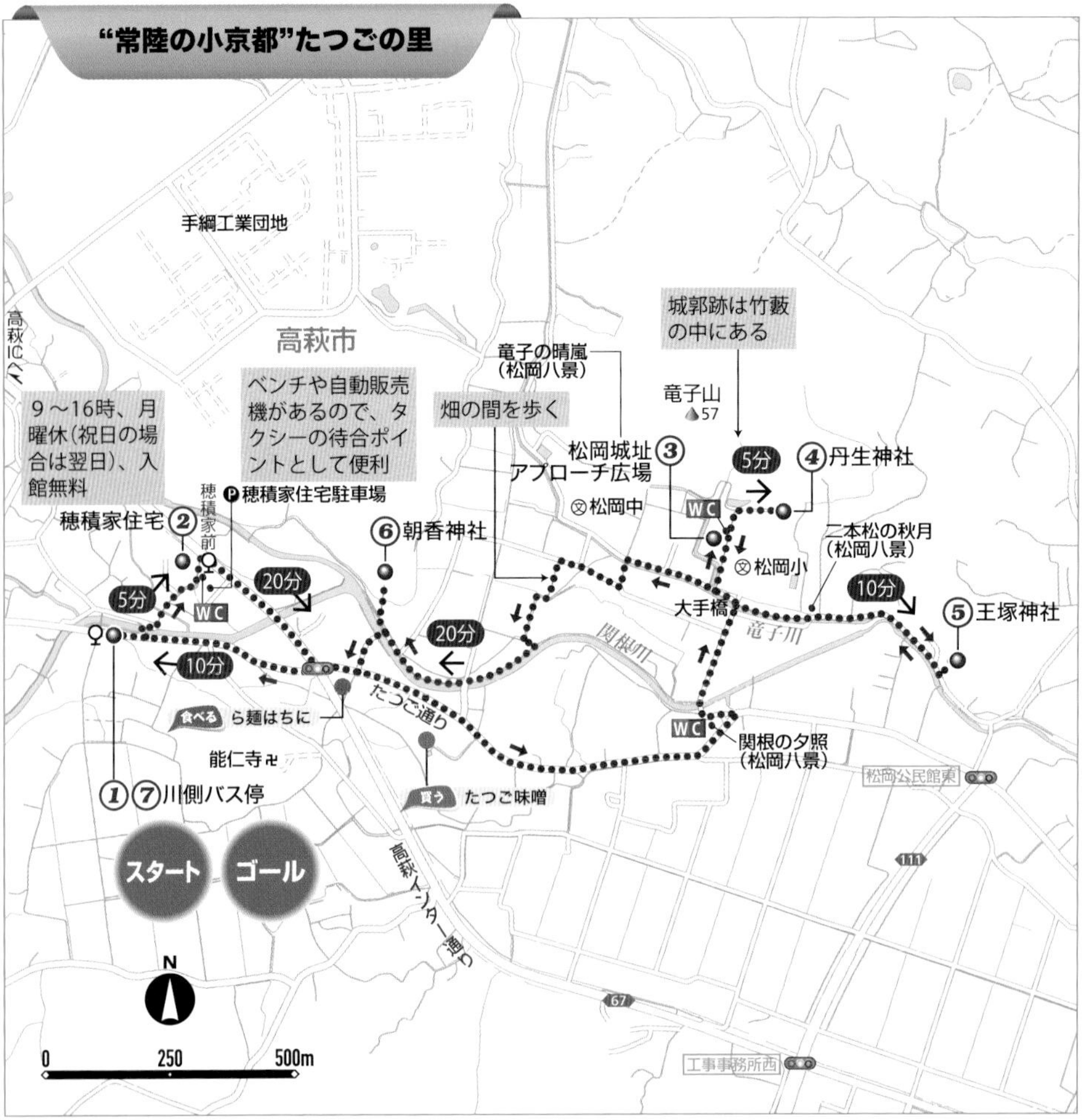

手綱工業団地
高萩市
高萩IC
9～16時、月曜休（祝日の場合は翌日）、入館無料
ベンチや自動販売機があるので、タクシーの待合ポイントとして便利
畑の間を歩く
竜子の晴嵐（松岡八景）
城郭跡は竹藪の中にある
竜子山 57
松岡城址アプローチ広場 ③
5分
④丹生神社
穂積家前
穂積家住宅駐車場
穂積家住宅 ②
松岡中
WC
二本松の秋月（松岡八景）
⑥朝香神社
松岡小
5分
20分
10分
大手橋
⑤王塚神社
20分
関根川
竜子川
10分
WC
食べる ら麺はちに
たつご通り
WC
関根の夕照（松岡八景）
能仁寺
松岡公民館東
①⑦川側バス停
買う たつご味噌
スタート
ゴール
高萩インター通り
111
N
67
0 250 500m
工事事務所西

Memo 高萩駅～穂積家住宅を結ぶバスは1日数本しかないので時間に注意。タクシーを呼んだ場合は片道1600円程度。高萩タクシー ☎ 0293-22-2413

Course Number 43

土浦城址と城下町めぐり

水陸交通の要衝として栄えた商業都市に残る江戸時代の櫓門と店蔵

［茨城県土浦市］

［**亀城公園**］350年以上前に改築された当時の姿をとどめる櫓門。園内は桜の名所でもあり、3月下旬～4月上旬が見頃

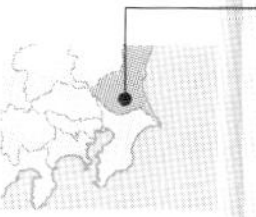

江戸時代は水戸街道と霞《かすみ》ケ《が》浦《うら》という水陸交通の要衝として栄えた土浦。古い城下町ならではの街歩きが楽しめる。

①土浦駅《つちうらえき》西口を出たら、市役所を左に見て大通りを進む。土浦高架道をくぐり、中央一丁目の信号を左折すると、土蔵造りの**②土浦《つちうら》まちかど蔵《くら》「大徳《だいとく》」**、**③矢口《やぐち》家《け》住《じゅう》宅《たく》**など古い商家が残る旧水戸街道の中城通りに出る。

土浦まちかど蔵「大徳」は江戸時代末期に建てられた呉服商の見世《みせ》蔵《ぐら》と袖蔵《そでぐら》（収納蔵）を改修。見世蔵は観光案内、特産品などのショップ、ギャラリーに、袖蔵は商家や庶民の生活用品、昔の写真・絵な

アクセス 往路／上野駅からJR常磐線で約1時間10分、土浦駅下車。復路／土浦駅から往路を戻る。

問合せ先 土浦市観光協会 ☎ 029-824-2810

歩行時間
約1時間
約3.6km
約7200歩
難易度 ★

Start ①土浦駅 → 徒歩13分 → ②土浦まちかど蔵「大徳」 → 徒歩1分 → ③矢口家住宅 → 徒歩7分 → ④亀城公園 → 徒歩5分 → ⑤土浦市立博物館 → 徒歩3分 → ⑥藩校郁文館の正門 → 徒歩6分 → ⑦大手門の跡碑 → 徒歩5分 → ⑧等覚寺 → 徒歩18分 → ⑨土浦駅 Goal

［**亀城公園**］二の丸の入口に立つ前川口門。武家屋敷と町屋を仕切った門で江戸時代末期築

［**まちかど蔵「大徳」**］江戸時代末期の見世蔵と袖蔵を観光施設として活用

［**等覚寺**］銅鐘は国の重要文化財に指定されている

［**矢口家住宅**］旧水戸街道に面して立つ、江戸時代末期築の土蔵造りの商家

［**藩校郁文館の正門**］天保10年（1839）に土浦城内から現在地に移築

どの展示館として活用されている。

大通りに戻って左に進み④**亀城**《きじょう》**公園**《こうえん》へ。室町時代の築城と伝わり、江戸時代に堀や土塁、櫓《やぐら》や門が整備された土浦城址だ。明暦2年（1656）改築の櫓門は、本丸内にある櫓門としては関東に現存する唯一の建築物。物見、武器庫、文庫蔵に使われた東櫓・西櫓も復元されている。公園に隣接する⑤**土浦**《つちうら》**市立**《しりつ》**博物館**《はくぶつかん》は3つの展示室からなり、土浦藩主土屋家の刀剣や茶道具がみどころだ。

土浦第一中学校に残る⑥**藩校郁**《はんこういく》**文館**《ぶんかん》**の正門**《せいもん》から土浦小学校を左に見て歩き、⑦**大手門**《おおてもん》**の跡碑**《あとひ》を経て⑧**等覚寺**《とうがくじ》へ。境内の鐘楼に吊るされている銅鐘（梵鐘）は建永年間（1206～07）の鋳造で、常陸三古鐘の一つに数えられる。ここから⑨**土浦駅**《つちうらえき》西口へは20分ほどで着く。

例年80万人が訪れる
土浦全国花火競技大会

「土浦全国花火競技大会」は、大正14年（1925）に神龍寺の住職が、霞ヶ浦海軍航空隊殉職者の慰霊と商店街の復興を願い、私財を充てて開催したのが始まり。現在はスターマイン、10号玉、創造花火の3部門で全国の花火師が腕前を競う。会場は桜川畔（学園大橋付近）。開催日など詳細は問合わせを。☎029-824-2810（土浦市観光協会）

買う

きらら館

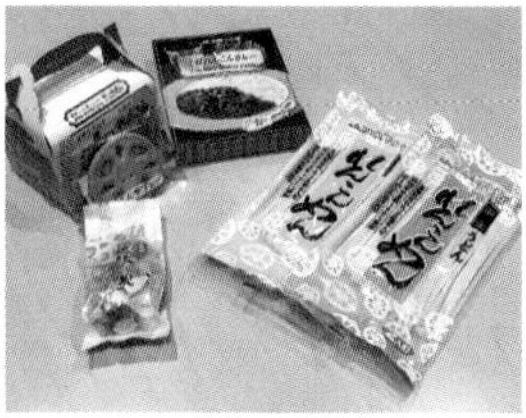

JR土浦駅西口にある土浦市観光協会直営のみやげ物店。レンコンの粉末を練り込んだれんこんめん2人前290円、甘納豆の蓮根の実1袋486円、れんこんサブレー8枚700円、土浦れんこんカレー450円と日本一のレンコン産地らしく、レンコン商品が並ぶ。霞ヶ浦のわかさぎ飴煮540円、落花生1袋540円なども人気。

☎ 029-824-6110

9〜18時、無休

みちくさ情報

食べる

洋食大かわ

地元で愛される洋食店。既製品は使わずドレッシングやソースも手作り。人気は玉子3個分の大きな玉子焼でケチャップライスを包み、ケチャップをかけた昔ながらのオムライス840円。夜は、国産牛の肩ロースを7〜8時間煮込むビーフシチュー1980円、10〜3月の季節限定かきフライ1200円がおすすめだ。

☎ 029-826-5210

11時30分〜14時LO、17時30分〜21時LO、日曜休

土浦城址と城下町めぐり

Course Number 44

やきものと芸術の町・笠間

笠間焼、近代美術、笠間稲荷。笠間の魅力を一気に味わう

［茨城県笠間市］

［**笠間工芸の丘**］ふれあい工房では陶芸体験を実施。ろくろ 2200 円（焼成代・送料別）など

日本三大稲荷の一つ笠間稲荷神社の門前町として栄え、近年は笠間焼をはじめ芸術活動の拠点としても知られる笠間を歩く。

①**笠間駅**《かさまえき》から歩いて②**笠間稲荷**《かさまいなり》**神社**《じんじゃ》へ。白雉《はくち》2年（651）創建と伝わり、家内安全・商売繁盛・交通安全・厄除けなど、よろずの神様として信仰されている。江戸末期建立の本殿は銅瓦葺き総欅《そうけやき》の権現造《ごんげんづくり》で国指定重要文化財。裏側に回ると、周囲に精緻な彫刻が施されているのがよくわかる。

門前を東に進むと③**笠間日動美**《かさまにちどうび》**術館**《じゅつかん》。モネ、ドガ、ルノワール、ゴッホ、レオナール・フジタなどの作品ほか年5～6回の企画展、

アクセス 往路／上野駅から JR 常磐線で 1 時間 50 分、友部駅下車。JR 水戸線に乗り換え 8 分、笠間駅下車。復路／笠間駅から往路を戻る。

問合せ先 笠間市観光課 ☎ 0296-77-1101
笠間観光協会 ☎ 0296-72-9222

歩行時間
約 2時間 5分
約 8km
約 1 万 6000 歩
難易度 ★★

Start ① 笠間駅 → 徒歩30分 → ② 笠間稲荷神社 → 徒歩10分 → ③ 笠間日動美術館 → 徒歩30分 → ④ 笠間工芸の丘 → 徒歩3分 → ⑤ 茨城県陶芸美術館 → 徒歩10分 → ⑥ 陶の小径 → 徒歩6分 → ⑦ やきもの通り → 徒歩17分 → ⑧ 春風萬里荘 → 徒歩20分 → ⑨ 笠間駅 Goal

［**笠間日動美術館**］秀作 20 体を展示する野外彫刻庭園

［**笠間稲荷神社**］1300 年以上の歴史を誇る古社の拝殿。授与所は 8 ～ 16 時、無休

［**笠間日動美術館**］☎ 0296-72-2160。9 時 30 分～ 17 時、月曜休（祝日の場合は翌日）、入館 1000 円

［**笠間稲荷神社**］重層入母屋造の楼門は昭和 36 年（1961）に竣工

［**笠間稲荷神社**］江戸時代の名匠が刻んだ本殿の彫刻

画家が愛用したパレット・コレクションなどがみどころ。

美術館の入口からゆるやかなアップダウンのある道を30分ほど歩けば、芸術の森公園にある④**笠《かさ》間《ま》工芸《こうげい》の丘《おか》**に着く。ふれあい工房でろくろ、手ひねり、絵付けなどの陶芸体験ができる。センターハウスでは笠間焼陶芸家の紹介と作品の展示・販売も行う。

板谷《いたや》波山《はざん》、富本憲吉《とみもとけんきち》、松井康成《まついこうせい》などの作品を収集した⑤**茨城県陶芸美術館《いばらきけんとうげいびじゅつかん》**に立ち寄り、芸術の森公園を出る。小さな工房が集まる⑥**陶《とう》の小径《こみち》**、⑦**やきもの通《どお》り**を通って、最後は笠間日動美術館分館の⑧**春風萬里荘《しゅんぷうばんりそう》**を訪ねる。多分野で活躍した芸術家、北大路《きたおおじ》魯山人《ろさんじん》の居宅だった江戸時代の茅葺き民家を北鎌倉から移築・保存。万事に凝り性だった魯山人らしく室内の随所に手が加えられている。

町歩きの力強い味方 かさま観光周遊バス

運行ルートは友部駅→北山公園入口→笠間手越→ギャラリーロード→工芸の丘・陶芸美術館→日動美術館→笠間稲荷神社→笠間ショッピングセンター→市民体育館→笠間駅→春風萬里荘→やきもの通り→ギャラリーロード→工芸の丘・陶芸美術館→笠間手越→北山公園入口→友部駅。友部駅発は午前3便と午後2便。そのほか笠間市内周遊が日中3便ある。一周約50分。月曜休（祝日の場合は翌日）、乗車料1回100円。☎0296-72-9222（笠間観光協会）

食べる

そば処つたや

明治8年（1875）創業。そば粉は常陸秋そば、つなぎに山芋を使う自家製そばはのど越しがよく、丁寧にだしをとったツユはやや辛め。そばとミニ丼の麺セット（写真）1100円は食べ応えがある。

☎0296-72-0055
10～15時（土・日曜、祝日は～16時）、不定休

買う

仲見世 丸井

笠間稲荷神社境内で5代続くみやげ店。店頭で一枚一枚手焼きする稲荷せんべい1枚130円が好評だ。生地は国産コシヒカリを使い、天日干ししている。生醤油、鬼焼き、七味、ざらめの全4種類。

☎0296-72-0356
9～17時、不定休

買う

グリュイエール

笠間のおいしいものや美しい場所をお菓子で表現する洋菓子店。イチゴ、ブルーベリー、栗、リンゴなど旬の素材を使ったケーキ180円～が常時25～30種類揃う。写真はモンブラン。店内に喫茶コーナーもある。

☎0296-72-6557
9～19時（喫茶は～18時）、元日のみ休

みちくさ情報

[笠間工芸の丘] 笠間焼陶芸家の作品が並ぶクラフトショップ。10～17時、月曜休（祝日の場合は翌日）

[春風萬里荘] 笠間日動美術館の分館。北鎌倉にあった北大路魯山人の居宅を移築して公開

[春風萬里荘] トイレ（写真右）や風呂（写真左）にも魯山人ならではの意匠が凝らされている

県下最大規模を誇る笠間の陶炎祭

毎年4月29日から5月5日まで、笠間芸術の森公園イベント広場で「笠間の陶炎祭（ひまつり）」が開催される。200軒以上の陶芸家、窯元、地元販売店が一堂に会する笠間焼の祭典で、作品の展示・販売はもちろん、陶芸家が飲食店も出店。作り手の顔が見られる。多彩なステージ、ろくろ体験なども楽しい。問合せは☎0296-73-0058（笠間焼協同組合）へ。

やきものと芸術の町・笠間

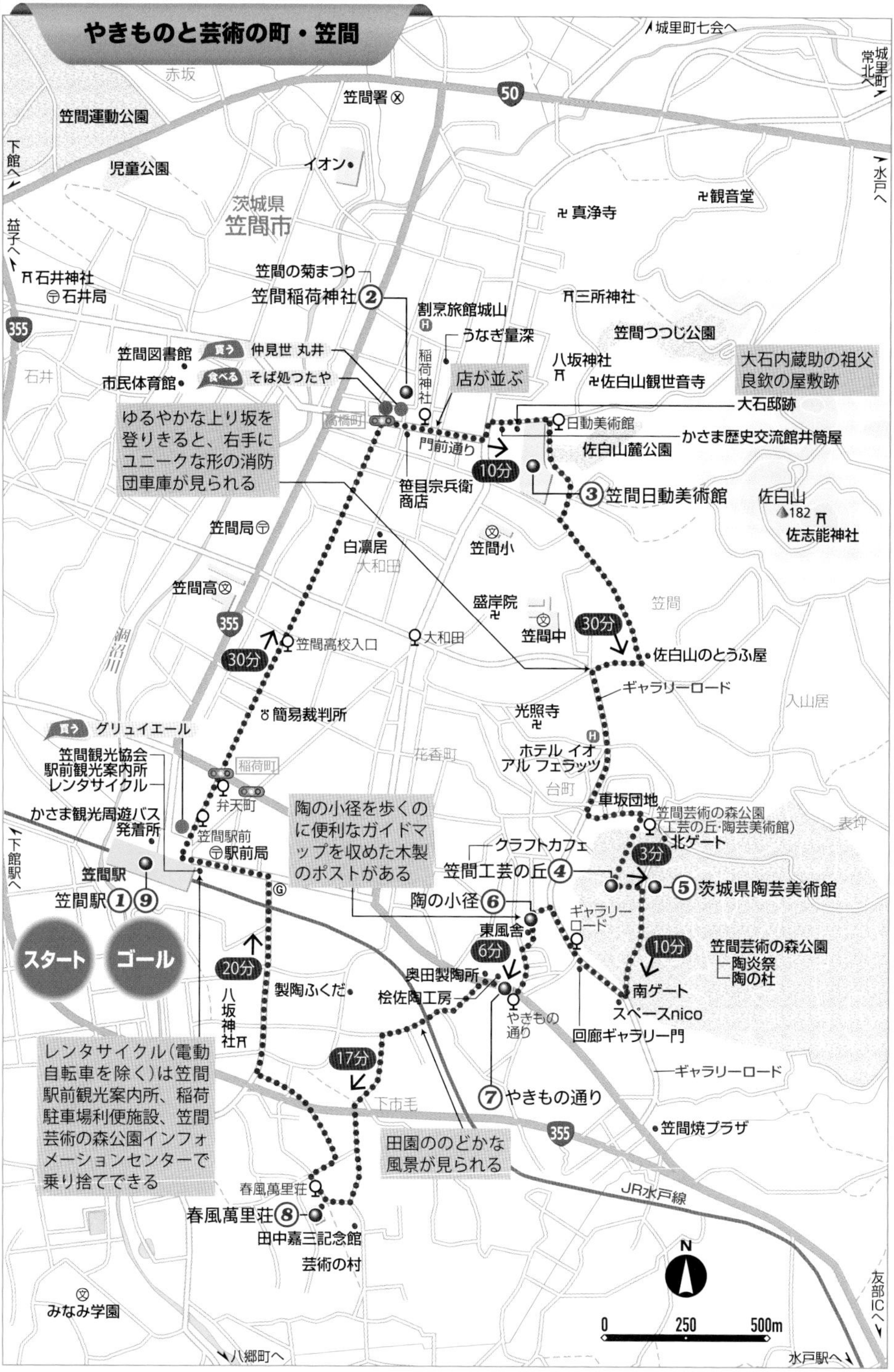
城里町七会へ
城里町常北へ
水戸へ
下館へ
益子へ
下館駅へ
友部ICへ
水戸駅へ
八郷町へ
50
355
赤坂
笠間署
笠間運動公園
イオン
児童公園
茨城県
笠間市
観音堂
真浄寺
笠間の菊まつり
笠間稲荷神社②
石井神社
石井局
割烹旅館城山
三所神社
うなぎ量深
笠間つつじ公園
稲荷神社
笠間図書館
買う 仲見世 丸井
食べる そば処つたや
市民体育館
石井
店が並ぶ
八坂神社
佐白山観世音寺
大石内蔵助の祖父
良欽の屋敷跡
大石邸跡
高橋町
日動美術館
かさま歴史交流館井筒屋
門前通り
佐白山麓公園
10分
ゆるやかな上り坂を
登りきると、右手に
ユニークな形の消防
団車庫が見られる
笹目宗兵衛
商店
③笠間日動美術館
佐白山
182
佐志能神社
笠間局
白凛居
大和田
笠間小
笠間高
盛岸院
笠間
笠間中
30分
佐白山のとうふ屋
355
笠間高校入口
大和田
涸沼川
30分
ギャラリーロード
光照寺
入山居
簡易裁判所
買う グリュイエール
稲荷町
花香町
ホテル イオ
アル フェラッツ
笠間観光協会
駅前観光案内所
レンタサイクル
弁天町
台町
車坂団地
かさま観光周遊バス
発着所
笠間駅前
駅前局
笠間芸術の森公園
(工芸の丘・陶芸美術館)
北ゲート
表丹
陶の小径を歩くの
に便利なガイドマ
ップを収めた木製
のポストがある
クラフトカフェ
3分
笠間駅
笠間工芸の丘④
⑤茨城県陶芸美術館
笠間駅①⑨
陶の小径⑥
ギャラリー
ロード
東風舎
スタート
ゴール
6分
10分
笠間芸術の森公園
陶炎祭
陶の杜
20分
奥田製陶所
製陶ふくだ
桧佐陶工房
南ゲート
スペースnico
八坂神社
やきもの
通り
回廊ギャラリー門
レンタサイクル(電動
自転車を除く)は笠間
駅前観光案内所、稲荷
駐車場利便施設、笠間
芸術の森公園インフォ
メーションセンターで
乗り捨てできる
17分
ギャラリーロード
⑦やきもの通り
下市毛
笠間焼プラザ
田園ののどかな
風景が見られる
JR水戸線
春風萬里荘
春風萬里荘⑧
田中嘉三記念館
芸術の村
N
みなみ学園
0
250
500m

Course Number 45

首都圏にあって貴重な自然観察ゾーンを歩く。ひと味違う博物館で新たな発見も

菅生沼とミュージアムパーク茨城県自然博物館

［茨城県坂東市・常総市］

［**菅生沼ふれあい橋**］ 管生沼に架かる歩行者専用の木製の橋。対岸には水海道あすなろの里がある

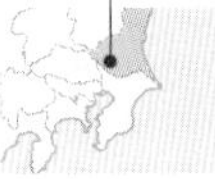

毎年300羽を超えるコハクチョウが越冬し、冬にはオナガガモやマガモなども観察できる菅生沼《すがおぬま》は、茨城県西域の坂東《ばんどう》市と常総《じょうそう》市の境にある。

つくばエクスプレス守谷《もりや》駅から関東鉄道バス（一日2便）に乗り**①自然博物館入口バス停**《しぜんはくぶつかんいりぐちてい》で降りる。10分も歩くと菅生沼の西岸に立つ**②ミュージアムパーク茨城県**《いばらきけん》**自然博物館**《しぜんはくぶつかん》に到着だ。本館では宇宙や地球の歩み、生物の進化などを解説。リアルな恐竜が動いたり、キノコやムカデを100倍に拡大して小さな虫が見ている世界を再現したりと工夫を凝らした展示に感心させられる。

問合せ先
坂東市商工観光課 ☎ 0297-35-2121
常総市商工観光課 ☎ 0297-23-2111
ミュージアムパーク茨城県自然博物館
☎ 0297-38-2000

アクセス
往路／秋葉原駅からつくばエクスプレス快速で30分、守谷駅下車。関東鉄道バス岩井バスターミナル行きで30分、自然博物館入口バス停下車。復路／辺田三叉路バス停から関東鉄道バス守谷駅西口行き30分の守谷駅から往路を戻る。

Start
①自然博物館入口バス停
徒歩10分
②ミュージアムパーク茨城県自然博物館
徒歩25分
③菅生沼ふれあい橋
徒歩5分
④水海道あすなろの里
徒歩60分
⑤反町閘門橋
徒歩12分
⑥天神山公園
徒歩15分
⑦江川橋
徒歩7分
⑧辺田三叉路バス停
Goal

歩行時間
約2時間15分
約9km
約1万8000歩
難易度
★

［**茨城県自然博物館**］羽毛をまとったティラノサウルスのジオラマは迫力満点

［**茨城県自然博物館**］本館内の展示。昆虫の視点に立つとキノコもこんなに大きい

［**茨城県自然博物館**］9時30分～17時、月曜休（祝日の場合は翌日）、入館540円（企画展開催時は別料金）

［**菅生沼の上沼**］釧路湿原を思わせる冬の上沼。コハクチョウも飛来する

［**水海道あすなろの里～反町閘門橋**］上沼に向かう途中、畑の傍らに石仏が祀られていた

東京ドーム約3・5個分の広さがある野外施設では、学芸員ネイチャーガイドをはじめ貝の化石探し、化石クリーニングなどが楽しめる。③**菅生沼《すがおぬま》ふれあい橋《ばし》**を渡り、④**水海道《みつかいどう》あすなろの里《さと》**を見学したら再び橋を戻る。運がよければヨシ原の上空を舞うノスリやオオタカが見られるだろう。

のどかな野菜畑を横目に1時間ほど歩いて⑤**反町閘門橋《そりまちこうもんきょう》**へ。このあたりは江川と飯沼川に挟まれた湿地帯で、菅生沼の上沼とよばれている。飯沼川沿いの遊歩道を歩くと⑥**天神山公園《てんじんやまこうえん》**に出る。水面近くのウッドデッキからは水鳥を間近に観察でき、冬期はコハクチョウ目当てのカメラマンの姿も多い。

ここから⑦**江川橋《えがわばし》**まではヨシ原が一面に広がっている。帰路は⑧**辺田三叉路《へたさんさろ》バス停《てい》**からバスで守谷駅へ戻る。

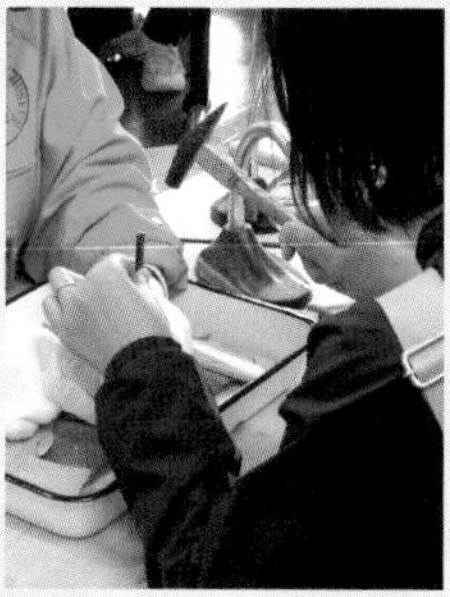

博物館ならではの化石クリーニング体験

ミュージアムパーク茨城県自然博物館の野外施設「自然発見工房」では、第1・3土曜日に一日4回、化石クリーニング体験を実施している。岩石をハンマーとタガネで細かく叩きながら割り、化石が発見できたらきれいに削っていく。ボランティアスタッフが指導するので初心者でも大丈夫。小学校3年以上の子どもなら参加できる。クリーニングがすんだら、スタッフとともに図鑑に照らし合わせながら、どんな種類の化石か調べて確認。終了後は化石をおみやげに持ち帰れる。各回定員10名（先着順）。前日までに電話予約を。材料費150円。

みちくさ情報

買う

ミュージアムショップ

茨城県自然博物館1階の野外出入口近くにある。過去の図録はもちろん、恐竜フィギュアから紫水晶などの鉱石、サメの歯アクセサリー、菓子類まで、大人も子どもも楽しめるアイテムが揃う。オリジナル商品では、恐竜研究かるた990円、コケ図鑑トランプ1048円のほか、企画展ごとに製作するクリアファイル、一筆箋、手ぬぐいなどが人気。

☎ 0297-38-1710

9時30分～17時、月曜休（祝日の場合は翌日以降）

食べる

ミュージアムレストラン ル・サンク

茨城県自然博物館1階にあり、全面ガラス張りの壁から陽光が降り注ぐ。豚肉の生姜焼き930円、和風ハンバーグ（ライスまたはパン付き）930円。企画展に合わせた限定メニューが楽しい。恐竜発掘カレー900円は、カレールーの中にニンジンの恐竜を忍ばせ、発見したら記念品をプレゼントなど遊び心いっぱい。喫茶もある。

☎ 0297-38-0018

9時30分～16時、月曜休（祝日の場合は翌日以降）

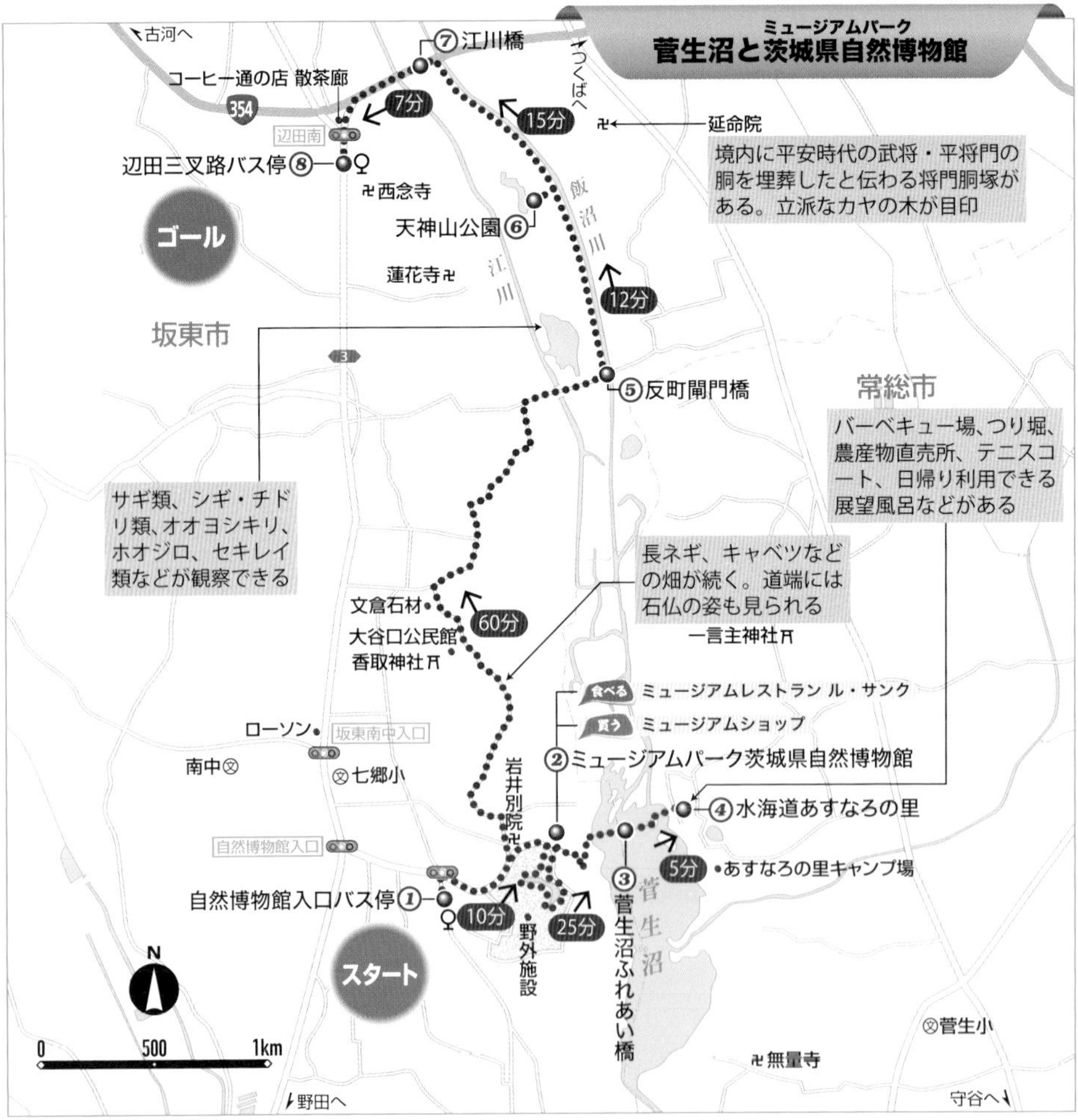

Memo 辺田三叉路バス停発の守谷駅行きのバスは非常に便数が少ない。事前に時間をチェックしておこう。同バス停から野田市駅行きのバスもあり、野田市駅まで約30分、1時間に1本運行。

［大町通り］織物問屋の「縞屋」をはじめ見世蔵が多く並ぶ古い町並みが美しい

Course Number 46

結城紬の里めぐり

1500年の歴史を誇る伝統工芸の美と技に触れ、懐かしい町のたたずまいを楽しむ

［茨城県結城市］

紬《つむぎ》の町であり蔵の街、そして寺社も多い結城《ゆうき》。静かで落ち着いた町並みに歴史と伝統を感じたい。

①結城駅《ゆうきえき》北口からメインストリートの駅前蔵通りを歩く。

足利銀行の手前で細道へ左折。突き当たりに**②称名寺《しょうみょうじ》**がある。結城の領主であった結城氏初代朝光《ともみつ》から4代の墓がある。蔵造りの酒蔵・武勇《ぶゆう》、門前に江戸時代の石灯籠がある毘沙門堂、登録文化財の結城酒造などを見ていくと、十八代結城秀康が建立した**③弘経寺《ぐぎょうじ》**に着く。広い境内に回縁《まわりぶち》のある楼門、壮大な唐破風をつけた本堂が立つ大寺である。付近は寺が多く、静かな寺町になっている。

アクセス 往路／上野駅からJR東北本線快速で約1時間5分、小山駅下車。JR水戸線普通に乗り換え8分、結城駅下車。復路／結城駅から往路を戻る。

問合せ先 結城市観光協会 ☎ 0296-34-0421

歩行時間 約1時間25分
約5.3km
約1万600歩

難易度 ★★

Start ①結城駅 →徒歩10分→ ②称名寺 →徒歩10分→ ③弘経寺 →徒歩10分→ ④安穏寺 →徒歩15分→ ⑤玉日姫の墓 →徒歩5分→ ⑥紬の里 →徒歩5分→ ⑦結城城跡 →徒歩20分→ ⑧本場結城紬郷土館 →徒歩10分→ ⑨観光物産センター →徒歩すぐ→ ⑩結城駅 Goal

［**観光物産センター**］機織の実演が見られる

［**本場結城紬郷土館**］1階の展示室に機織り用具が並ぶ

［**追分道標石灯篭**］江戸時代後期の作で結城市文化財

［**安穏寺**］山門は和様と禅宗様折衷の赤門

［**弘教寺**］結城秀康により16世紀末に創建

［**称名寺**］結城氏初代朝光が創建。歴代の墓がある

赤い鐘楼門のある④**安穏寺**《あんのんじ》と、その中興の祖である源翁和尚《げんのうおしょう》の墓に参り、郊外の雰囲気が濃くなる中を歩いて親鸞《しんらん》の妻⑤**玉**《たま》**日**《ひ》**姫**《ひめ》**の墓**《はか》に詣でる。親鸞に代わり、この地の教化に一生を捧げた女性だ。

紬織り体験ができる⑥**紬**《つむぎ》**の里**《さと》を経由して⑦**結城城跡**《ゆうきじょうせき》へ。結城氏とその後に結城を治めた水野氏の居城跡だ。

町中へ戻り、玉岡通りを歩く。紬問屋奥順《おくじゅん》が経営するつむぎの館《やかた》は、紬の販売所・機織体験館などがある観光施設。隣接する奥順本社の建物も見事な見世蔵だ。

奥順のある大町通りは蔵造りの多い紬問屋街。大町交差点を左折し、紬の制作と製品の展示資料室がある⑧**本場結城紬郷土館**《ほんばゆうきつむぎきょうどかん》を経て、結城の特産品を販売する⑨**観**《かん》**光物産**《こうぶっさん》**センター**で結城紬の機織実演を見学したら⑩**結城駅**《ゆうきえき》へ。

本場結城紬と結城紬

国の重要無形文化財である本場結城紬。文化財に指定された際の要件は、繭から糸を引き出す「糸つむぎ」、糸の染まらない部分を作る「絣《かすり》しばり」、地《じ》機《ばた》という原始的な織機を使う「織り」の3つの行程をすべて手作業で行うこと。どれも時間と労力のかかる作業だが、どこかを機械で簡便化すると名称に「本場」がつかない。「結城紬」と「本場結城紬」は違うのである。写真は紬の里の商品。

食べる

真盛堂 茶蔵

昭和初期創業の和菓子店が明治築の蔵を改装して始めた和カフェ。旬の食材を使った「月替わりランチ」（写真）1100円は、一日10食限定の人気メニュー。豆や玉子など9品目を取り入れて、栄養バランスもよくヘルシーだ。デザートの甘味は3種類の饅頭から選べるのもうれしい。

☎ 0296-47-3266
11～17時（10～3月は～16時30分）、木曜休

みちくさ情報　買う

富士峰菓子舗

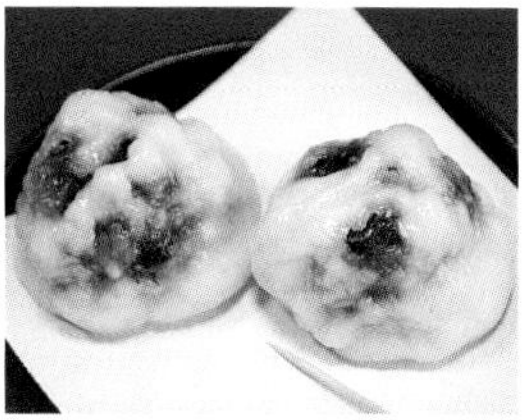

結城名物のゆでまんじゅうが人気。甘さ控えめの十勝産大納言の粒餡を小麦粉を練った皮で包み、いったんゆでてから蒸したもの。1個90円。江戸末期、疫病を治めるために当時の殿様が健田須賀（たけだすが）神社に奉納したのが始まりという。冷めてかたくなったら焼いて食べてもおいしい。

☎ 0296-33-2544
8時30分～19時30分、木曜休（祝日の場合は営業）

結城紬の里めぐり
車の少ない静かな道
砂利道の参道
聡敏神社
玉日姫の墓⑤
WC
結城城跡⑦
15分
周囲が郊外のムードになる
5分
たまおか食堂
5分
結城城内堀跡
安穏寺④
石川石材店
柳田履物工場
源翁和尚の墓
結城小学校裏門
⑥紬の里
妙国寺
10分
玉岡歯科医院
③弘経寺
結城小学校
追分道標石灯篭
手提げ、財布など紬製品を販売。機織り体験や藍染体験もできる。☎0296-32-8002。10～17時（平日は9時30分～）、無休
結城酒造
喜久家（うなぎ）
結城市役所
結城小学校正門
弘経寺山門
金福寺
旧渡辺菓子店
奥順の敷地内を抜ける
WC
玉岡通り
20分
食べる 真盛堂 茶蔵
小学校には築地塀が整備されている
毘沙門堂
大町
つむぎの館
大町通り
10分
神明神社
秋葉糀味噌醸造
浦町
結城蔵美館
奥順（結城紬）
☎0296-33-5633。10～16時（土・日曜、祝日は～17時）、火・水曜休　＊資料館と染織体験は有料
武勇（酒店）
買う 富士峰菓子舗
セブンイレブン
孝顕寺
⑧本場結城紬郷土館
称名寺②
足利銀行
靴店
恵比寿神社
喫茶カヂノキ
細い路地
常光寺
健田須賀神社
☎0296-32-2121。9～17時、不定休
旧石崎旅館
観光物産館
駅前蔵通り
10分
10分
結城信用金庫
結城市
⑨観光物産センター
結城局
小山駅へ
市民情報センター
①⑩結城駅
スタート
ゴール
N
0
250
500m
結城駅
JR水戸線
下館駅へ

Memo 結城市街には登録有形文化財の見世蔵など歴史ある蔵造りの建物が20棟以上ある。観光案内所で地図をもらって回れば、結城の魅力がいっそう感じられる。

［**陶芸メッセ・益子　旧濱田庄司邸**］濱田庄司が作陶の場とした自宅を移築して公開

Course Number 47

庶民的で温かみのある益子焼の産地へ。陶器店をのぞき、陶芸体験も楽しみたい

やきものの町・益子めぐり

［栃木県益子町］

益子焼は江戸時代末期から始まった。長く生活雑器が中心だったが、民芸運動の陶芸家・濱田《はまだ》庄司《しょうじ》が移住して以来、芸術作品としても注目を集めるようになった。関東きっての窯業地・益子町の中心街を歩き、その魅力に触れる。

①**益子駅**《ましこえき》から益子本通り（やきもの通り）を歩く。民家と商店が入り混じる道を10分ほどで②**鹿島**《かしま》**神社**《じんじゃ》。道は右へカーブし、益子焼の店もちらほらと見かけられる。④**城内坂交差点**《じょうないざかこうさてん》から町並みが変わる。広い並木の通りは電線を地下に埋設。修景された通りに約30軒の陶器店が並ぶ。交差点左角の日下田《ひげた》藍染工房は江戸後期から続

アクセス
往路／上野駅からJR東北本線快速で1時間5分、小山駅下車。JR水戸線に乗り換え20分、下館駅下車。真岡鐵道に乗り換え45分、益子駅下車。復路／益子駅から往路を戻る。

問合せ先
益子町観光協会 ☎ 0285-70-1120
益子町観光商工課 ☎ 0285-72-8846
益子町商工会 ☎ 0285-72-2398

Start ①益子駅 → 徒歩10分 → ②鹿島神社 → 徒歩5分 → ③益子交差点 → 徒歩5分 → ④城内坂交差点 → 徒歩10分 → ⑤陶芸メッセ・益子 → 徒歩5分 → ⑥益子焼窯元共販センター → 徒歩15分 → ⑦益子参考館 → 徒歩40分 → ⑧益子駅 Goal

歩行時間
約1時間30分
約5.5km
約1万1000歩
難易度
★★

[益子参考館] 入口の長屋門。ここにも展示品がある

[陶芸メッセ・益子　登り窯] 濱田が用いた登り窯を移築復元

[焼物販売店内] 照明や並べ方に配慮した美しい展示

[益子焼窯元共販センター] 日用雑器から作家ものまで販売

く染物屋。屋内に72の藍甕《あいがめ》が並び、藍染製品も売っている。

焼物店のほか喫茶や食事処を営む店も多く、通りは落ち着きとおしゃれな雰囲気が混在する。10分ほどで左へ坂を上れば**⑤陶芸《とうげい》メッセ・益子《ましこ》**で、益子陶芸美術館、木版画の笹島喜平館、旧濱田庄司邸、益子国際工芸交流館などがある。益子観光の中心だ。その先にある**⑥益子焼窯元共販《ましこやきかまもときょうはん》センター**は100軒以上の窯元や作陶家の作品を展示販売する大きな施設。ここでは陶芸体験ができる。

益子本通りを15分ほど進み、道《さ》祖《や》土《ど》交差点を直進すると**⑦益子参《ましこさん》考館《こうかん》**に着く。濱田庄司の作陶の場で、濱田が収集した国内外の工芸品を展示。自作のほかバーナード・リーチの作品もある。

益子参考館から来た道を戻り、**⑧益子駅《ましこえき》**へ戻る。

益子六釉

益子焼の基本となる伝来の釉薬のこと。益子町芦沼地区の芦沼石を粉末にして作る「柿釉《かきゆう》」、芦沼石に長石や籾殻《もみがら》灰などを混ぜた「黒釉《くろゆう》」、土灰や藁《わら》灰などと混ぜた「飴釉《あめゆう》」、籾殻の灰から作る「糠白釉《ぬかじろゆう》」、糠白釉に銅を加えた「糠青磁釉《ぬかせいじゆう》」、石灰や大谷津砂の「並白釉《なみじろゆう》」の6種類。これらを掛け合わせて複雑な色合いにすることもある。

買う

赤羽まんぢう

大正13年(1924)創業の老舗菓子舗。赤羽まんぢうは50年以上作り続ける看板商品で、やわらかく口当たりのいい皮が自慢だ。陶芸家濱田庄司の大好物で、茶色い皮は小豆のこし餡入り、白はインゲン豆のユズ入り白餡、緑はインゲン豆の粒餡入り。1個84円。ほかにどらやき126円など自家製菓子が並ぶ。
☎ 0285-72-3153
8～19時、月曜休（祝日の場合は翌日）

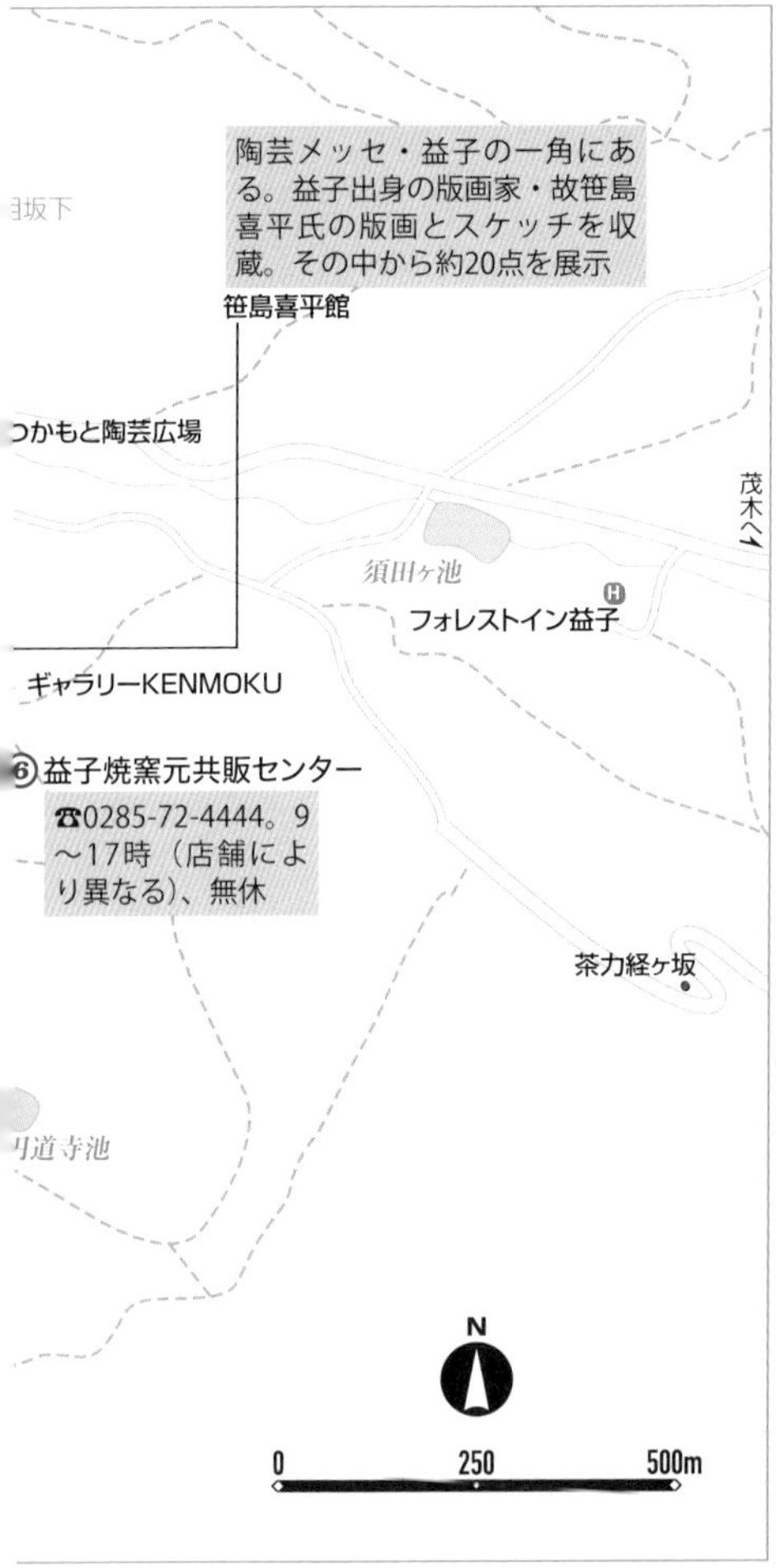

陶芸メッセ・益子の一角にある。益子出身の版画家・故笹島喜平氏の版画とスケッチを収蔵。その中から約20点を展示
笹島喜平館
坂下
つかもと陶芸広場
茂木へ
須田ヶ池
フォレストイン益子
ギャラリーKENMOKU
⑥益子焼窯元共販センター
☎0285-72-4444。9～17時（店舗により異なる）、無休
茶力経ヶ坂
道寺池
N
0
250
500m

みちくさ情報

［日下田藍染工房］茅葺きの建物は栃木県の指定文化財

城内坂
Jonaizaka

［城内坂］ゆったりした歩道は散策も買い物も楽しい

［鹿島神社］境内の八坂神社は奇祭・お神酒頂戴式で知られる

益子陶器市

昭和41年（1966）から続く益子町最大のイベント。年2回の開催で春は4月下旬～5月上旬、秋は11月上旬。例年、春・夏合わせて約60万人の人出がある。約50の販売店のほか、約500のテントが城内坂、サヤド地区など町内各所に立ち並ぶ。伝統的な益子焼をはじめ美術品、日用品まで揃い、価格も通常より数割安い。

食べる

そば処 炉庵

すべて益子産の地粉を使用した手打ち十割そば 920 円や、天十割そば定食 1700 円が評判。そば粉は石臼挽きにしたものを契約農家から仕入れている。二八そばもあり、もりそば 670 円。人気のあるそばすいとん 1000 円は、そば粉のすいとんを鍋焼き風にして食べるオリジナル料理。

☎ 0285-70-1068

11 ～ 15 時、17 ～ 20 時、木曜休（祝日の場合は営業）

みちくさ情報　食べる

壺々炉

洋食、パスタ、陶器の店。洋食では和風ダレが好評の鉄板焼きハンバーグ 1285 円、壺々炉のステーキ（150g）1495 円など。11 ～ 14 時のランチタイムは、プラス 200 円でコーヒーまたは紅茶にミニスイートポテトが付く。食器のほとんどは自社の益子焼を使っている。

☎ 0285-72-2261

10 ～ 18 時（ランチは 11 ～ 14 時）、不定休

やきものの町・益子めぐり

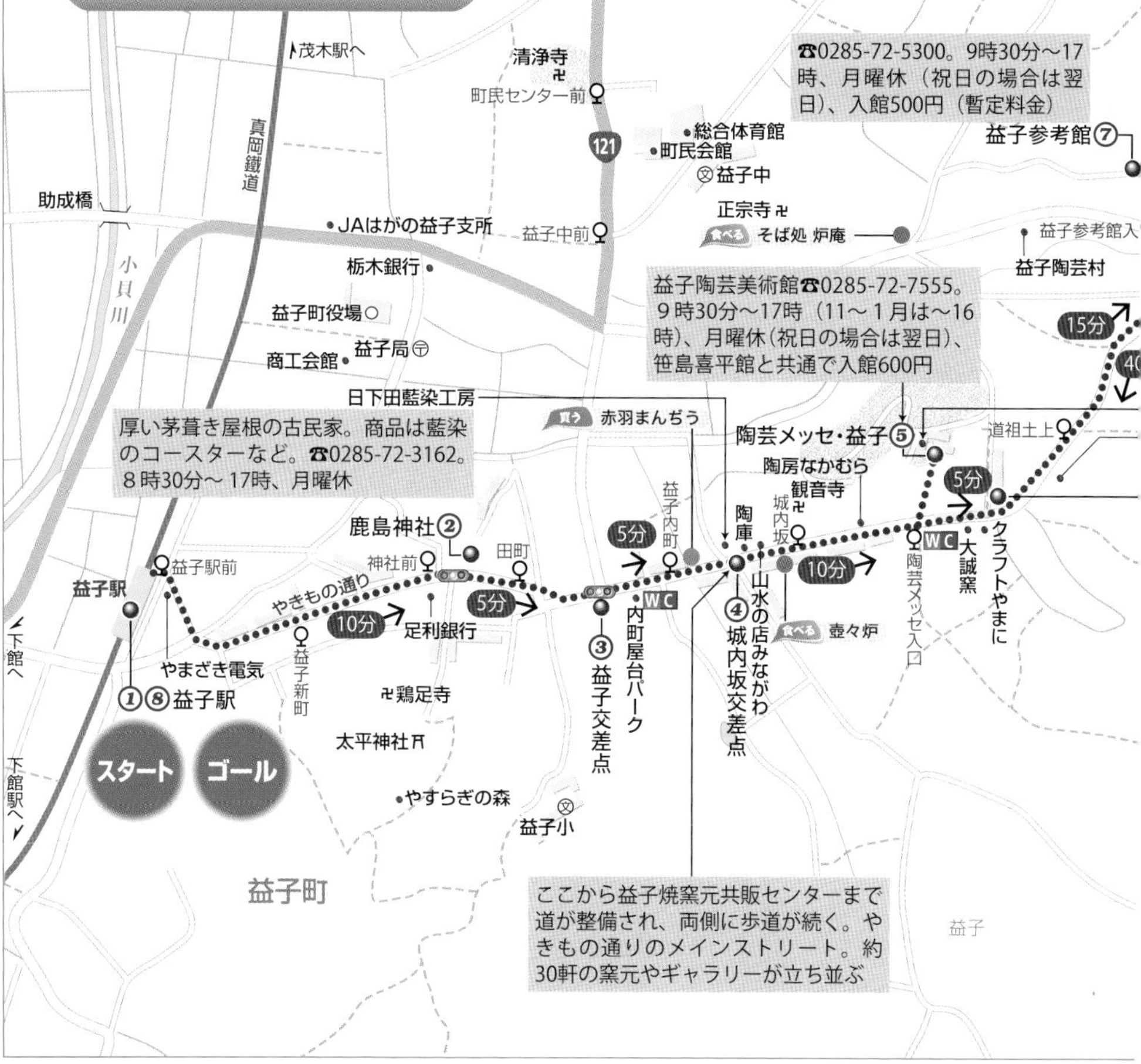
茂木駅へ
清浄寺
町民センター前
真岡鐵道
121
総合体育館
町民会館
益子中
☎0285-72-5300。9時30分～17時、月曜休（祝日の場合は翌日）、入館500円（暫定料金）
益子参考館⑦
助成橋
正宗寺
JAはがの益子支所
益子中前
食べる そば処 炉庵
益子参考館入口
益子陶芸村
栃木銀行
小貝川
益子陶芸美術館☎0285-72-7555。9時30分～17時（11～1月は～16時）、月曜休(祝日の場合は翌日)、笹島喜平館と共通で入館600円
益子町役場
益子局
商工会館
15分
日下田藍染工房
買う 赤羽まんぢう
厚い茅葺き屋根の古民家。商品は藍染のコースターなど。☎0285-72-3162。8時30分～17時、月曜休
陶芸メッセ・益子⑤
道祖土上
陶房なかむら
観音寺
5分
益子内町
城内坂
鹿島神社②
陶庫
WC
クラフトやまに
大誠窯
田町
神社前
益子駅前
5分
陶芸メッセ入口
益子駅
やきもの通り
5分
10分
山水の店みながわ
下館へ
10分
足利銀行
WC
内町屋台パーク
④城内坂交差点
食べる 壺々炉
益子新町
やまざき電気
③益子交差点
①⑧益子駅
鶏足寺
太平神社
スタート
ゴール
下館駅へ
やすらぎの森
益子小
ここから益子焼窯元共販センターまで道が整備され、両側に歩道が続く。やきもの通りのメインストリート。約30軒の窯元やギャラリーが立ち並ぶ
益子町
益子

Memo 益子への足である真岡鐵道には SL が走っている。土曜を中心に運行され一日 1 往復、整理券 500 円が必要。問合せは真岡駅 ☎ 0285-84-2911 へ。

[**谷中湖**] 谷中湖は「北」「谷中」「南」の3ブロックに分かれる。谷中と南は魚釣り OK

Course Number 48

渡良瀬遊水地を歩く

遮るもののない大空の下、ハート型の湖を周遊

[栃木県栃木市ほか]

栃木・茨城・群馬・埼玉の4県にまたがる渡良《わたら》瀬遊水地《せゆうすいち》の総面積は3300ha。そのうちほぼ半分がヨシ原で、日本最大級の規模を誇り、2012年にラムサール条約湿地に登録された。

遊水地の南西に位置する谷中湖《やなかこ》は、ハートの形をした貯水池だ。中央エントランスと東谷中橋を結ぶ舗装道で北側と南側に分けられ、その北側を半周する形でウォーキングできる。本コースは**①新古河《しんこが》駅《えき》**から歩き始めるが、一つ先の柳生《やぎゅう》駅をスタート&ゴールにすれば2kmほど短縮できる。

渡良瀬川の堤防を歩き、巨大な第一排水門を見送って30分ほどで

問合せ先
渡良瀬遊水地アクリメーション振興財団
☎ 0282-62-1161
板倉町産業振興課商工観光係 ☎ 0276-82-1111

アクセス
往路／浅草駅から東武スカイツリーライン・東武日光線で1時間10分、新古河駅下車。
復路／柳生駅から東武日光線・東武スカイツリーラインで浅草駅まで1時間12分。

歩行時間 約3時間20分
約13.5km
約2万7000歩
難易度 ★★

Start
① 新古河駅
徒歩55分
② 谷中湖中央エントランス
徒歩25分
③ 東谷中橋
徒歩20分
④ 谷中村史跡保全ゾーン
徒歩15分
⑤ ウォッチングタワー
徒歩70分
⑥ 道の駅かぞわたらせ
徒歩15分
⑦ 柳生駅
Goal

［**谷中湖中央エントランス**］谷中湖の駐車場は中央エントランスと北エントランスの２カ所あり、利用時間が決まっている

［**第一排水門**］昭和45年（1970）に洪水対策として谷田川と渡良瀬川の合流点に建造された

［**谷中湖中央エントランス〜中の島**］湖の真ん中に舗装道路が延びている

［**谷中村史跡保全ゾーン**］延命院跡の釣鐘（写真右）。近くには僧侶の墓標や供養塔（写真上）もある

②谷《や》中《なか》湖《こ》中《ちゅう》央《おう》エントランスに到着。ゲートをくぐると中の島まで一直線の舗装道が延びている。遮るものが何もない広い湖面と大きな青空。都会の街歩きでは味わえない景観をたっぷり楽しもう。

③東《ひがし》谷《や》中《なか》橋《ばし》に着いたら左へ。広大なヨシ原を眺めながらしばらく歩くと「雷電神社跡・延命院跡・共同墓地」と書かれた道標がある。それに従って進むと、ヨシ原の中の**④谷《や》中《なか》村《むら》史《し》跡《せき》保《ほ》全《ぜん》ゾーン**に入る。

明治時代、足《あし》尾《お》銅《どう》山《ざん》から流出した鉱毒は渡良瀬川沿岸に広がり、谷中村も甚大な被害を受けた。時の政府は鉱毒被害と洪水の対策として谷中村を中心とした地域を遊水地にしたため、谷中村は廃村となった。

湖畔でひときわ目立つ**⑤ウォッチングタワー**に上り、男《なん》体《たい》山《さん》や筑《つく》波《ば》山《さん》を眺めたら、来た道を戻り再

カスリーン台風

カスリーン台風は昭和22年（1947）9月に関東・東北地方に記録的な大雨を降らせ、未曾有の被害をもたらした。渡良瀬遊水地では、利根川本流の逆流と渡良瀬川の出水により水位が上昇し、堤防の13カ所が決壊した。新古河駅がある北川辺《きたかわべ》町《まち》では堤防が300mにわたって決壊し、死者9人、被害家屋1910戸の被害があった。このとき決壊した堤防には案内板と「決潰口跡」の石碑（写真）が立っている。

［ヨシ原］東谷中橋から谷中村史跡保全ゾーンに向かう右側には広大なヨシ原が広がっている

［道の駅かぞわたらせ］谷中湖は「恋人の聖地」に選ばれており、屋上の無料展望台にはハートのオブジェが置かれている

［ウォッチングタワー］屋上には大型双眼鏡があり、遊水地を一望できる。月曜休（祝日の場合は翌日）

［三県境］田んぼの用水路がちょうど埼玉・群馬・栃木3県の境になっている

び湖畔を歩く。北水門、木製の展望台を経て、まごころ橋が見えたら谷中湖を離れ、レストラン・物販棟とスポーツ遊学館からなる⑥**道《みち》の駅《えき》かぞわたらせ**に向かおう。いつも焼きたてのパン店、埼玉・群馬・栃木各県の特産品を集めたショップ、レンタサイクルなどがある。ひと休みしたら、田んぼの中にある三県境に寄り道しつつ⑦**柳生駅《やぎゅうえき》**を目指そう。

渡良瀬遊水地の野鳥

渡良瀬遊水地では250種以上の野鳥が確認されており、そのうち40種以上は国指定の絶滅危惧種だ。一年を通じて見られる野鳥は、カイツブリ、ダイサギ、アオサギ、バン類、トビ、オオタカ、カワセミ、ハクセキレイなど。夏鳥ではコアジサシ、ヨシゴイ、サシバ、ササゴイなど。冬鳥ではマガン、ツグミ、コミミズク、ハイイロチュウヒなど。谷中湖の人工島「中の島」には野鳥観察台を設置（写真）。双眼鏡や図鑑を持参すると、ウォーキングの楽しみが増えそうだ。

見る

わたらせ自然館

大谷石造りの米蔵を活用した、渡良瀬遊水地のインフォメーションセンター。遊水地の自然と植物や動物、昆虫などの生き物に関する展示が充実している。多目的室にある100インチの大型スクリーンでは、渡良瀬遊水地の自然や歴史を解説するほか遊水地のリアルタイム映像も見られる。

☎ 0276-82-1935

9時～16時30分、月・火曜、祝日の翌日休、入館無料

みちくさ情報

食べる

道の駅かぞわたらせ

2019年にリニューアル。お食事処「さくら食堂」では、黒豆を与えて育てた"くろまめ豚"や地元産の農産物を使った料理をはじめ、地粉そば、コシのあるうどんが味わえる。谷中湖の形を模した「ハートの道の駅カレー」800円（写真）は、じんわりと汗ばむ中辛味だ。

☎ 0280-62-5555

8～17時（食事は10時30分～14時30分LO）、無休

渡良瀬遊水地を歩く

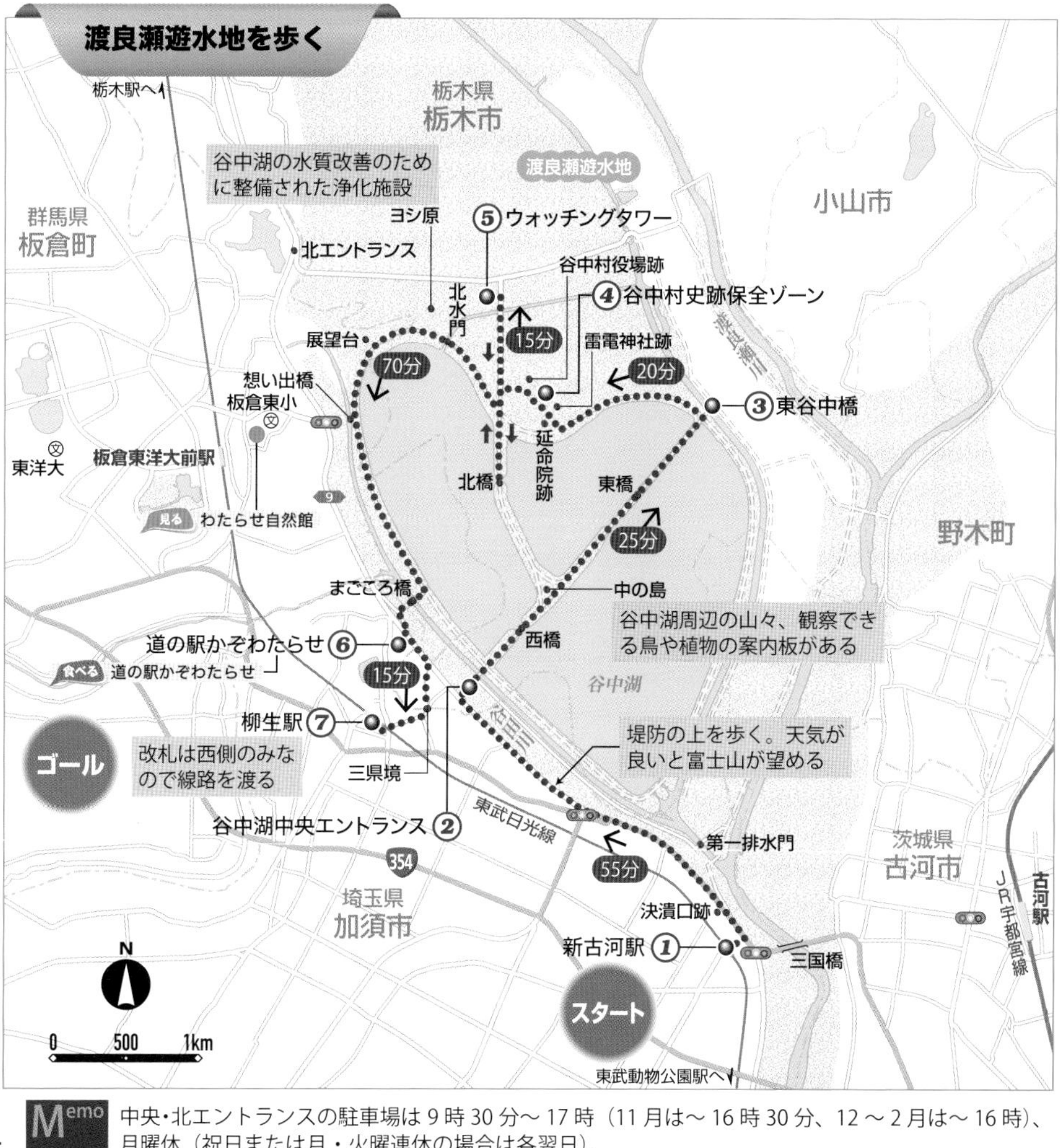
栃木駅へ
栃木県
栃木市
渡良瀬遊水地
谷中湖の水質改善のために整備された浄化施設
群馬県
板倉町
小山市
ヨシ原
⑤ウォッチングタワー
北エントランス
谷中村役場跡
北水門
④谷中村史跡保全ゾーン
展望台
15分
雷電神社跡
70分
20分
想い出橋
板倉東小
③東谷中橋
延命院跡
東洋大
板倉東洋大前駅
北橋
東橋
9
見る わたらせ自然館
25分
野木町
まごころ橋
中の島
谷中湖周辺の山々、観察できる鳥や植物の案内板がある
道の駅かぞわたらせ⑥
西橋
食べる 道の駅かぞわたらせ
15分
谷中湖
柳生駅⑦
堤防の上を歩く。天気が良いと富士山が望める
ゴール
改札は西側のみなので線路を渡る
三県境
谷中湖中央エントランス②
東武日光線
354
第一排水門
茨城県
古河市
55分
埼玉県
加須市
決潰口跡
古河駅
JR宇都宮線
新古河駅①
三国橋
N
スタート
0 500 1km
東武動物公園駅へ

Memo 中央・北エントランスの駐車場は9時30分～17時（11月は～16時30分、12～2月は～16時）、月曜休（祝日または月・火曜連休の場合は各翌日）。

[**太平山神社**] 1000 段も続く石段沿いにアジサイが植えられている

Course Number 49

展望のいいアジサイの名所から、江戸の繁栄を今に伝える商都へ

太平山と蔵の街・栃木

[栃木県栃木市]

栃木市街南西の太平山《おおひらさん》に登り、栃木市街で土蔵や洋風建築を見る。巴波《うずま》川の舟運《しゅううん》を彷彿させる遊覧船も面白い。栃木は勅使が日光へ向かう例幣使《れいへいし》街道の宿場であり、江戸と舟運で結ぶ問屋町でもあった。

太平山東麓の①**国学院前《こくがくいんまえ》バス停《てい》**からスタート。上り坂の車道を直進すれば、太平山へ登るあじさい坂に続く。両側に並ぶアジサイは約2500株。山頂に立つ②**太平《おおひら》山神社《さんじんじゃ》**の表参道でもあり、長い石段の道を上ると随神門、そして神社の本殿へ着く。

社殿前から東南へ尾根をたどり③**謙信平《けんしんだいら》**へ。展望がよく桜の名所でもある。上杉謙信が眺めのよさ

アクセス
往路／浅草駅から東武伊勢崎線・日光線快速で約 1 時間 20 分、栃木駅下車。関東バス国学院前行きに乗り換え 15 分、終点下車。復路／栃木駅から往路を戻る。

問合せ先
栃木市観光協会 ☎ 0282-25-2356
栃木市観光振興課 ☎ 0282-21-2373
関東バス栃木営業所 ☎ 0282-22-2645

歩行時間
約 1 時間 35 分
約 5.5 km
約 1 万 1000 歩

難易度
★★

Start
① 国学院前バス停
徒歩20分
② 太平山神社
徒歩5分
③ 謙信平
徒歩15分
④ 国学院前バス停
バス10分
⑤ 塚田歴史伝説館
徒歩10分
⑥ 栃木市役所別館
徒歩15分
⑦ 岡田記念館
徒歩10分
⑧ 山本有三ふるさと記念館
徒歩20分
⑨ 栃木駅
Goal

［太平山神社］ 急な石段の参道が続く

［太平山神社］ 太平山山頂に鎮座する

［謙信平］ 太平山頂は眺めがよく、桜と紅葉の名所

［栃木市役所別館］ 大正 10 年（1921）築の旧栃木町役場庁舎。国の登録文化財（2021 年 1 月末まで改修工事中）

［とちぎ蔵の街観光館］ あだち好古館の近くにある蔵造りの観光案内所

を愛でたというのが名の由来で、栃木市街や秩父連山も見える。

④国学院前《こくがくいんまえ》バス停《てい》に戻りバスで栃木市街へ。幸来橋《こうらいばし》バス停で降りると**⑤塚田歴史伝説館《つかだれきしでんせつかん》**はすぐ。民話を語るハイテクロボットがリアルだ。幸来橋の下流では蔵の街遊覧船が運航されている。

巴波川沿いの蔵の街遊歩道を歩く。上流へ向かえば麻問屋と銀行を営んだ横山郷土館がある。木造洋風建築の**⑥栃木市役所別館《とちぎしやくしょべっかん》**に寄り道したあと、巴波川沿いを江戸時代に代官職も勤めた旧家**⑦岡田《おかだ》記念館《きねんかん》**へ行く。

岡田記念館から折り返し、蔵の街大通りを**⑨栃木駅《とちぎえき》**へ向かう。通りの周辺には栃木出身の作家・山本有三を顕彰《けんしょう》する**⑧山本有三《やまもとゆうぞう》ふるさと記念館《きねんかん》**のほか、とちぎ蔵の街美術館、あだち好古館《こうこかん》など蔵造りのみどころが多い。

［岡田記念館］ 旧家伝来の刀剣や衣類などを展示

［蔵の街遊覧船］ 巴波川の幸来橋から瀬戸河原公園までを往復する。写真の黒塀は塚田歴史伝説館

買う

山本總本店

幸来橋近くにある、創業明治25年(1892)の和菓子舗。パリッと軽い口当たりの礦泉煎餅が名物で1箱15枚入り440円〜。小麦粉、砂糖と、群馬県磯部温泉の鉱泉を使って焼いている。ほかに太平山神社にちなんだ「火防の最中」なども。

☎ 0282-22-4700
9〜19時、無休

食べる

好古壱番館

蔵の街大通りに面し、あだち好古館に隣接するそば店。もりそば500円。最近は栃木のご当地グルメ、じゃがいも入りやきそば(写真)500円が話題。麺を2回蒸してコシを強くし、キャベツ、豚挽き肉入り。ソースはやや甘めのオリジナルだ。

☎ 0282-24-1188
11〜15時、火曜休(祝日の場合は営業)

食べる

あづま家

太平山の謙信平にある茶屋。太平山の三大名物、焼鳥600円、玉子焼350円、だんご300円が揃い、焼鳥と玉子焼がセットになったB定食(写真)は1250円。外のテーブル席は眺めがいい。

☎ 0282-22-3753
9〜17時、不定休

みちくさ情報

[山本有三墓] 近龍寺にあり、『無事の人』の一節が刻まれている

[山本有三ふるさと記念館] 建物は生家に隣接する江戸末期の見世蔵

[とちぎ蔵の街美術館] 江戸時代後期築の3連の蔵を利用

巴波川の舟運

栃木市街を流れる巴波川は、渡良瀬《わたらせ》川から利根川へ合流する。江戸時代はこの水系を使って江戸へ至る舟の道があった。栃木からは年貢米や麻、木材などが運ばれ、江戸へ3日で到達。江戸からは食品など生活物資のほか、高級織物などぜいたく品も運ばれた。さらにそれらの品を栃木へ買い付けに来る商人もいて、江戸時代の栃木は大いに栄え、品物を収納する蔵や販売する見世蔵が建てられた。今も市街に蔵が多いのは、そうした繁栄の証しなのだ。

人形山車を作った財力

2年に一度、11月上旬に行われるとちぎ秋まつりで巡行する人形《にんぎょう》山車《だし》は万町、倭町など町ごとに所有していて合計9台。人形はもちろん彫刻も錦襴幕なども豪華で、動く芸術品とよばれる。作られたのは多くが明治時代だ。当時の栃木は回漕問屋、麻・荒物問屋などが隆盛を誇り、繁栄の絶頂だった。その財力あって生まれた傑作である。

太平山と蔵の街・栃木

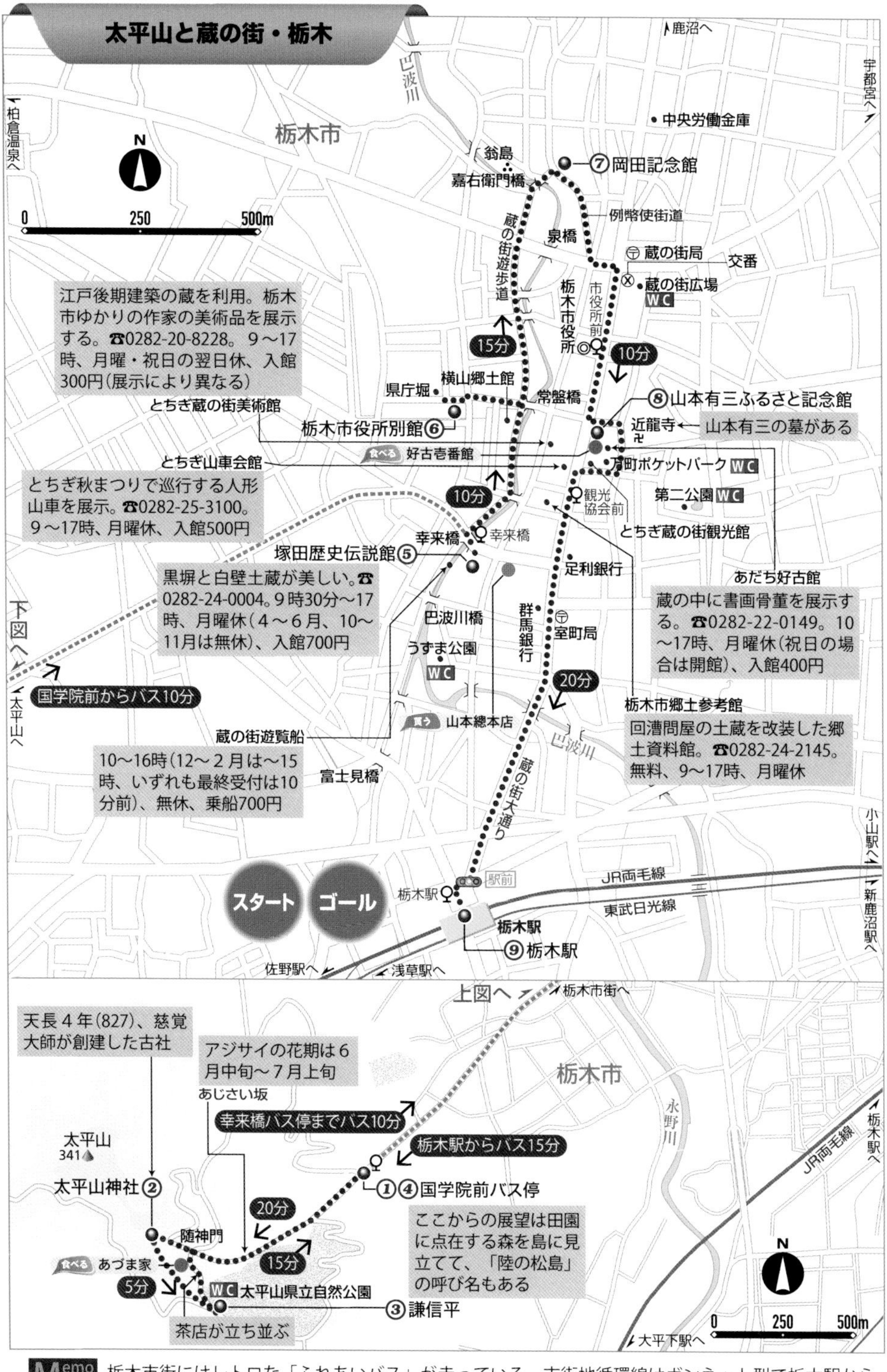
鹿沼へ
宇都宮へ
柏倉温泉へ
巴波川
栃木市
中央労働金庫
翁島
⑦岡田記念館
嘉右衛門橋
例幣使街道
0 250 500m
泉橋
蔵の街遊歩道
蔵の街局
交番
蔵の街広場
WC
栃木市役所
市役所前
江戸後期建築の蔵を利用。栃木市ゆかりの作家の美術品を展示する。☎0282-20-8228。9～17時、月曜・祝日の翌日休、入館300円(展示により異なる)
15分
10分
県庁堀
横山郷土館
常盤橋
⑧山本有三ふるさと記念館
とちぎ蔵の街美術館
栃木市役所別館⑥
近龍寺
山本有三の墓がある
食べる 好古壱番館
とちぎ山車会館
万町ポケットパーク WC
とちぎ秋まつりで巡行する人形山車を展示。☎0282-25-3100。9～17時、月曜休、入館500円
10分
観光協会前
第二公園 WC
幸来橋
幸来橋
とちぎ蔵の街観光館
塚田歴史伝説館⑤
足利銀行
あだち好古館
黒塀と白壁土蔵が美しい。☎0282-24-0004。9時30分～17時、月曜休(4～6月、10～11月は無休)、入館700円
蔵の中に書画骨董を展示する。☎0282-22-0149。10～17時、月曜休(祝日の場合は開館)、入館400円
下図へ
巴波川橋
群馬銀行
室町局
うずま公園
WC
20分
国学院前からバス10分
太平山へ
栃木市郷土参考館
山本總本店
回漕問屋の土蔵を改装した郷土資料館。☎0282-24-2145。無料、9～17時、月曜休
蔵の街遊覧船
巴波川
10～16時(12～2月は～15時、いずれも最終受付は10分前)、無休、乗船700円
富士見橋
蔵の街大通り
小山駅へ
駅前
JR両毛線
スタート
ゴール
栃木駅
東武日光線
新鹿沼駅へ
栃木駅
⑨栃木駅
佐野駅へ
浅草駅へ
上図へ
栃木市街へ
天長4年(827)、慈覚大師が創建した古社
アジサイの花期は6月中旬～7月上旬
あじさい坂
栃木市
幸来橋バス停までバス10分
永野川
栃木駅へ
太平山
341
栃木駅からバス15分
JR両毛線
太平山神社②
①④国学院前バス停
20分
ここからの展望は田園に点在する森を島に見立てて、「陸の松島」の呼び名もある
随神門
食べる あづま家
15分
5分
WC 太平山県立自然公園
③謙信平
茶店が立ち並ぶ
0 250 500m
大平下駅へ

Memo 栃木市街にはレトロな「ふれあいバス」が走っている。市街地循環線はボンネット型で栃木駅から幸来橋や岡田記念館などを回る。

Course Number 50

芭蕉の里・黒羽散策

句碑をめぐって芭蕉の足跡を訪ね、アユが泳ぐ那珂川の河原を歩く

［栃木県大田原市］

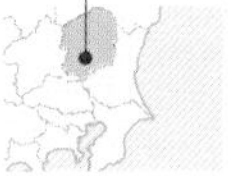

［黒羽城址公園］桜の木に囲まれた高台の広場。6月はアジサイが美しい

黒羽《くろばね》は『おくのほそ道』道中で松尾芭蕉《まつおばしょう》が最も長く滞在したところ。句碑の点在する芭蕉の道や芭蕉の館を経て、那珂川《なかがわ》沿いへ。高台の黒羽城址はアジサイや桜の名所だ。

スタートの①**黒羽支所《くろばねししょ》バス停《てい》**前に大田原《おおたわら》市黒羽庁舎があり、大田原市観光協会も入っている。観光パンフレットなどの入手はここで。

黒羽庁舎を回りこむようにして大宿《だいじゅく》街道へ。桜並木の静かな道だ。戊辰《ぼしん》戦争の戦没者などを祀る黒羽神社に寄り、大宿街道を北上すると②**大雄寺《だいおうじ》**がある。黒羽藩主大関氏の菩提寺で創建は室町時代。うっそうとした林の中に国指定重要文化財の茅葺きの本堂や座禅堂

アクセス
往路／東京駅からJR東北新幹線で1時間20分、那須塩原駅下車。市営バス黒羽方面行きに乗り換え約35分、黒羽支所バス停下車。復路／田町ロータリーバス停からバスで那須塩原駅へ。

問合せ先
大田原市観光協会 ☎0287-54-1110
大田原市生活環境課（大田原市営バス）
☎0287-23-8832

歩行時間
約1時間5分
約4.1km
約8200歩

難易度
★★

Start
① 黒羽支所バス停
徒歩15分
② 大雄寺
徒歩10分
③ 黒羽芭蕉の館
徒歩すぐ
④ 黒羽城址公園
徒歩5分
⑤ 鮎の里公園
徒歩5分
⑥ 高岩大橋
徒歩5分
⑦ 高岩
徒歩15分
⑧ 黒羽河岸跡
徒歩10分
⑨ 田町ロータリーバス停
Goal

［芭蕉句碑］芭蕉の道の入口に立つ

［侍門］黒羽藩士の屋敷門という

［大宿街道］静かな桜の並木道

［黒羽城址公園～鮎の里公園］
静かな杉林の道

［黒羽芭蕉の館］芭蕉像もある館内

［大雄寺］立派な茅葺き屋根の本堂

が立ち、5月はボタンが美しい。

大雄寺前の大宿街道沿いに芭蕉の「行く春や…」の句碑が立ち、そこから細い山道の「芭蕉の道」が始まる。芭蕉が滞在した浄法寺《じょうぼうじ》邸《てい》の跡、芭蕉の句碑が立つ芭蕉の広場を通り、**③黒羽芭蕉《くろばねばしょう》の館《やかた》**へ。館内では芭蕉と『おくのほそ道』を紹介するほか、大関氏の資料を展示する記念室もある。

黒羽芭蕉の館に隣接するのが**④黒羽城址公園《くろばねじょうしこうえん》**。戦国時代に築城され、明治まで大関氏の居館があった。4月のさくらまつり、6月の紫陽花まつりはここがメイン会場。

城址公園と芭蕉の館の間の道を下る。杉林の中の急な階段下りだ。下りきって車道へ出たら河原で対岸の高岩を見て北上。**⑤鮎の里公園《あゆのさとこうえん》**から**⑥高岩大橋《たかいわおおはし》**で那珂川を渡り、那珂川の河原へ下りる。開けた風景と川風が気持ちよく、那珂

芭蕉がくつろいだ黒羽の日々

『おくのほそ道』は全150日余りの日程。そのうち芭蕉は黒羽で13泊14日も逗留し、滞在期間が最も長い。理由として「名所旧跡が多い」「雨が多い時期だった（陽暦5月下旬）」「みちのくを前に心の準備をした」「親しい人が多かった」などがあげられている。泊まったのは門人で黒羽藩城代の浄法寺高勝邸と弟の鹿子畑豊明邸。邸内での休養日も多く、強行日程の多い道中で、珍しくくつろいだ日々だった。写真は芭蕉の館の像（右）と旧浄法寺邸内（左）。

食べる

禅味一笑

大雄寺山門前のアユと手打ちそばの店。落ちアユでだしをとったそばツユが特徴。まろやかな甘みがあり、細めのそばにからんでおいしい。薬味は辛味大根と刻みネギ。半そばとアユの炊き込みご飯、アユの塩焼きなどセットの那珂川定食（写真）1300円。

☎ 0287-54-4454

11～15時、月曜休

みちくさ情報

［高岩］那珂川に突き出した切り立つ大岩

［高岩］岩の上から那珂川の清流を見下ろす

［明王寺］那須三十三観音霊場の１番札所

［黒羽河岸跡］江戸時代から明治時代まで使われた河港の跡

川に突き出した⑦**高岩**《たかいわ》の奇勝も見事だ。境内の一角に芭蕉句碑のある明王寺へは、川沿いの墓地から入って参拝する。

河原を15分ほど歩き、那珂橋をくぐって国道２９４号へ。国道の手前にある⑧**黒羽**《くろばね》**河岸**《がし》**跡**《あと》は、明治時代まで続いた黒羽と江戸との那珂川舟運《しゅううん》の歴史を伝える。国道へ出たら那珂橋を渡り、⑨**田町**《たまち》**ロータリーバス停**《てい》から帰る。

くろばね紫陽花まつり

黒羽で最大の観光イベントがこの祭り。黒羽城址公園を中心に、芭蕉の道や大宿街道にかけて植えられたアジサイが咲く。その数ざっと６０００株。一般的な鞠状のアジサイ、ガクアジサイ、ヤマアジサイなど種類もいろいろだ。大宿街道や黒羽の町中で各種展示会などギャラリーがオープンし、芭蕉の館で茶席も開設される。期間は６月中旬の土曜～７月上旬の日曜。

買う
高橋商店

那珂川はアユで名高い。高橋商店は焼きアユとアユの甘露煮の専門店。炭火焼のアユはふっくらと浅めの焼き方だが、主人が「自分がウマいと思う程度」の焼き加減。1匹250円〜。甘露煮は軽く焼いたアユを砂糖、醤油などで2日間かけてしっかりと煮込む。1箱5匹入り1280円〜。

☎ 0287-54-0105
8時30分〜18時、元日休

みちくさ情報

食べる
茶房城山

芭蕉の道沿いにある甘味処。あんみつ470円など手作りの味が揃う。食事にもなるおやきが名物で、具は野沢菜、切り干し大根、小豆餡に、7月中旬〜11月はナスも加わって4種類。1個150円。お焼き2個と味噌汁、新香などとのセットは570円。併設するパン店「トランプベーカリー」も人気。

☎ 0287-54-4528
11〜15時、月・火曜休

芭蕉の里・黒羽散策

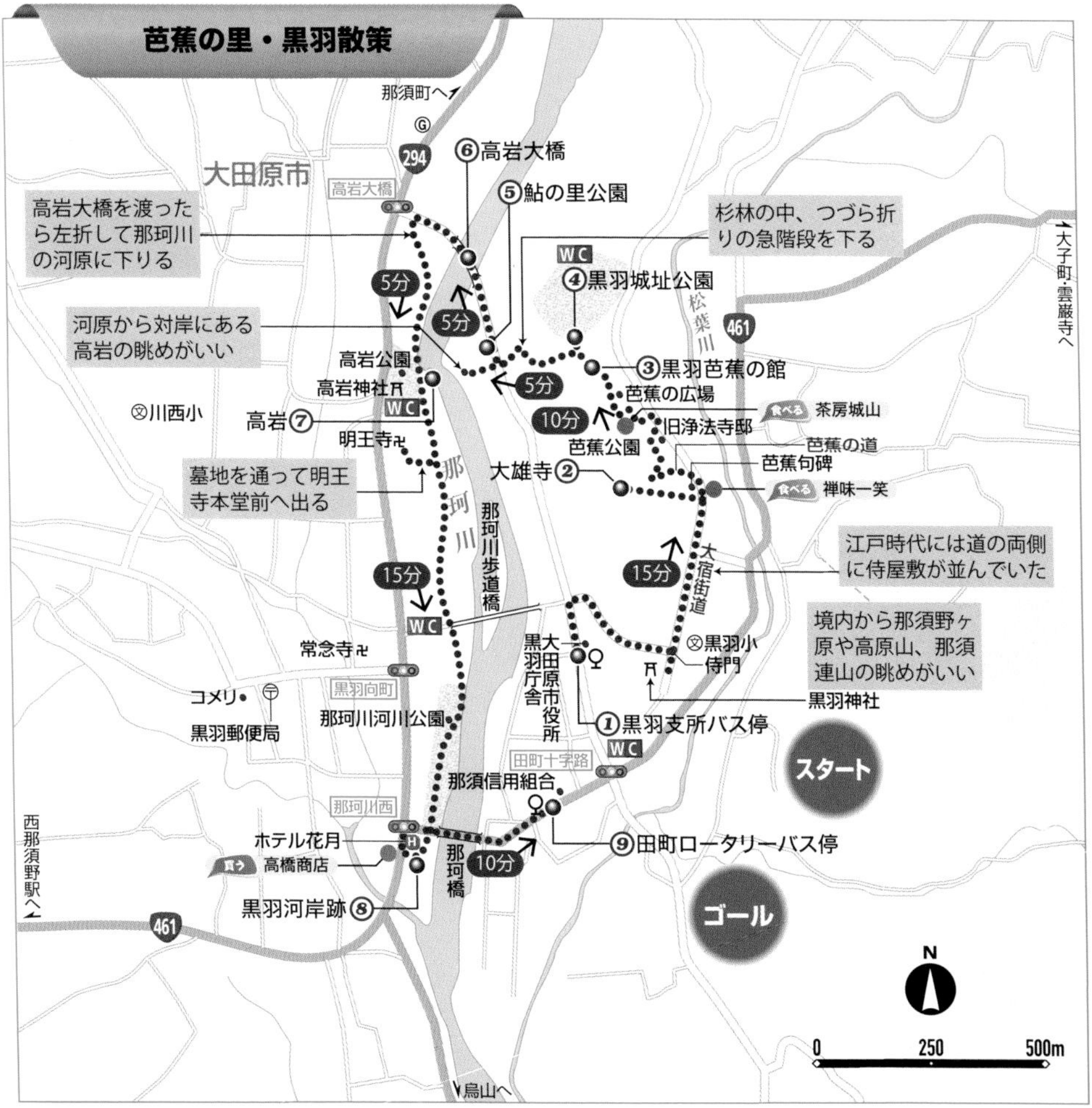
那須町へ
大田原市
294
高岩大橋
⑥高岩大橋
⑤鮎の里公園
高岩大橋を渡ったら左折して那珂川の河原に下りる
杉林の中、つづら折りの急階段を下る
大子町・雲巌寺へ
WC
④黒羽城址公園
5分
5分
松葉川
461
河原から対岸にある高岩の眺めがいい
5分
③黒羽芭蕉の館
高岩公園
高岩神社
芭蕉の広場
WC
10分
茶房城山
⊗川西小
高岩⑦
旧浄法寺邸
明王寺
芭蕉公園
芭蕉の道
那珂川
芭蕉句碑
墓地を通って明王寺本堂前へ出る
大雄寺②
禅味一笑
那珂川歩道橋
15分
江戸時代には道の両側に侍屋敷が並んでいた
大宿街道
15分
WC
境内から那須野ヶ原や高原山、那須連山の眺めがいい
⊗黒羽小
常念寺
黒羽庁舎
大田原市役所
侍門
黒羽向町
黒羽神社
コメリ
黒羽郵便局
那珂川河川公園
①黒羽支所バス停
WC
田町十字路
スタート
那須信用組合
那珂川西
ホテル花月
⑨田町ロータリーバス停
高橋商店
10分
那珂橋
西那須野駅へ
黒羽河岸跡⑧
461
ゴール
N
0
250
500m
烏山へ

Memo 黒羽支所バス停へのバスは東北新幹線那須塩原駅から1日7便、東北本線西那須野駅から1日5便。列車との接続や帰路の発時間は調べておくといい。

お祭りカレンダー

	月日・時期	名称	みどころ・掲載ページ
2月	下旬～3月上旬	**かつうらビッグひな祭り**	千葉県勝浦市。勝浦市芸術文化センター、遠見岬神社など市内各所に約3万体のひな人形が飾られる。P135
3月	3・4日	**深大寺だるま市**	東京都調布市。深大寺の境内に達磨を売る露店が並ぶ関東三大だるま市の一つ。P28
4月	中旬の日曜	**衣笠さくら祭 三浦一党出陣武者行列**	神奈川県横須賀市。三浦大介義明一族をしのび、2年に一度行われるパレード。
	29日～5月5日	**笠間の陶炎祭（ひまつり）**	茨城県笠間市。200軒以上の陶芸家・窯元・地元販売店などが集う。P160
	下旬～5月上旬	**益子陶器市**	栃木県益子町。伝統的な益子焼から斬新な芸術作品まで販売。P170
5月	第2土・日曜	**ひの新選組まつり**	東京都日野市。当時の衣装に身を包み市内各所を練り歩く「新選組隊士パレード」など。
	5月3日	**みなと祭 ザよこはまパレード**	神奈川県横浜市。山下公園前～伊勢佐木町間。みなと祭のオープニングを飾る華やかなパレード。
	下旬	**咸臨丸フェスティバル**	神奈川県横須賀市。浦賀港周辺で舞台アトラクションなど。
	下旬	**勝浦港カツオまつり**	千葉県勝浦市。カツオの販売、約60の模擬店の出店、ステージイベントほか。
	下旬～6月上旬	**横浜開港祭**	神奈川県横浜市。臨港パークをメイン会場に、海では乗船会・試乗会、陸ではステージなど。
6月	中旬～7月上旬	**くろばね紫陽花まつり**	栃木県大田原市。芭蕉の里くろばね「全国俳句大会」、郷土芸能の競演などが行われる。P182
7月	中旬の金～日曜	**佐原の大祭　夏祭り（八坂神社祇園祭）**	千葉県佐原市。300年の伝統がある関東三大山車祭りのひとつ。国指定重要無形民俗文化財。P115
	中旬～下旬	**結城夏祭り**	茨城県結城市。健田須賀神社夏季大祭が正式な名称。神輿が市内を練る。
	下旬～8月初め	**よこすか開国祭**	神奈川県横須賀市。三笠公園やうみかぜ公園などで各種イベント、花火大会。
8月	上旬	**蔵の街サマーフェスタ**	栃木県栃木市。百八灯流しほか　蔵の街大通りでは「蔵踊り」が練る。
	第1土・日曜	**銚子みなとまつり**	千葉県銚子市。利根川河畔で花火大会。
	中旬の土曜	**浦賀みなと祭**	神奈川県横須賀市。浦賀港周辺で奉納舞や灯籠、まつり囃子、花火大会。
	中旬	**かつうら若潮まつり 花火大会**	千葉県勝浦市。勝浦漁港で行われる。
	15日	**芭蕉の里くろばね夏まつり**	栃木県大田原市。那珂川河川公園で市民盆踊り大会や市民花火大会など。
9月	中旬	**勝浦大漁まつり**	千葉県勝浦市。神輿が繰り出すほか、江戸後期彫物屋台の引き廻し、お囃子の競演が披露される。
10月	上旬の金～日曜	**佐原の大祭　秋祭り（諏訪神社祭礼）**	千葉県佐原市。300年の伝統がある関東三大山車祭りのひとつ。国指定重要無形民俗文化財。P115
	第1日曜（要問合せ）	**土浦全国花火競技大会**	茨城県土浦市。大正14年から始まる伝統ある花火大会。P156
	下旬の土・日曜	**祭りゆうき**	茨城県結城市。和の踊りからフラダンス、よさこいソーランまで登場する踊りのイベント。
	中旬～11月中旬	**笠間の菊まつり**	茨城県笠間市。110年以上の伝統がある菊まつり。菊人形と約1万鉢の菊の花が展示される。
11月	上旬の休日	**観音崎フェスタ**	神奈川県横須賀市。観音崎公園周辺を会場に舞台アトラクションなど。
	上旬	**益子陶器市**	栃木県益子町。伝統的な益子焼から斬新な芸術作品まで販売。P170
	隔年（偶数年）の上旬	**とちぎ秋まつり**	栃木県栃木市。江戸から明治にかけて作られた豪華絢爛な人形山車が市内を巡行する。P178

四季の花カレンダー

季節	花名	場所・詳細・見頃・参照ページ
	梅	東京都調布市。神代植物公園うめ園では、約 70 品種約 180 本の白梅、紅梅が咲く。2 月上旬～ 3 月上旬。P26
	菜の花	神奈川県横浜市。寺家ふるさと村が黄色に包まれる。3 月上旬～ 4 月上旬。P33
	ミズバショウ	神奈川県箱根町。箱根湿生花園。3 月下旬～ 4 月上旬。P90
	桜	東京都町田市。薬師池公園に 340 本のソメイヨシノ。P23
		東京都調布市。神代植物公園。さくら園ほか園内に 720 本の桜が植えられている。P26
		神奈川県厚木市。飯山観音から白山にかけて多数の桜が咲く。P71
		神奈川県伊勢原市。大山桜。阿夫利神社の裏山に樹齢 400 年の古木が咲く。P67
		神奈川県伊勢原市。日向薬師の境内や参道沿いに桜が咲く。P74
		神奈川県横須賀市。衣笠山は三浦半島随一と賞される名所。P50
		千葉県香取市。佐原公園にソメイヨシノほか 200 本が咲く。P112
		千葉県佐倉市。佐倉城址公園に 1100 本の桜が咲き誇る。P120
		静岡県伊東市。伊豆高原の桜並木。1500 本が約 3km の桜のアーチをかかげる。P96
		栃木県栃木市。太平山県立公園には約 2km、4000 本の桜のトンネルができる。P176
	カタクリ	神奈川県箱根町。箱根湿生花園。4 月上旬～下旬。P90
	ボタン	東京都町田市。町田ぼたん園。約 330 種類 1700 株を栽培。4 月中旬～ 5 月上旬。P23
	ポピー	神奈川県横須賀市。くりはま花の国。春はポピーが 100 万本咲き乱れ、ポピーまつりが開催される。4 月上旬～ 6 月上旬。P58
	ツツジ	東京都調布市。神代植物公園ではつつじ園に約 1 万 2000 株を栽培。4 月中旬～ 5 月中旬。P26
		神奈川県箱根町。芦の湖畔の山のホテルの敷地には 30 種 3000 株のツツジが咲く。5 月上旬～下旬。P87
		茨城県笠間市。笠間つつじ公園。約 8500 株のツツジが植えられている。4 月中旬～ 5 月上旬。P158
	シャクナゲ	神奈川県箱根町。芦の湖畔の山のホテルのシャクナゲは 300 株。貴重な品種も多い。5 月中旬～下旬。P87
	カキツバタ	神奈川県箱根町。箱根湿生花園。 5 月上旬～下旬。P90
	ミシマバイカモ	静岡県三島市。湧水の清冽な流れの中でミシマバイカモが白い花をつける。5 ～ 9 月。P94
	バラ	千葉県千葉市。千葉市花の美術館。200 種 300 株を栽培。5 月下旬～ 6 月上旬、10 月。P109
		東京都調布市。神代植物公園ではばら園で 409 品種、約 5200 株を栽培。春の見頃は 5 月中旬～ 7 月、秋は 10 月上旬～ 11 月。P26
夏	ニッコウキスゲ	神奈川県箱根町。箱根湿生花園。5 月下旬～ 6 月下旬。P90
	アジサイ	神奈川県箱根町。湯坂路や箱根登山鉄道沿いがアジサイのトンネルになる。6 月中旬～ 7 月上旬。P80
		栃木県益子町。太平神社には 5000 株が植えられており、あじさい祭りが 6 月下旬～ 7 月下旬に催される。P168
		栃木県栃木市。太平山神社の約 1000 段の石段両側に西洋アジサイ、山アジサイなど、約 2500 株が咲き競う。6 月下旬～ 7 月下旬。P176
		栃木県大田原市。黒羽城址公園などに 6000 株以上のアジサイが花を咲かせる。6 月中旬～ 7 月上旬。P182
	ノハナショウブ	神奈川県箱根町。箱根湿生花園。6 月上旬～下旬。P90
	ラベンダー	千葉県栄町。房総のむらの旧学習院初等科正堂前にラベンダー畑がある。6 月中旬～ 7 月中旬。P102
	ダリア	東京都町田市。町田ダリア園は約 500 品種、4000 株を栽培する関東最大のダリア園。6 月下旬～ 11 月上旬。P24
	ハス	千葉県我孫子市、柏市。手賀沼を覆いつくすようなハスの群生地に咲く。7 月下旬～ 8 月中旬。P106
秋	コスモス	神奈川県横須賀市。くりはま花の国の秋は 100 万本のコスモス。コスモスまつりも開かれる。P58
		千葉県千葉市。千葉市花の美術館。前庭花壇に 2000 株。8 月下旬～ 11 月上旬。P109
		千葉県栄町。房総のむらの旧学習院初等科正堂前に咲き乱れる。9 月中旬～ 10 月中旬。P102
	ススキ	神奈川県箱根町。仙石原では江戸時代からススキが栽培されてきた。
	菊	茨城県笠間市。100 年以上の伝統がある菊まつりで 1 万鉢の菊花が並ぶ。10 月中旬～ 11 月中旬。P158

食べる

あ

アクアマーレ……54
麻生屋 本橋元店……114
あづま家……178
甘酒茶屋……87
生簀屋 海……58
磯料理 せと食堂……132
ヴィアッヂオ……108
うな萩……52
江戸前磯料理 大走……126
お茶っこサロン一煎……143
おまつり広場前の茶店……104

か

開運そば……21
かいせき工房 ききょう……42
柿田川湧水の道……94
割烹 楓……147
勝の家……118
かばのおうどん……38
カフェ海の塔……18
カフェテラス回向院……101
カフェ・レストランLYS……90
クリストバル……46
好古壱番館……178
壺々炉……171
小柴のどんぶりや……42

さ

茶房城山……183
しまたけ水産……118
白鳥丸……140
真盛堂 茶蔵……167
J.J.MONKS……46
寺家乃鰻寮……35
地魚料理やすらぎ……42
青山亭……35
鮮味楽……63
禅味一笑……182
そば処つたや……160
そば処 炉庵……171
そば屋 いんば……104

た

たまねヒュッテ.……11
大新……128
遅歩庵いのう……114
ティファニーミュージアム別館＆
カフェ……98
手打ちそば 湧水……28
とうふ処 小川家……69

な～は

日本茶専門店茶倉 ASAKURA
……38
ニュー福屋……136
HAKUASAN PIZZA……14
ハニービー……49
一休……151
毘沙門茶屋……62
ホテルスプリングス幕張
ティーラウンジブローニュ……111
ぼら納屋……98

ま～ら

真鶴魚座……79
三崎「魚市場食堂」……66
道の駅かぞわたらせ……175
見晴亭……133
ミュージアムレストラン
ル・サンク……164
やくし茶屋……25
洋食大かわ……157
la Pentola……58
ら麺はちに……154
レストランさくら……123
レストラン浜木綿……54
レストラン ル・プチ・プランス
……90
和風料理おかめ……76

買う

あ

赤羽まんぢう……170
あめ細工吉原……14
いづみや衣笠本店……52
うらりマルシェ……63, 65
近江……136
大津屋きゃらぶき本舗……69
大山ウルワシ本舗……69

か

鹿嶋人ギャラリー……151
金指ウッドクラフト……87
元祖今川焼 さのや……118
木村屋……123
きらら館……157
グリュイエール……160
こば屋 佐倉店……122

さ

さかくら総本家
横須賀中央駅前店……49
シーガル……140
史跡の駅 おたカフェ……32
城ヶ島漁協直販所……66
松月堂菓子舗……90
松盛堂本店……21
新小金井 亀屋……28
高橋商店……183
たつご味噌……154
Zermatt……11

な～は

仲見世 丸井……160
二藤商店……79
ハッピーローソン山下公園店
……38
花の美術館
グリーンサロン「売店」……111
馬場本店酒造……114
福太郎本舗……94
富士峰菓子舗……167
武相荘ショップ……24

ま～や

的場園……143
ミュージアムショップ
（茨城県自然博物館）……164
山本總本店……178

※索引はP189から始まります。

箱根ドールハウス美術館……81
箱根馬子唄の碑……85
走水水源地(ヴェルニーの水)……53
走水神社……54
ハスの群生地(手賀沼)……107
畑宿……85
畑宿一里塚……85
八王子城跡管理棟……16
八王子城跡ガイダンス施設…18
八王子城跡本丸跡……17
八幡岬公園……135
八景原……61
腹切松公園……50
播磨坂……13
藩校郁文館の正門……156
馬頭坂……142
番場浦海岸……78
東叶神社……56
東谷中橋……173
土方歳三資料館……20
土方歳三の墓……20
ヒドリ橋……107
日向薬師本堂……74
日向山……75
ひよどり坂……121
披露山公園……44
琵琶島神社……41
ピクニック広場……71
富士見台……17
富津公園……125
富津岬……124
風土記の丘資料館……103
ふれあい橋(日野市)……20
武家屋敷(佐倉)……121
ブラフ18番館……37
ペリー公園……57
宝衛橋……127
北条湾……61
穂積家住宅……152
不如帰碑……45
堀之内貝塚……100
本場結城紬郷土館……166
房総のむら……102
房総のむら総合案内所……103
ほうろく地蔵……13
ポケットパーク……131

ま

磨巻石通り……14
幕張海浜公園……109
益子……168
益子参考館……169
益子焼窯元共販センター…169
町田ダリア園……24
町田ぼたん園……23
町田リス園……25
松岡城跡……153
松木曲輪……17
俎岩……97
真鶴港……78
真鶴半島……77
満昌寺……51
三笠公園……48
三笠桟橋……47
三島……92
三嶋大社……93
三島梅花藻の里……93
水の苑緑地……93
道の駅かぞわたらせ……174
道の駅しょうなん……107
三ツ石海岸……78
水海道あすなろの里……163
港の見える丘公園……37
蓑毛裏参道分岐(16丁目)…68
美浜大橋……109
見晴台(大山)……68
宮川フィッシャリーナ……62
ミュージアムパーク
茨城県自然博物館……162
武蔵国分尼寺跡……31
武蔵国分寺跡……30
武蔵国分寺跡資料館……32
武蔵台遺跡公園……31
武蔵野公園……26
明治憲法起草の碑……42
明治百年記念展望塔……125
夫婦杉(大山)……68
夫婦塚古墳……150
メキシコ記念公園……138
元湯旅館……73
物見峠……72
森の民話館……73

や

八百屋お七の墓……13
やきもの通り……159
薬師池公園……23
矢口家住宅……155
谷中湖中央エントランス……173
谷中村史跡保全ゾーン……173
山下公園……36
山下臨港線プロムナード……36
山手イタリア山庭園……37
山手111番館……37
山手資料館……37
大和の湯……104
山本有三ふるさと記念館…177
結城……165
結城城跡……166
夕照橋……41
夕やけだんだん……12
湯坂路入口……81
養老渓谷……127
養老渓谷駅足湯……128
与倉屋大土蔵……113
横須賀美術館……54
横浜赤レンガ倉庫……36
与謝野晶子の歌碑……135
夜泣き石……100

ら〜わ

楽寿園……92
龍源寺……27
隆泉苑……94
龍本寺……48
蓮着寺……97
蘆花記念公園……45
蘆花・独歩ゆかりの地碑……45
六代御前の墓……45
六道地蔵……80
和田堀公園……9
和田堀公園野球場……10
わたらせ自然館……175
渡良瀬遊水地……172

佐倉城址公園……………… 121
里見公園……………………… 99
猿島……………………………… 47
猿島桟橋……………………… 47
佐原……………………………… 112
三陽メディアフラワーミュージアム
千葉市花の美術館………… 110
紫烟草舎……………………… 99
志賀直哉邸跡……………… 106
下洲漁港……………………… 124
渋沢栄一記念館…………… 146
下本町朝市通り …………… 135
春風萬里荘………………… 159
称名寺（結城市）…………… 165
称名寺（横浜市）…………… 41
白鳥橋………………………… 128
白浜の屏風岩……………… 133
白浜毘沙門天……………… 60
白山大橋……………………… 103
寺家橋………………………… 34
寺家ふるさと村四季の家…… 33
地蔵の頭……………………… 17
じゅん菜池緑地…………… 100
順礼峠………………………… 71
城ヶ崎 ………………………… 96
城ヶ崎ピクニカルコース…… 96
城ヶ島 ………………………… 64
城ヶ島灯台 …………………… 65
城ヶ島渡船発着場（三崎側）
…………………………………… 65
城ヶ島渡船発着場（城ヶ島側）
…………………………………… 65
精進池………………………… 80
城内坂………………………… 168
深大寺………………………… 27
森林浴遊歩道……………… 78
水郷佐原山車会館………… 113
水車小屋……………………… 34
水神川………………………… 149
水神宮………………………… 99
菅生沼………………………… 162
菅生沼ふれあい橋 ………… 163
杉村楚人冠記念館………… 106
逗子…………………………… 44
逗子海岸……………………… 45
諏訪神社（香取市）………… 112
清雲寺………………………… 50
青淵公園……………………… 147
誠之堂………………………… 145
清風亭………………………… 145
世界三大記念艦「三笠」…… 48
石田寺………………………… 20
関根川………………………… 153
石仏群と歴史館 …………… 82
石明神社……………………… 20
瀬戸神社……………………… 42
浅間山………………………… 81
千駄木ふれあいの杜 ……… 13
千年塚………………………… 150
善福寺川……………………… 8
善福寺川緑地………………… 9
反町閘門橋…………………… 163

た

第一海堡……………………… 125
太陽の季節記念碑………… 45
高岩…………………………… 182
高岩大橋……………………… 181
鷹巣山………………………… 81
高幡不動尊…………………… 20
玉日姫の墓 ………………… 166
丹生神社……………………… 153
大雄寺………………………… 180
大善寺………………………… 51
団子坂………………………… 13
地球の丸く見える丘展望館
…………………………………… 117
千条の滝……………………… 81
中央公園（横須賀市）……… 48
忠敬橋………………………… 113
銚子…………………………… 116
銚子漁港……………………… 116
塚田歴史伝説館…………… 177
塚原卜伝像 ………………… 148
月の沙漠像 ………………… 139
土浦…………………………… 155
土浦市立博物館…………… 156
土浦まちかど蔵「大徳」…… 155
紬の里………………………… 166
つむぎの館…………………… 166
詰城…………………………… 17
剱崎灯台……………………… 60
釣師海岸……………………… 138
手賀沼公園…………………… 106
手賀沼親水広場・水の館‥ 106
手賀沼遊歩道……………… 106
天神山公園………………… 163
伝鎌倉街道…………………… 30
等覚寺………………………… 156
とうかん森 ………………… 20
陶芸メッセ・益子 ………… 169
桃源台………………………… 88
陶の小径……………………… 159
燈明崎………………………… 57
東林寺………………………… 56
渡海神社……………………… 117
外川…………………………… 117
徳川慶喜公屋敷跡………… 14
徳田屋跡……………………… 57
栃木…………………………… 176
とちぎ蔵の街観光館 ……… 177
とちぎ蔵の街美術館 ……… 177
栃木市役所別館…………… 177
殿ヶ谷戸庭園 ……………… 31
遠見岬神社…………………… 135
とよ（城ヶ島）……………… 97
樋橋…………………………… 113
ドン・ロドリゴ上陸地……… 138

な

長尾峠………………………… 89
中川一政美術館…………… 77
中里温水池…………………… 93
中橋（香取市）……………… 113
七沢森林公園……………… 71
七沢荘……………………… 75, 76
七曲り坂 ……………………… 85
七曲峠………………………… 75
浪子不動……………………… 45
二階建てトンネル ………… 128
日西墨三国交通発祥記念之碑
…………………………………… 139
二本木神社…………………… 142
日本煉瓦製造株式会社
旧事務所……………………… 145
日本煉瓦製造株式会社
旧変電室……………………… 144
ニューヨークランプミュージアム＆
フラワーガーデン ………… 97
盗人狩………………………… 61
根本海岸……………………… 130
野川公園……………………… 26
野島公園展望台…………… 41
野島崎………………………… 130
野島崎公園…………………… 131
野島埼灯台…………………… 131
野島橋………………………… 41
野津田公園…………………… 22

は

白山…………………………… 72
白秋記念館…………………… 64
箱根旧街道…………………… 84
箱根小涌園 蓬莱園………… 82
箱根小涌園 森の湯 ……… 82
箱根湿生花園……………… 89
箱根関所・箱根関所資料館
…………………………… 84, 86
箱根仙石原自然探勝歩道…88

見どころ

あ

愛のトンネル……48
赤い靴はいてた女の子像……37
明戸古墳……99
朝香神社……153
朝日と夕陽の見える岬……131
愛宕山公園……57
あだち好古館……177
我孫子市鳥の博物館……107, 108
阿夫利神社下社……67
甘酒茶屋……85
鮎の里公園……181
荒木坂……14
安房の農家……103
安穏寺……166
安養寺……20
飯山観音……72
いがいが根……97
市川考古博物館……101
稲毛海浜公園……109
稲毛記念館……110
稲荷塚古墳……150
犬吠埼温泉……118
犬吠埼灯台……118
伊能忠敬旧宅……113
伊能忠敬記念館……113
伊能忠敬像……112
茨城県陶芸美術館……159
入間市博物館ALIT……141
岩船地蔵尊……138
岩和田海岸……139
ウォッチングタワー(谷中湖)……173
馬の背洞門……65
ウミウ展望台……65
海の公園……41
浦賀の渡し西渡船場……57
浦賀の渡し東渡船場……56
浦賀奉行所跡……57
うらりマルシェ……65
江川太郎左衛門砲台跡……96
江川橋……163
江奈漁港……61
エリスマン邸……37
王塚神社……153
大池……34
大釜弁財天……75
大沢の里 水車経営農家……28
大手門の跡碑……156
太平山神社……176
大宮八幡宮……9
大山……67
大山山頂……68
大山寺……69
大寄公民館……145
岡倉天心記念公園……13
岡田記念館……177
遅の井の滝……8
お鷹の道……31
尾高惇忠生家……145
御塔坂橋……27
弟橘姫領布漂着碑……125
小野川……112
御林……78
恩賜箱根公園……84
御宿……139
温泉ドーム・アクアパレス…136

か

海浜大通り……109
蛙坂……14
柿田川湧水群……93
覚翁寺……134
笠間……158
笠間稲荷神社……158
笠間工芸の丘……159
笠間日動美術館……158
鹿島神社(益子町)……168
鹿島神社(深谷市)……146
柏ふるさと大橋……107
上総の農家……103
勝浦……134
カトリック宮寺教会……141
門脇埼灯台……96
門脇つり橋……96
神奈川県立金沢文庫……40
金沢八景……40
金子台……141
蕪来渓谷……128
観光物産センター（結城市）……166
神田川合流点……10
観音崎……53
観音崎公園……54
観音崎自然博物館……54
観音埼灯台……54
観音崎ボードウォーク……54
観音橋……128
観福寺……113
汽車道……36
亀城公園……156
北川原公園……19
北原白秋詩碑……65
衣笠城址……51
衣笠神社……51
衣笠山公園……51
君ヶ浜……117
旧伊藤博文金沢別邸……41
旧学習院初等科正堂……103
旧渋沢邸「中の家」……146
旧白洲邸武相荘……22
旧堀田邸……120
旧煉瓦製造施設……144
切支丹屋敷跡……14
銀鱗橋……130
くじら山……26
熊野神社……34
くりはま花の国……58
黒鐘公園……30
くろばね　黒羽……180
黒羽河岸跡……182
黒羽城址公園……181
黒羽芭蕉の館……181
弘経寺……165
検見川の浜……109
謙信平……176
県立城ヶ島公園……64
源兵衛川……92
ケンペルとバーニーの碑……85
高照寺……134
広沢寺温泉……75
興福院……85
弘文洞跡……128
耕牧舎跡……89
国分寺……31
国立歴史民俗博物館……121
湖尻新橋……88
小塚山公園……100
琴ヶ浜……78
小鳥の池……77
古墳の里 ふれあい館……126
こま参道……68
小涌谷……80
近藤勇生家跡……27
御主殿跡……16
御殿坂……13

さ

埼玉県茶業研究所……142
坂田ヶ池公園……102
坂戸神社……149
佐倉……120
佐倉新町おはやし館……121
佐倉順天堂記念館……120

コース	年　月　日	天　気	歩　数	メ　モ
26	年　月　日		歩	
27	年　月　日		歩	
28	年　月　日		歩	
29	年　月　日		歩	
30	年　月　日		歩	
31	年　月　日		歩	
32	年　月　日		歩	
33	年　月　日		歩	
34	年　月　日		歩	
35	年　月　日		歩	
36	年　月　日		歩	
37	年　月　日		歩	
38	年　月　日		歩	
39	年　月　日		歩	
40	年　月　日		歩	
41	年　月　日		歩	
42	年　月　日		歩	
43	年　月　日		歩	
44	年　月　日		歩	
45	年　月　日		歩	
46	年　月　日		歩	
47	年　月　日		歩	
48	年　月　日		歩	
49	年　月　日		歩	
50	年　月　日		歩	

もう一息!

おつかれさま

				30					40										50						
26	27	28	29	30	31	32	33	34	35	36	37	38	39	40	41	42	43	44	45	46	47	48	49	50	ゴール

遠足の記録をお書きください

コース	年 月 日	天 気	歩 数	メ モ
01	年 月 日		歩	
02	年 月 日		歩	
03	年 月 日		歩	
04	年 月 日		歩	
05	年 月 日		歩	
06	年 月 日		歩	
07	年 月 日		歩	
08	年 月 日		歩	
09	年 月 日		歩	
10	年 月 日		歩	
11	年 月 日		歩	
12	年 月 日		歩	
13	年 月 日		歩	
14	年 月 日		歩	
15	年 月 日		歩	
16	年 月 日		歩	
17	年 月 日		歩	
18	年 月 日		歩	
19	年 月 日		歩	
20	年 月 日		歩	
21	年 月 日		歩	
22	年 月 日		歩	
23	年 月 日		歩	
24	年 月 日		歩	
25	年 月 日		歩	

｛ウォーキング・遠足記録｝ 1コース歩いたら1つずつチェックしてください。

スタート

									10										20					
01	02	03	04	05	06	07	08	09	10	11	12	13	14	15	16	17	18	19	20	21	22	23	24	25

大人の遠足BOOK

日帰りウォーキング関東周辺①

2020年５月15日　初版印刷
2020年６月１日　初版発行

編集人　平野陽子
発行人　今井敏行
発行所　ＪＴＢパブリッシング
〒162-8446　東京都新宿区払方町25-5

編集　阿部一恵（阿部編集事務所）
秋田範子／里文出版
取材・執筆・撮影　荒井浩幸／安藤博祥／飯出敏夫／五十嵐英之／石丸哲也／内田晃／小川智史／工藤博康／田口裕子／田中登貴子／土井正和／西野淑子
表紙写真　アフロ
写真協力　生簀屋 海／入間市博物館ALIT／ヴィアッジオ／江戸前磯料理 大定／柿田川湧水の道／笠間工芸の丘／笠間日動美術館／埼玉県茶業研究所／さかくら総本家／三陽メディアフラワーミュージアム／千葉市花の美術館／寺家ふるさと村／銚子電鉄／箱根小涌園ユネッサン／箱根湿生花園／箱根ラリック美術館／房総のむら／星の王子さまミュージアム／ホテルスプリングス幕張／益子陶芸美術館／三崎観光／ミュージアムパーク茨城県自然博物館／横須賀美術館／関係各市町村
表紙・デザイン　オムデザイン　道信勝彦
地図製作　千秋社
組版　ローヤル企画
印刷所　凸版印刷

本書の内容についてのお問合せ　☎03-6888-7846
図書のご注文　☎03-6888-7893
乱丁・落丁はお取替えいたします。

インターネットアドレス
おでかけ情報満載　https://rurubu.jp/andmore

◎本書に掲載の地図は国土地理院長の承認を得て、同院発行の5万分の1地形図および2万5千分の1数値地図を使用したものを転載したものです。

◎本書の取材・執筆にあたり、ご協力いただきました関係各位に、厚く御礼申し上げます。
◎本書に記載したデータは2020年3月現在のものです。各種データを含めた掲載内容の正確性には万全を期しておりますが、発行後に変更になることがあります。お出かけの際には事前に確認されることをおすすめいたします。なお、本書に掲載された内容による損害などは弊社では補償いたしかねますので、予めご了承くださいますようお願いいたします。
◎文章中の料金は大人料金です。定休日は原則として年末年始、盆休み、ゴールデンウイークは省略しています。夏休み期間中など、定休日・営業時間などが変更になる場合があります。

©JTB publishing 2020
無断掲載・複製禁止
203601　421013
ISBN 978-4-533-14116-4　C2026

JTBパブリッシング
https://jtbpublishing.co.jp/

大遠BK
421013